未名社科·城市管理名著译丛

Local and Global

Management of Cities in the Information Age

本土化与全球化

信息时代的城市管理

〔西〕若尔迪·博尔哈
(Jordi Borja)
〔美〕曼纽尔·卡斯泰尔
(Manuel Castells)
/等著

姜 杰　胡艳蕾　魏述杰／译

北京大学出版社
PEKING UNIVERSITY PRESS

著作权合同登记　图字 01-2006-5147

图书在版编目(CIP)数据

本土化与全球化：信息时代的城市管理/(西)博尔哈,(美)卡斯泰尔等著;姜杰,胡艳蕾,魏述杰译.—北京：北京大学出版社,2008.6
(未名社科·城市管理名著译丛)
ISBN 978-7-301-13952-3

Ⅰ.本…　Ⅱ.①博…②卡…③姜…④胡…⑤魏…　Ⅲ.城市管理—研究　Ⅳ.F293

中国版本图书馆 CIP 数据核字(2008)第 086493 号

Local and Global: Management of Cities in the Information Age
By Jordi Borja and Manuel Castells, in collaboration with Mireia and Chris Benner

书　　名：本土化与全球化：信息时代的城市管理
著作责任者：〔西〕若尔迪·博尔哈　〔美〕曼纽尔·卡斯泰尔 等著
　　　　　姜　杰　胡艳蕾　魏述杰 译
责 任 编 辑：张盈盈
封 面 设 计：春天书装
标 准 书 号：ISBN 978-7-301-13952-3/D·2078
出 版 发 行：北京大学出版社
地　　址：北京市海淀区成府路 205 号　100871
网　　址：http://www.pup.cn　　电子信箱：ss@pup.pku.edu.cn
电　　话：邮购部 62752015　发行部 62750672　出版部 62754962
　　　　　编辑部 62753121
印　刷　者：北京汇林印务有限公司
经　销　者：新华书店
　　　　　650 毫米×980 毫米　16 开本　16 印张　263 千字
　　　　　2008 年 6 月第 1 版　2008 年 6 月第 1 次印刷
定　　价：27.00 元

目录

CONTENTS

图、表、专栏总列表

LIST OF FIGURES, TABLES AND BOXES

图

表

专栏

缩略语

LIST OF ACRONYMS AND ABBREVIATIONS

AMCAL	世界城市及地方权威机构会议
ATO	阿拉伯城市组织
CDC	社区发展组织
CEPAL	拉丁美洲经济委员会
CMRE	欧洲市政当局与地方协会
ECE	欧洲经济委员会
EPZ	出口区
ESCAP	亚太经社理事会
FMCU	普通城市世界联盟
GATT	关税及贸易总协定
GDP	国内生产总值
Hm	百米
ILO	国际劳工组织
IULA	世界地方自治联盟
MIT	麻省理工学院
MOPTMA	市政工程、运输、环境部
NAFTA	北美自由贸易协定
NATO	北大西洋公约组织
NGO	非政府组织
OECD	欧洲经济合作发展组织
R&D	研发部门
RIDC	地区产业发展公司
SEADE	圣保罗基础数据分析系统
SPEDD	宾夕法尼亚西南部经济发展区
SVA	钢谷权力部门
UAT	非洲城镇联盟
UCCI	拉丁美洲首都联盟

UN	联合国
UNCHS	联合国人类聚居(居住环境)研究中心
UNDP	联合国开发计划署
UNESCO	联合国教育、科学及文化组织(联合国教科文组织)
UNFPA	联合国人口基金会
UNICEF	联合国儿童基金会
UTDA	城镇发展机构联盟
UTO	姊妹市团体联盟

前言

INTRODUCTION

人类正趋向于城市化的世界，这不仅仅是由于数据表明21世纪初地球居民主要聚居于城市地带，而且是由于乡村地区也将成为以城市为中心形成的经济、政治、文化及通讯系统的一部分。如果如以上所说，城市化是人类空间居住的普遍形式，那么对继续探讨城市有何意义？如果趋势是每件事情都趋向于城市化，那么我们为什么不把我们的思想和管理政策干脆转变到区分空间和社会之间各种形式关系的方法上来？除此之外，信息技术革命与经济、通讯的全球化标志着城市作为社会组织的地域存在形式将可能消失。新信息技术使社会交流过程无需考虑地域远近，不管是大都市区（远程工作、远程购物、远程信息、远程娱乐），还是地区间或各大洲间。经济全球化使得国家、公司及个人的财富依赖于全球资本的运动，依赖于全球一体化的相互联系的生产分配链及管理机构，因此减少了生产消费独立单元的存在机会。尽管在本书第1章、第2章中我们可以看到，事物变得更加复杂化，技术、经济、社会及地域间相互作用过程呈开放化、多样化，然而仍可清楚看到在信息社会中，全球化铸就的电子本土化潮流使得空间距离遥远的地区间建立经济联系。此外，作为社会文化与个体思想核心载体，通信交流日趋全球化。这得益于一些国际新兴的大型组织。尽管这些组织的产品为适应各种市场分割得多样化，然而它们通过在技术和经济上的控制，使多媒体体系融合，推动通信交流的全球化。以地域为基础的文化尽管没有消亡，也将不得不探寻与强大的全球化媒体的新的联系方式，通常将处于附属地位。虽然它不能决定这种意识的产生，但它能促进超文本通讯和符号交流的广泛应用。

简而言之，城市作为联系社会和地区的特定形式在消失，而全球化、信息化与城市扩张这三个相互作用的宏观过程似乎将它融合起来。城市存在的一千年之后，在进入新的一千年里，将不可避免地呈现历史性的衰退。这并不代表着城市问题将随之消失。相反，与以往任何时期相比，城市化取得普遍成就，一些极具戏剧性的紧急事件产生，如住房、城市服务的解决，城市环境保护问题，这些问题由于聚居地域更具掠夺性而加剧。

然而，若城市化达到其历史最高水平，作为社会组织、政治统治及文化传播载体的城市可能会消亡。

本书试图使用更宽广的研究视角，提出世界城市化过程中城市角色更新的可能性或者是必要性，建议在地区与全球间建立起一种动态、创新的关系。

因此，我们自描绘城市化与城市的区别开始。在此，若不引入专题学术论文是不合时宜的。城市化意味着居民及其活动持续或非持续的空间运动过程；依据城市社会学的传统理念与世界城市居民意识，城市意味着一种具体的社会关系、文化体系，特别是实现政府统治的政治机构。我们不会回归到那种旧式的乡愁视角来观察城市，也不会与那些具有强大本土势力的种族主义一道拥护城市同流合污。我们也不认为城市的未来将局限于产生锡耶纳[①]或巴塞罗纳这种城市。然而，20 世纪 90 年代，无论东京还是巴格达，库里提巴[②]或是巴塞罗纳，各个城市地方选举取得的显著成效表明城市居民有自我控制城市生活的可能性。不过，再次提出动态化的城市生活方式与管理方式仅为一种可能。从根本上讲，我们的世界不是由城市而是由许许多多的小行星及其大量居民构成。世界由大量散布的聚集体组成，这些聚集体具有经济职能，是人口聚居地，沿交通运输动脉分布，其间夹杂着一些半乡村化地区，不完善的基础设施建设导致城郊地区缺乏控制和基础服务的不平等分配。全球应当由拥有管理能力、技术能力的精英聚居地构成，这些聚居地间以远程通讯与电子网络相联系。对居民而言，他们以个体形式居住在上文所提到的那些散布的聚集体中，或是依据"类部落"思想观点，以群体的形式结合成为具有防卫能力的社会团体，从而确保他们自身的生存。由此，世界的中心是一个结构化的整体，而其多样化的外围呈非结构化、区域化。在我们的讨论中，科学的神话色彩仅仅是试图将读者的注意力引入到这样一种发展过程之中。针对强大的技术经济系统的逻辑推理方法不断涌现，可是所有的方法都或多或少被一部分所接受。目前的技术改革和经济动态系统确实带来推理方法的多样化。在新信息技术传播开二十年后，这一系统机制正开始潜在地提高物质生产率水平，并维持人类物质繁荣与文化创新的希望。然而，社会经济发展仍受益于公共部门的直接控制，而非私人企业经济的巩固。这仍是所有发展进程中的绊脚石。在本书中，我们认为，在新机制中，社会、经济、技术与文化应由地方社会及其政治机构的强制力量

① Siena，意大利中部城市。——译者

② Curitiba，巴西东南部城市。——译者

管理，使其更加高效与公平。全球化与本土化相互补充，共同促成了社会与经济的联合。同样的现象可追朔到 14 世纪至 16 世纪世界经济发展的起始时期，当时，城市纷纷崛起为世界创新中心与商业中心。

在全球化的新技术经济体系中，地方作为管理中心的战略意义在于以下三个方面：经济产出与竞争力，社会文化融合，政治代表与管理。

从经济学角度来看，区域环境是在全球化经济中开发经济体竞争力的决定性因素。然而，这似乎是自相矛盾的。这是因为，若真如此，首先，公司竞争力在相当大的程度上依赖于它们的运作环境；另一方面，以关税与贸易总协定(GATT)乌拉圭回合与世界贸易组织的成立为标志，国际贸易规则的自由化将会限制地方政府的行动，而它们恰恰受益于其区域内公司的发展。最终分析表明，如今那些未陷入地方保护主义的地方政府(市级或区级政府)能够有效地提高地方企业的生产力与竞争力水平，而这些企业正是地方社会福利的来源。事实上，新经济时期企业竞争力依赖于地方关税壁垒或政治利益，但不再像依赖其所属地域产量优势的绝对地位的确定那样强烈。本书第 6 章中，我们将对充足的技术性基础设施建设，确保地区与世界各地人口、信息与货物流通的通讯体系，以及在新技术经济体制中提供生产与管理的所有人力资源进行论述。这些人力资源包括能够提供大学教育水平及其他各种级别的熟练劳动力的教育系统，还需要为这些受过一定教育的劳动力群体和家庭提供满意的住房、城市服务、健康及文化生活环境，以维持其心态平衡、高生产率及由此产生的愉悦感。新信息经济时期，地方政府的根本职责为培育、管理人口聚居地及其硬件设施从而为经济生产力的提高提供社会基础。在民族国家间谈判形成的全球化规则框架下，私有企业与地方政府的联系是财富创造过程中最基本的制度与组织根基。

其二，与以往相比，更多种社会文化的交汇对地方风俗影响显著。当今世界，通讯变得全球化，有必要保持本土文化的独特性，进而形成属于自身社会的特性。由于反对维护整体主义者利益的霸权，对个体而言，对建立于历史性、地域性基础之上的个性特征的发掘与保护是社会的基本构成要素。若无将多个社会连为一体的那些文化共性，社会将分裂为个体与以家庭为单位的小团体，它们彼此间相互竞争，财富与权力在全球范围内分化。这种分裂现象在社会中正潜移默化地被不断加剧，表现为社会文化的多元化与社会道德标准的复杂化。在不久的将来，城市聚集成为人类主要的聚居方式，这将使具有多种差异的文化形态与行为方式的个体或群体混居在一起。若不存在一种社会文化的联合机制接纳各种文化的差异，并建立起这种机制能够彼此交流的载体，区域部落化将成为全球一体化的负面产物。这种文化的分裂使各种文化体间互不承认，为求自我生存而相互树敌，进而破坏社会体间的关系纽带与对其他异己事物的接纳能力，甚至会威协社会自身的和谐。这些已经被视为一种道德层面的警告，然而不幸的是，全球范围内在许多城市化地区，这已成为日常生活的写照。

在许多国家，民族政府依旧强制进行社会文化的聚合。然而，在很多情况下，民族国家历史中形成的对地区及民族文化的压制依旧作为这些地方大多数本土人口的个性特征而存在。这些地区包括西班牙的加泰罗尼亚、巴斯克乡村地区，英国的北爱尔兰、苏格兰与威尔士地区，或欧洲一些多民族或多语言地区，如比利时、瑞士，或一些具有这种历史传统的地区，如法国。世界上这种分裂化的社会体还有很多，有些还很典型，它们在历史上的某一段时期曾被作为殖民地。许多非洲国家是由那些经受过这种掠夺性的殖民过程的边远地区形成，从历史上看，这些民族国家的形成经历这样一个过程，由于地区差异分裂进而由具有统一道德标准的群体、部落或文化团体组成。尽管社会文化的融合可能会对这些边远地区的和平产生威胁，然而，国家与地方社会形成一种能够将不同道德文化群体融合的机制依旧是必要的。同样的问题也存在于亚洲、美洲及前苏联分裂的那些国家，虽然问题的严重程度与前述地区有所不同。再者，伴随着全球化的人口流动带来社会文化的多元化，尤其是城市地区文化的多元化，我们将在第 4 章讨论这一问题。如何将居住在同一地区的多个具有差异性社会文化的群体融合，并在不破坏原有社会的历史、文化及宗教特征的情况下实现文化的共享，这是当代政府与社会面临的主要挑战。在这种背景下，由于民族国家体制内的联合与分化现象，使其不得不致力于维持多个社会体间的平衡，并强调政治手段的使用。然而，他们在促进文化差异的融合中，面临着比地方政府更大的困难，尤其是当这些文化差异是地区存在的显著特征时，这种情况在存在文化差异的地区普遍存在。而且，那些作为地方制度与文化特征同时存在的社会差异一旦被意识到，将被民族国家体制框架中的下级制度体系吸收。因此，作为地方而言，地方政府寻找并发扬具个性特征的社会差异；而作为国家的一部分，地方政府则促进这些差异的融合，避免相互冲突。

简而言之，在新的全球化体制中，地方政府的政治角色需要创新，使之更具活力，从而贯穿地区权威及权力的结构化危机之中，民族国家将受到这些权威与权力的影响。简单地说，民族国家对于控制或指挥新体制下全球化的权力与财富的力量太薄弱，而在发挥地方社会利益与文化个性时又显得过于强大，因而其作为代表机构与高效、合法的组织者职能正在消亡。在这种意义上，资本市场、实物市场与生产设备市场的全球化，使得民族国家推行任何一项有成效的经济政策都变得比以往更加困难。为此，民族国家开始建立一些超国家的政治机构或准政治机构，以回应全球化的金融动作与跨国经营。在这一进程中，最典型的便是欧盟的发展，此外，北美自由贸易组织（影响力向拉丁美洲扩展）、维护国际经济合作的七国俱乐部（俄罗斯作为观察员）、国际货币基金组织、世界银行及其他一些正在形成中的国际组织，也影响着世界新格局的形成。同样地，在政治领域，联合国、北太平洋公约组织（NATO）及其他基于政治合作而成立的国际组织的职能不断扩展，以规范国际关系，甚至在必要时动用联合的军事力量进行干预。然而，民族国家直接意识到它们无法独自解决国际政治与经济关系中一些根本问题，这使得国家机器日益感到力不从心，促使它们转而依赖于一种更为庞大和复杂的中介机构。因此，民族政府的职能在其所在地区的居民看来，正不断地弱化。此外，社会，尤其是地方社会在面对全球化带来的日益增多且无法控制的社会变动浪潮时，会不断提高自身特性，并维护其自主性。民族国家为了发挥其融合社会文化的职能，通常与其居民群体的文化、利益距离太远，很大程度上是因为它们必须公平地区分不同文化、不同地区与不同的民族，与世界经济、政治关系代理者进行公平的协商。再者，一些民族国家倡导的文化与利益群体与原有居民群体的利益相背离，进而促使地方居民与管理他们生活的政府机构间的鸿沟不断扩大。

地方政府在行政与金融上受制于民族国家，甚至掌握全球经济与政治代表的力量与资本也远远弱于民族国家。然而，民族国家对全球化潮流缺乏控制的这种处境，使得它们之间的区别不再明显，而只是掌握世界的能力是比较薄弱还是相当薄弱。另一方面，地方政府作为国家的领导者还有两大优势：其一，它们更乐意作为地方社团中社会文化融合的代表机构与法律规范者；其二，它们在世界交流演习、改变供求以及技术的交互作用与分散机制更具灵活性，接纳性更强，空间也更为广阔。令人确信无疑的是，拙劣的地方保护主义将导致地区间形成激烈的、破坏性的竞争。然而，我们仍旧希望城市及地方能够建立并巩固彼此间的联系网络，进而通过与企业间进行建设性的协商以达成符合双边利益的和约，近年来的经验证实了这点。当然，我们以上提到的这种区域机制并未在世界上任何一个都市中发挥作用，现代都市或地区仍处于这样一种状况，信息不完善与官僚主义属于较好的情况，较差的则被地区要人控制或充斥着腐败现象。然而，地方政府机构内部人才结构的优化、管理技术的现代化、金融资本存量的增加及地方权威力量的提升将使其机构更趋灵活，进而在国家或国际级别的监护组织的合作帮助下，管理全球化事物能力不断增强。我们研究的目标就是：如何通过区域管理与一些代表机构回应系统的全球化浪潮，同时，促进民主参与、信息发展、行政分权及文化融合。在本书的构思过程中，遭遇到很多难以解决的问题。书中阐述的关于城市及其行政管理的分析仅为作者们的研究成果、观点及职业经验。其实，更大的困难还是对于解决新社会经济时期的诸多问题的尝试，旧时代的陈腐规则在城市处理新历史时期事物的机制中依旧处于主导地位，这些规则甚至已使城市机构趋于麻木不仁。本书的目的就在于，探寻以何种手段促使城市、市民及其政府在新的历史时期有所作为。

第 1 章

全球化、信息化与城市管理

1.1 引言

20 世纪，世界城市结构正经历着历史性的转变，这种转变确实发生在我们身边，却又难以把握，转变的核心在于信息技术控制下的技术革命。基础设施建设以新技术为基础，经济与通信的全球化改变了我们的生产、消费、管理、信息发布及思考方式。然而，并非每种经济或文化活动都需要全球化。事实上，按照这些活动的参与人数来看，大多数活动首先是地区性或地域性的。然而，任何具有战略主导地位的活动，无论是金融市场还是信息的视听传输，其决策与交流网络的组织实施无一不是全球化的行为。这个世界的独立性是不对称的，而这种不对称的独立性通过新信息与通讯技术展现出来，并无时无刻不存在于我们现存的时代之中。这种现象在历史上是前所未有的，它实际上开辟了新的人类历史时期——信息时代。

城市化使城市及其市民共同经历着其内部结构性的转变。实际上，我们经历着历史上速度最快、波及面最广的城市化过程(图 1.1)。在短短几年内，世界上大多数居民成为城市人口，而且绝大多数的城市人口在城市定居，或在迅速发展中的乡村定居。正如经济决定论者预言的那样，无线电通讯技术并不会降低城市的中心地位；相反，它使空间距离遥远的城市与乡村地区可以统一管理，使它们交流更加方便，从而使人口向区域内聚集，一些显著的、具有历史阶段性的社会空间被中断，这点我们将在本书中有所陈述。从这种意义上来讲，人类命运与城市尤其是大都市息息相关。

如何管理城市并建立新的生活方式以适应新的生产方式与文化形态，面临着诸多挑战。这些挑战不仅来自由于人类居住形式改变而积累的功能性、社会性问题及环境等问题，还因为我们对所面临的这种转变缺乏了解。市政部门往往对出现在区域内的一些超出它们控制能力的事件

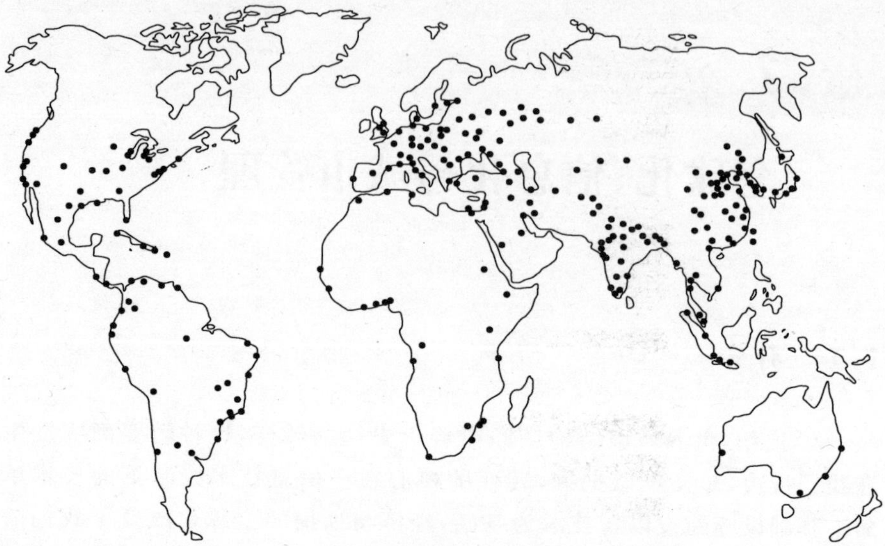

图 1.1　世界大都市分布图(1995)

束手无策。因此,分析城市转型过程中的基本因素,如技术、经济、文化及其制度,进而重新定义城市管理手段是十分必要的。这也是本章我们将要探讨的问题。

1.2　结构化转变过程:信息社会与全球经济

近二十年,一个新的、技术性的范式已经形成,也被称为信息化模式。正如过去的工业革命一样,它成为历史发展中的分水岭。然而,当今的技术革命还是具有显著的个性特征,变革集中于信息技术领域,包括微电子、计算机科学、无线通讯技术及遗传工程(Castells et al,1986; Castells, 1996a)。尽管科技革命的萌芽可以追溯到很久之前,19 世纪 40 年代起一些产业因素开始发展,然而,事实上,直至 19 世纪 70 年代,才形成这种技术性的体制,并被广泛应用,在美国加利福尼亚州和新英格兰州的技术产业中心开始蓬勃发展。最初,这场革命集中于军事技术、国际金融领域。19 世纪 80 年代初,扩展到工厂;19 世纪 80 年代末,扩展至管理部门;而如今,信息高速公路已使这场革命进入我们的家庭(Sullivan-Trainor, 1996)。不同的国家、文化、制度及发展水平或发展模式,这场范式的变革带来的影响也有所不同。虽然影响社会的力度大小有别,方式形态各异,但是仍具有一些共同的特征。在此,我们将勾画出技术革命与社会结构间相互作用时产生的一些根本的特性。需要强调指出的是，新信息技术尽管不是产生以上这些现象的原因，但却是促使其存在的基本前提。举例来讲，若没有计算机和全球无线通讯系统，将不会有经济的全球化和世界范围内的便捷通讯。

这场信息范式的变革最首要的因素是形成一种全球化的经济，正如如今那种有效运行的经济体一样(Chesnais，1994)。让我们来分析一下这场变革的真正内涵。我们从未管理过世界经济，这是自 16 世纪以来就存在的一个事实，甚至未处理过一些国际化的经济活动。而经济全球化意味着，无论是表面上，还是隐含着的，在这种经济内部，其战略性、主导性的经济活动是作为全球经济单元运行的。如资本市场，由于信息系统存储量大、运算速度高，通过瞬间的电子传输将世界资本市场联合为一体。然而，不管是通过跨国公司、公司间网络还是交流机制，处于领导地位的公司以及它们庞大的分支机构的技术、信息及管理无不全球化，其工业产品、高端服务与市场也不断被全球化。高素质劳动力也成为全球化市场中劳动力结构模式，而大量的低素质的移民则退居幕后而成为“后备军”。总而言之，资本是全球化的，但是大多数的劳动力是本土的(Campbell，1994)。新型的全球化经济的特性既具有显著的包容性，又同时具有排外性。它包括世界上任何地方任何能够创造价值或具有价值的事物，另一方面，它排斥那些无价值或不被重视的事物。它首先是一个动态的、扩张的系统，又是一个将社会单元、地区及国家分离开，使之相互独立的系统。在这个系统中，由局部单元集中创造价值与消费，从人口这个更广泛的意义上来说，不同国家人口数量不同，然而，这些单元又在世界范围内相互联系。根据系统逻辑的观点来看，这种过渡表现为前期的广泛探索转变到形成一种与结构不相关的新模式(Carnoy，Castells，Cohen and Cardoso，1993)。这些转变并不是不可改变的。因此，利用新技术的内在创造力为大多数人谋福利，利用政策修正目前的不平等事件，进而应对这些变化，是十分必要的。

全球化的经济也是一种信息化的经济，如，在这种经济中，生产率的增长并不依赖于产品(资本、劳动力及自然资源)数量的增长，而是在于知识与信息应用于产品的生产与管理、生产、分配流程的广泛程度(Foray and Freeman，1992)。在新经济时代，信息制造与战略处理是决定生产力与竞争力的关键因素(Dosi et al，1988)。这远非区域经济发展政策所能达到的，它必须依赖于今后的通讯政策、信息化政策及人力资本政策(详见第 4 章)。

信息经济另一特征是生产模式更加灵活，公司间建立了一种更为广泛的网络联系。在此，我们所说的信息经济并非仅仅意味着公司间的网络关系，而是一种新的组织形式。在这种经济模式中（更大程度上将社会视为一个整体），大规模公司分权治理，半自治性的经济体出现；小型或中等规模的公司的数目增长迅速，不论小型公司还是大公司最终都将建立起密切的网络联系（Ihmai, 1990）。由于那些大型公司所处国家不同，产品、技术、市场也不同，因此它们之间的战略联盟形成的经济体制与以往体制具有结构性差异，即它将在一个变化的几何系统中建立起一个具体而又不断变化的网络。因此，无论何时何地，真正的经济代理人不再单纯是传统意义上的某一个公司，而是公司网络系统的一个组成单元。正是这种灵活、动态但也不稳定的经济活动模式决定了组织、管理及生产的流程更新这一特性（Piore and Sabel, 1984; Harrison, 1994）。若就这个意义上来说，它能在历史上成功出现并能普及化，应归功于新信息技术的灵活性。

这种以技术变革与组织更新为基础的新型的信息化、全球化经济使我们目睹了所有社会体中劳动关系、雇佣结构的广泛变革（Freeman and Soete, 1994; Carnoy and Castells, 1996; Castano, 1994）。然而，并不像那种无知的观点预测的那样，新技术经济模式会导致失业。过去十年的研究经验提供的数据（OECD, 1994）与经济学理论所做出的最具可信性的预测，都反驳了所有那些认为目前的技术发展会带来失业的假设。因此，在经济合作与发展组织（OECD）成员国中，科技化程度越高的社会的新的就业机会越多，如1992—1995年期间，在美国新增加了六百万个工作职位，而日本的失业率从未高于3.2%。此外，这两个国家熟练工人就业率的增长幅度远远高于不熟练工人（Carnoy and Castells, 1996）。就业结构问题是欧洲国家共同的问题，主要原因在于，欧洲一体化趋势与劳动力市场及福利国家的僵化机制使得宏观政策制定及实施变得困难。全球化而又不失其独立性的经济离不开一个全球化的社会。而且，尽管经济合作发展组织成员国家已进入后工业化社会，亚洲与拉丁美洲的新型发展模式在世界范围内掀起了一场前所未有的工业化浪潮，所创造的产业职位的数目高于历史上任何一个时期，1963年工作职位为10 290万个，1989年则达到17 690万个，26年增长了72个百分点（Wiecaorek, 1995）；虽然这些新的就业职位基本集中于那些新型工业化国家而非经济合作与发展组织成员国，尤其集中于一些亚洲国家，但仍遍布全球。

尽管这种以科技为特征的新范式本身并不会冲击就业，但就业条件与工作的组织方法将受到其显著影响。一方面,由于公司间的网络联系使之既是全球化的又不失其独立性,那些以开放的姿态面对全球化竞争公司的雇佣条件虽不是完全相同,但也趋于一致,结果是公司趋向于重新选择那些成本较低、法规较为宽松的地区作为生产工厂。另一方面,在所有社会中,新技术系统为一种新式又灵活的劳动关系的传播扫清了道路,并不断加速这一历史变革的进程。确实,工业革命主要是将农民这一潜在的劳动力驱逐出土地,使手工业者与他们的手工产品相脱离,进而聚集形成工厂这种组织形式。然而,与工业革命的任务及工作流程相反,目前这场技术革命通过通信网络使各部分工作流程统一起来。因此,合同转包、产品分散化经营、户外作业、团队合作、兼职、自由职业者及顾问等新型工作模式蓬勃发展,而且已经占一些主要发达国家劳动力的四分之一至三分之一(Caroy and Castells, 1996)。试图抵制这种发展趋势的国家,如西班牙与法国,以高失业率为代价。首先,公司的分散化经营与工作流程一体化使工作流程变得异乎寻常的灵活化、动态化,虽然这样会破坏公司本身技术机密的积累从而可能会在长期内对公司生产力的提高带来负面影响,然而,它还是为公司降低了成本,提高了竞争力。然而同时,这种灵活的劳动关系模式使雇佣关系变得不稳定,侵蚀着福利国家的政策基础,对工会角色的定位提出了质疑,并导致目前建立在社会和谐基础上的公司及社会制度产生一种结构性的危机(Navarro, 1994)。

在发展中国家,这种工作上的转变由两种与众不同的机制带来。一方面,工业产品与高级服务业的网络具有不稳定性,且不像以往在那种模式中可进行社会控制:新形式的工业化自产生起便在职能上与这种灵活模式相一致。另一方面,在世界核心城市中常规的、非正式的工作的扩展使社会经历着变革的阵痛。新技术使地区过度开发的陈旧发展模式与高产出的网络发展模式相结合,以使其适应全球化的竞争(Portes, Castells and Benton, 1989)。信息化、全球化经济的生产关系与以往的最大区别在于灵活性,而拥有古老历史又以崭新面孔出现的非正式经济则是实现这种灵活性的最终表现形式。

1.3 数字化通讯、传媒政治与政府危机

这些具有历史意义的变革并不仅仅局限于技术、经济层面,它们也对文化、通讯与政治制度产生影响,这种影响发生在一种相互独立的社会关系系统之中。由于这属于城市及其政府机构的工作范畴,在社会中这些

层面发生主要变化的趋势不可忽略。

信息社会中的通讯、文化交流以往总是借助于可视系统。而且，近几年，信息数字化程度提高，即将这些可视的、纸质的或口头的信息转化为一种全球化、交互式的超文本信息，这一变化的出现使通信、文化的交流与发展推向更高的层次。尽管对生产、技术与金融的控制仍具有全球特征，目前这些为数众多的媒体开始具有个体性、局部性，以适应那些具体受众。与其说我们生活在一个地球村中，不如说我们生活在一个个独立的小牧屋中，这些小牧屋彼此间或多或少地联系在一起，从而实现生产与分配的全球化（Negroponte，1995；Doyle，1992）。伴随而来的是，网络的迅猛发展使信息资源与同行业间交流频率成倍增长，虽然这些变化仍局限在大约三千万的精英人士世界（Anderson et al，1996）。目前来看，这些变革的最突出之处在于，新的通信系统的灵活性与高覆盖性使其吸收各种文化、社会意识及政治观点的能力增强。从而，世界变得数字化，通信交流与传播电子化。

由于文化交流成为一个体系，社会的各部分机能如生产、分配及其控制越来越多地通过一系列的符号来完成，政治生活必然被卷入各种媒体之中。尽管政治并不仅仅作用于媒体，然而，至少在民主社会中，媒体从根本上决定着政治进程（Castells，1995a）。这意味着，政治的象征意义比以往任何时候都显得重要，而且，它还传达了另外一个重要信息，通过这种符号的创新以赢得支持，增强公众可信度，有可能的话，向公众展示其具有的超凡的人格魅力。然而，知识分子可能很难接受这一事实，政治的决定因素不再是政治程序。而且，对于公共行政人员来说可能是不公平的，因为好的公共行政行为并不能保证能够赢得公共支持。在信息社会，政治交流符号化，即通过各种媒体表达政见，赢得公共支持，这本身就具有一定争议性。

我们应当首先做出以下假设，以为我们对世界范围内正在孕育中的新型城市的探索指明方向。正如前所述的，所有变革是一体的，我们已经进入了一种新的社会形式，可以称之为“流动的社会”（Castells，1996a），即这个社会中所有活动的物质基础是由一系列的“流”构成的，权力与财富在全球网络中通过“信息流”转移、运作。这些流是不对称的，并显示出各种权力关系。然而，金融流、技术流、创意流、信息流等这些流的力量远比权力关系流重要得多。社会流的逻辑在于它们经常避开其控制者，正如众所周知的那样，政府极力想通过法律规范金融市场，而政治或经济家则在由媒体主导的各种运动与阴谋的冲突与矛盾中颠簸。

然而，需要指出的是，要了解这场新式的政治游戏，必须指出流并不是目前社会的唯一特点。还有一种具有历史性、动态性的新事物出现，它并不是与全球“流”系统平行发展，而是对其的一种反应，并与之相矛盾，即个性。这种关于个性的主张，可能是历史传承的行为，也可能属于重新树立的新观点（Calhoun，1994；Rubert de Ventos，1994；Castells，Yazawa and Kiselyova，1996）。社会系统机制的创新与发展意味着关于个性的一些基本概念的表达不断增多。个性是民族的、国土的、地区的、道德的、宗教的、性别取向的，还指人的性格特征即个体拥有的无法缩减的个性特征。若反对经济全球化与社会流这一系统机制尤其是其排外性的本质，是对其所排斥所有事物的否定，就像具体的原教旨主义反对抽象的全球化。社会中的权力及其功能由各种“流”组织运作，经验则意味着是形成于位于深层次的那种不可缩减的个性特征基础之上的。社会中各种原教旨主义的出现正是一面镜子，反映出在“流”中逐渐流失的内容、经验及社会控制力，在这些“流”中，全球化的权力网络展现其自身力量。

技术经济全球化与个性认同感的加强之间的矛盾造成了民族国家的制度危机。一方面，民族国家的权力已无法保证它们控制全球性的各种流，而且它们的组织机制通常太过僵化而无法适应世界系统中的频繁变动。另一方面，民族国家表现出的地域文化个性的繁荣不断引发一系列的冲突，它至少会使国家意志的合法性降低。而且，权力越集中的国家意味着越难以在全球化机制与构成国家的各种文化与地区间建立起纽带关系。在这种背景下，世界各地的地方及区域政府机构开始变得更灵活，尽量从根本上保持它们的个性，并逐渐地适应各种组合形式的权力流。然而，地方政府面临的困难在于，一方面，它们依赖于行政地位并缺乏经济资源；另一方面，还面临这样一种风险，即若对这种个性的保护形成原教旨主义，进而导致政治地方主义（political localism）与文化部落主义（cultural tribalism）。从各个角度看来，战胜信息社会的同化趋势，阻止权力流与个性化本质的分化，并引入关于城市管理的一种新观点，似乎唯一具有历史可行性的做法是重新建立一种更为灵活、动态化的政府。

1.4　新全球经济下的城市管理

若以地域化的语言来描述，新全球经济是指城市间的网络系统（Sassen，1994）。对于城市来说，越来越依赖于这样一种模式，即全球经济影响下形成的生活标准、生活模式。这也是每个城市在面临全球化竞争时，来自城市管理方面的新难题，因为城市福利与此密切相关。然而，这里有一种过于简单的观点，城市内部机制与竞争目标最终将是自我破坏的，通过降低税收、控制并接受更低水平的工资与更低水平的社会保障，这些都将吸引投资者们在任何价位都会进行投资。当政策成为日常规则之后，导致人们的生活水平呈螺旋形下滑，最终使所有城市社会感到失望、沮丧，并使它们陷于困顿之中，进而证明对公司发展不利。信息化的新全球经济中对于竞争的理解不应仅局限于降低成本，而是提高生产力。影响生产力的三个基本要素是：关联性、创新性与弹性化机构(Brotchie et al, 1995)。

关联性是指城市相互关联成为各种循环圈，进而在地区、国家及全球范围内形成通讯、无线通讯与信息交流机制。

创新性是指城市具有的创造新知识并应用于经济活动中的能力，这种能力来源于城市获取、运用具有战略意义的信息的能力。这就需要拥有充足且能涵盖各种学术水平的人力资源，并由高质量的教育体制实现供给。然而，还应包括提供良好生活质量，来吸引或保持绝大多数教育程度高的专业团体；并建立应用研究机构，灵活且具商业战略眼光地将之运用于经济生活，从而促成全球技术革新与城市生产体系一体化。

弹性化机构是指城市在与超地区化运作的公司或机构协商交流时，地方机构的内部管理能力与对外的自主性。

一些相关的概念，保持发展水平与城市中普遍存在的机构环境可以解释这三种因素。确实，并不是每一个大都市都能或者必须成为硅谷或横滨。但是，每一个城市都需实现技术基础设施、人力资源与弹性化的地方管理体制的一体化，否则，它们将在经济与通讯的各种全球化流的冲击下不断颠簸起伏，无法保持稳定发展。

因此，当城市在全球经济中发挥一定作用时，它们必须实现本地区社会的融合与结构化。城市市民是城市政府在这些全球化的循环流中航行的力量来源与坚实后盾。在这种意义上，地方化与全球化更大程度上是相互补充的而非相互排斥的。这种社会的融合需要民主化的政治体制，并建立在行政分权与市民参与市政管理的基础上(Borja, 1988)。因此，必须实施地方经济政策，这些政策独立于全球化的权威力量，如保留公共服务或超公共服务部门。地方财政政策必须与这一目标相一致，对于保证地方人口间的社会融合、维护城市系统生产力的一般条件而言，在地区范围内对经济活动征税是充分必要的，且对于公司有利。在内部间相互独立、外部一体化的全球经济背景下，地方政府对经济、社会与环境的必要的控制无法单独行使。地方权威的作为在国家或国际这一层级上必须保持一致性，这就需要具备一定的技术、制度与政治条件。由技术这一角度来看，信息系统必须建立在城市内部各种数据库基础之上，从而长期保持其在虚拟世界中的可接近性与现实世界中的高智能化。就制度而言，市政部门与城市间的关系必须摈弃那种消极被动的状态，即仅仅致力于建立形式化、官方化的关系；而应转变为一种充满活力的、主动的网络化关系，即拥有稳定又反应敏捷的行政机构、商业导向的管理战略，市政部门能发挥其首创精神，这正是其职能之一。在政治上，市政部门必须向它们自身权力妥协，并保证其利益团体能够超越内部任何政党及持不同观点者。它们必须能够保护各自国家政府的具体利益，使之在一个复合的制度系统中，尽管接受了冲突谈判（政治的一般表现形式）也不会陷入那种具有破坏性的分离状态。与此同时，在经济全球化的背景下，城市政府构建的网络系统应树立起一种集强权与动态集中性为一体的形象，能够与跨国公司及超国家机构进行有效协商。但是，这种集体化的行动将依赖于它们的合作，要获得任何的让步都必须考虑到各个成员的利益。

第2章 全球化对城市空间及社会结构的影响

2.1 引言

全球化、生产分配与管理程序的信息化使全球社会的空间、社会结构大大改变，这是对全球化与地区化间联系性加强的最直接描述。国家、城市历史、文化与制度发展水平不同，这种联系性对社会—空间的不同影响力，正是这场新的城市变革的根源所在，而且正因为如此，干涉全球化或城市及地方政策将使其逆向发展，将导致城市生活质量下降。

我们的分析由三个方面顺次展开，即需对一大批完全不同的信息进行综合分析，以了解其内涵。这三个方面依次为：在新型的战略主导的生产流程中，全球与地方的关联性，即高级服务与高技术产业；在发达国家与发展中国家同时出现的新型空间居住形式，尤其是出现了人口超过百万的大城市、“摊大饼”城市发展模式（“dispersed city” models），以及新型城市化与传统城市化的联系；在大城市内部的空间极化发展的基础上，建立起一种具有新的历史意义的高质量城市，这将是在我们的分析中试图揭示的问题。

2.2 全球经济的地方管理

经济全球化与信息化建立在管理中心协调管理的基础上，并能促进公司活动的创新，这些公司处于城市间，甚至常处于跨国度的交流网络中（Hall，1995）。金融、保险、财产、咨询、法律服务、广告、设计、营销、公共关系、安全、信息提供与计算机管理系统是新的主要经济活动（Daniels，1993）。研发（R&D）活动与工业、农业、服务业的决策同等重要。所有这些活动的共同之处在于：它们都是关于信息或知识的流动（Norman，1993）。高级无线通信系统又使这些活动自由地分布在全球各地。然而，诸多的研究经验得出，聚散的初期成果是形成高级服务的空间布局，重要特点是它们借助于一个网络流彼此联系（Graham，1994；Moss，1987）。经过调查发现，首先，高级服务（即前文所提到的那些经济活动的特性）是国内生产总值（GDP）中人口与就业统计中增长最快的部分，大多数国家用国内生产总值衡量国民经济，而且，它们正成为一些主要大都市地区最重要、最具动态性的投资因素（Enderwick，1989）。另一方面，当几乎所有国家、所有大城市普遍出现上述经济活动时，越高水平的高级服务网络越会集中于一些国家的枢纽地区（Harasim，1993；Daniels，1993）。这种集中呈等级模式分布在中心城市之间，行使其最重要的职能，依据技术、权力与资金的不同，集中于世界主要大城市地区（Thrift，1986；Thrift and Leyshon，1991）。赛斯克尔・赛森（Saskia Sassen）对全球化城市进行的经典研究表明，纽约、伦敦、东京在国际金融领域及与国际商业服务公司的协商中同样处于主导地位（Sassen，1991）。但是，其他中心大都市也很重要，尽管它们只能主导部分特定市场。例如，芝加哥与新加坡在期货交易市场中居于领先地位，期货交易市场于 1972 年发源于芝加哥。其他一些世界城市是全球主导市场管理链中的联系纽带，如香港、大阪、法兰克福、巴黎、苏黎世、洛杉矶、旧金山、阿姆斯特丹、米兰（Sassen，1994）。一些新区域中心作为网络内相互作用的纽带出现并不断向外扩张，如马德里、圣保罗、布宜诺斯艾利斯、墨西哥、台北、莫斯科及其他城市，这种纽带关系是经济全球化的基础。此外，世界上的一个地区一旦卷入全球经济，地方经济与社会变得更具动态性，为高级服务建立中心城市是必要的前提，国际机场、卫星远程通信系统、具有配套安全防卫系统的高级酒店、英语秘书、金融或咨询公司不可避免地环绕在其周围，它们与地方政府部门相熟，并能为国家投资者、具有高级服务或高级技术建设人才的地区劳动市场提供信息与基础建设支持。例如，20 世纪 90 年代，当俄罗斯—太平洋这个具有巨大发展潜力的地区开始融入全球经济时，第一步便是将其区域经济中心哈巴罗夫斯克建设成为全球网络中的本土管理纽带（Minakir，1994，专栏 2.1）。

同样，墨西哥通过自由贸易协定而与北美经济融为一体，进而融入全球经济，联盟地区的管理与国际交流合作职能被加强，其空间结构深度变革以适应这些职能（Gamboa de Buen，1994）。因此，墨西哥的 15 个银行中有 8 个，22 个经纪人公司中有 16 个，均位于自漫步改革大道（Paseo de la Reforma）至广场西部（历史上就是个中心城市）的金融中心。新的房

专栏 2.1　哈巴罗夫斯克：俄罗斯—太平洋地区的全球枢纽

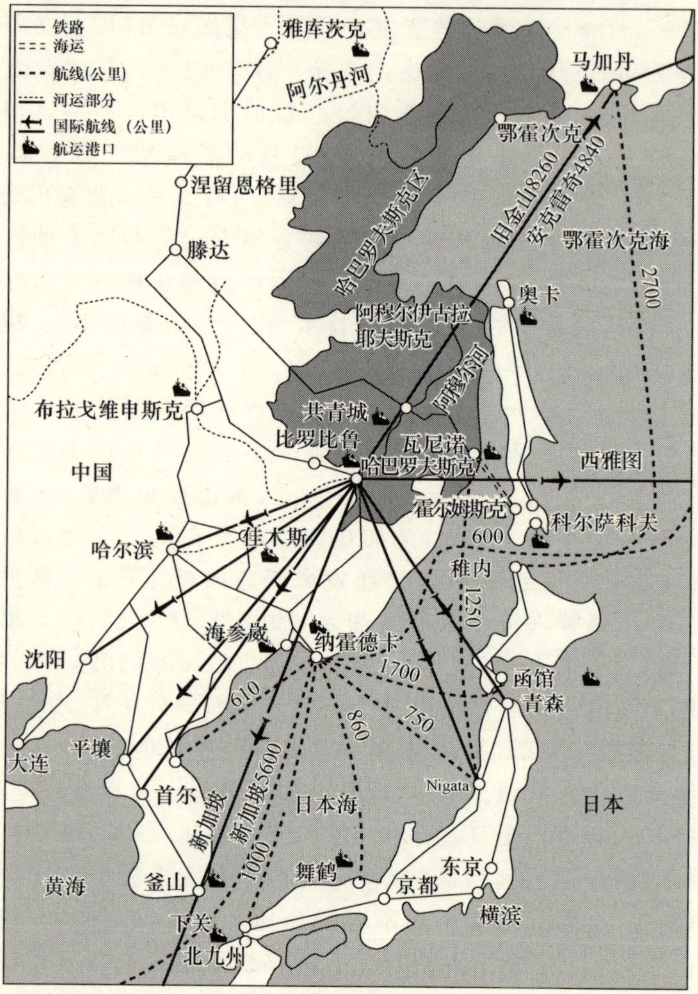

交通示意图

俄罗斯与全球经济市场的联系方式变得越来越多样化。在历史上，俄罗斯—太平洋地区远离世界上的各种循环圈，直到近期由于军事战略的原因开始与外国人联系较多，这也许是这一地区在 21 世纪最初几年具有巨大发展潜力的原因。在世界经济中，尽管亚洲太平洋地区看起来将成为一个主要的工业中心和金融中心，可能还会是将来最大的市场，但是，它仍有一项劣势，即它对外部能源与自然资源的依赖性过强。这种依赖性在日本表现得极为明显，也将是中国发展的重要特征，是其为满足资源需求的必由之路。这是因为中国自身资源将无法满足经济发展的需要，而且，甚至会超出其目前的资源供给国的供给能力，尤其是像印度尼西亚这样的国家。俄罗斯—太平洋地区，西伯利亚除外，将在亚洲经济快速发展地区的资源供给中占据有利地位（尽管资源丰富，但开发还很少），如天然气、油、煤、具有工业战略意义的矿产原料、木材、渔业及其他众多的原材料。而且，20 世纪 90 年代时期，随着俄罗斯—太平洋地区对国外投资与国际交往的开放，地方政府投入极大的热情并彼此间相互竞争以争取更多的国外投资，同时，来自日本、韩国、美国及中国的许多公司均跃跃欲试。哈巴罗夫斯克，城市人口 60 万，阿姆河港口历史悠久，成为这一地区与外部世界联系的枢纽，这是因为当时唯一的国际机场位于此地，有发往安克雷奇、新潟、首尔、哈尔滨的日常航班（见地图）。

1992 年，省级政府部门开始加强基础设施建设以吸引外国投资者，如国际标准酒店、为公司提供多种语言服务、卫星远程通信、配套有计算机系统与文秘服务的商业中心、针对外国游客的旅游与导游服务、银行与金融服务网络。实际上，第一笔国外投资是与本地服务业公司的联合投资，即省级政府部门与公共公司为国外公司提供公司运行必需的部分基础设备。1995 年，在哈巴罗夫斯克大约有三百家外资公司，其中包括韩国金星公司的一个主要的电视机制造工厂。1994 年，该地区向亚洲其他国家的出口额达 1.5 亿美元。但是，哈巴罗夫斯克地区外国投资商的主要兴趣在于，为将开始的生产活动建立代理机构，在不久的将来，还将包括除了哈巴罗夫斯克以外的广大地区，如：拥有油气资源的萨哈林岛附近海域、森林资源丰富的俄罗斯东部地区、拥有丰富矿产与贵金属资源的西伯利亚东部地区，尤其是雅库特共和国。尽管有些地区具有生产这些原材料的潜力，但是它们与哈巴罗夫斯克地区距离遥远，因此这一地区若想作为一个整体与全球经济相联系必须建立一个联系管理中心，通过该中心，控制目前这些联合生产企业，为其提供信息与资金支持，制定决策。虽然其他中心城市，如符拉迪沃斯托克（中国称之为海参崴）或纳霍德卡，也试图充当该角色。由于拥有机场这一明显优势，哈巴罗夫斯克迅速成为全球网络的联系枢纽。同时，它第一个建立起服务通信网络以协助处理国外投资、资金流、信息技术与原材料问题，从而为将来亚洲—太平洋地区在世界经济中的主导地位奠定了物质基础。

资料来源：Kiselyova et al (1996)

地产项目已发展到西部，如圣达菲(Santa Fe)联合公司，开发土地面积超过 650 公顷，以供建设惠普公司、数字电视播放公司的总部，及一些豪华购物商场、高级酒店和住宿中心。总之，在联盟地区新的国际酒店不断崛起，高级公司与股票交易市场的大楼占据了成千上百平方公里的土地(Araneta，1995)。墨西哥无线通信的现代化，尤其是开始国际化并借助于卫星通信，是与计算机系统的广泛运用密不可分的，使墨西哥在世界循环圈中管理本国经济中新事物的瞬间反应能力提高(Skezely, 1993)。具有讽刺意味的是，确切地说，1994 年，当墨西哥房地产经济与严重政府危机的消息开始在国际金融市场公开时，这种长期以来一直追求的技术与金融的一体化导致了整个国家经济的崩溃。

在欧洲，凯派林(Cappelin,1991)对欧洲城市服务网络进行的研究表明，中等城市中心的独立性与补充地位正在不断增强。研究结论如下：

> 与地区中城市与国家间的联系相比，城市与地区间的联系正变得不再那么重要……新经济活动集中于城市这一具体的极中，进而导致城市与偏僻地区两极不平等不断加剧。

一些关于城市经济关系的新型内部结构的观点来自迈克逊与惠勒(Michelson and Wheeler,1994)，他们对商业邮件运输进行研究，数据资料来自联邦快递公司，这是一个业务遍及世界的美国公司。该分析一方面指出了美国纽约与洛杉矶的卓越地位，另一方面，指出在商业邮件的运输这一国际性的联系圈中享有的特权。研究结论如下：

> 所有迹象都表明组织结构的控制能力在加强，决定着信息的交流……由于技术变革、缺乏市场能力、市场法制化程度低与市场的全球化导致地方信息的集中在其初期便具有较大程度的不确定性。但是，随着新[经济]时代的发展，弹性化管理与聚集经济仍很重要，弹性化管理是管理机制的基础，而聚集经济是推动地区发展的卓越力量。城市作为经济交易引力中心的重要地位并不会降低。但是，随着国际市场的规范化……经济游戏及其参与者规则的不确定性愈来愈少，信息产业的聚集速度将减缓，[信息]的制造与传播因素在国际城市逐渐变得不那么重要。

确实，没有人能够保证新经济将永远在城市内部处于主导地位，它受到一些变动性较强的经济活动的影响，如金融或房地产投资的竞争相当激烈。因此戴尔斯(Daiels,1993)的解释，是对此最令人沮丧的研究之一，他认为在伦敦的道克兰茨所做的金雀码头(Canary Wharf)城市发展项目的失败之处在于，证明在 20 世纪 90 年代前五年，伦敦与纽约并不能承担金融服务业低就业率的冲击。该项目是世界闻名的加拿大奥利姆彼尔 & 约克(Olimpia & York)公司(现已破产)一项投机战略的成果。戴尔斯的结论如下：

> 而且，在最近的分析中，国际服务业市场的拓展使全球城市系统的竞

争比以往更灵活。金雀码头项目的研究经验表明，大规模城市规划与发展项目的结果是，使之成为外部国际化缺乏控制因素的制约力量。

实际上，在 20 世纪 90 年代前五年，城市中心发展的动力来自于它们全球化商业的拓展，如曼谷、台北、上海、布宜诺斯艾利斯、波哥大等城市；与此同时，马德里（其全球化的黄金时期为 1986—1990 年）、纽约、伦敦、巴黎的房地产市场经历一次严重的衰退，这是由于城市项目过于庞大和一大批服务业与建筑业的投机性投资造成的。1994 年，墨西哥经济崩溃时，墨西哥城金融与房地产市场的衰落给布宜诺斯艾利斯带来相反的影响，由于惧怕国际投资者的投机行为，出现两种金融市场混杂在一起的情况。中心城市发展的不稳定性证明，如今城市完全依赖于这些无法控制的全球化投资流。

因此，如果新信息技术能使管理中心在空间上分散布局，为什么世界仍由一个拥有多个管理中心的网络系统组织管理，且它们形成于一些空间有限、趋于饱和且价格过高的商业区中服务业聚集的基础之上？以这些引用的研究成果与现在数据为基础，赛森（Sassen，1991）提出了这样一个具有说服力的假设：

> 空间分散化与全球一体化的结合为大城市创造了一个新的战略角色。他们除了作为历史以来形成的国际贸易金融中心之外，如今，有了四种新的职能：第一，在世界经济中的直接组织作用；第二，金融与专门服务公司落户的首选地；第三，高级[服务业]发源地，包括创新产品；第四，产品与创新的制造市场。

大城市商业区是具有庞大生产能力的复合体系，这种能力集中于信息的制造与处理上，在此公司总部与金融企业能够找到所需的供应商和高素质雇员。生产系统的灵活性需要形成一种能够实现资源在空间上高度聚集的载体，这些资源包括人力资源在内。这种资源供给并不是永久地提供给某一个公司，而是根据公司与项目的需求而定。新生产系统的灵活性与适应性的产生基础可能是来自职能、人力资源向全球网络联系枢纽聚集和枢纽诸多的附属职能的产生，散布于整个地球、各个国家、各个地方，快捷地运输系统、无线通信与计算机系统使其相连（Graham，1994）。一旦这些活动开始向某些大城市枢纽聚集，对聚集状态的保持起促进作用的因素很多。首先，如果公司大范围进行的重新选址计划改变，大型公司在那些管理中心进行的大量房地产投资将会贬值。在商业高级决策中，私人接触是必要的行为，不仅仅是因为个人自信的重要，还由于一些交易行为本身在法律上具有模糊性。进而,大城市为个人发展提供了最好的机会,为孩子提供良好的教育,是个人接触文化与娱乐的门户,并为个人提供接近权力中心与社会权威圈的机会。所有这些都使它们成为社会职业精英、全球经济管理者们的工作和生活地点(Mollenkopf and Castells, eds, 1991; Mollenkopf, ed, 1989; Machinmura, 1994)。

然而,伴随着大城市中心区管理职能的聚集,开始形成一种分散又相互关联的管理服务网络,它位于大都市的周边地区,极少数位于地方城市中心区。在美国(如亚特兰大或奥马哈)、欧洲(如巴塞罗那、尼斯、斯图加特、布里斯托尔)、亚洲(孟买、曼谷、上海)出现了二级管理中心。大都市的周边地区高级服务业发展迅速,来自伦敦的案例或洛杉矶沃尔纳特克里克的案例说明了这一点。在有些情况下,新的管理中心在城市中心的庇护下产生,最典型的例子是巴黎的拉德芳斯商务区(La defense)地区。然而,总体来看,大多数服务业向都市周边地区扩散,由线状办公室构成,通过大范围、自动化的信息处理相联系,并大量雇用低薪女工。空间化过程最显著的特征不是上述活动的聚集或分散,而是这种两个发展趋势之间的关系,如综合服务企业间建立起一种独立化、等级化的组织网络,并运行于以无线通信为基础的信息流中。

简而言之,经济的全球化,尤其是对系统进行组织管理的高级服务业,在某些大都市,这二者并不会导致其职能在空间上的分散与管理这一唯一职能的聚集。尽管纽约、伦敦、东京在全球系统中是最重要的管理中心,但它们并不是全球城市。全球城市是由不同级别、不同职能的城市枢纽组成的一个网络,它遍布全球,其各种职能就像新经济的神经中心,处于一个内部相互作用关系复杂的系统中,城市与公司必须迅速、灵活地接受与适应这些关系。全球城市系统呈网络结构而非金字塔结构。在很大程度上,这一网络中变动的关系决定着城市与市民的命运。

2.3 新的产业空间

虽然高级服务业是信息经济的神经中心,工业仍然是最具生产力的要素,也是国家物质财富的基础(Cohen and Zysman, 1987)。工业地分布模式从根本上影响着城市的空间结构及其变动过程、城市动力机制。新型微电子技术变革了工业地的分布模式。尽管信息技术产业是最具动态性的产业因素,并最直接地表达了新的空间逻辑,因此能够断定,工业结构作为一个整体是以新的工业地分布模式为特征的,前提是全部工业企业生产流程与机器设备广泛运用电子技术。

20 世纪 80 年代，位于伯克利的加利福尼亚大学的城市与区域发展研究所进行了一系列的研究，这些研究以及其他一些研究成果详细说明了新工业空间的逻辑问题（Castells，1989）。基本的调研是公司的技术与组织能力，用于分割不同产地的生产流程，同时，通过无线通信与微电子制造技术重新使流程统一，一方面保证产品元件的精确性，另一方面使设计与产品更灵活。

每阶段生产流程的地理特征由每个阶段所需劳动力的个性特征和部分劳动力生活条件的社会及自然环境特征决定。必须意识到，新技术产业展示了一种与传统制造业大大不同的职业形式，其雇员集中为两种极端的职业，一种为工程师和高素质研究人员，另一种为大量的不完全熟练职业，与之前的历史时期相比，行政人员与熟练工人减少。电子公司，尤其是美国电子公司，其发展可追溯至 20 世纪 60 年代，根据它们所处的不同地理位置在空间上进行了国际性的劳动分工，产品小巧且价值较高的特性与全球通信网络的拓展为其创造了有利条件：亚洲第一个半导体工厂是由硅谷领先企业仙童（Fairchild）公司于 1962 年在香港建立的（尽管香港后来并没有发展成为电子中心，跨国公司更乐于选择在新加坡与马来西亚建立工厂）。

总而言之，微电子与计算机产业的地理分布模式取决于四个因素，这四个因素中每一个均与四个生产流程相关联：

1. 产品的研发、创新及树立典范等行为集中在高级技术创新地，和拥有全球重要产业的城市中心，如硅谷、东京。然而，在这些中心内部存在一个等级结构，二级创新地培育了一种分散化的技术产业系统，如法国巴黎南部地区、德国慕尼黑、比利时坎皮纳斯—圣保罗。

2. 高技能制造业通常集中于一些先进技术产业得到发展的大国的某些地区，如美国的西部与西南部地区，法国的新经济区则是图卢兹、尼斯—索菲亚·安提波利斯高新科技区。

3. 大规模的电子产品由于长期需要大量的半熟练劳动力，因此迅速向东南亚地区扩散。

4. 为满足顾客对产品的特殊需求、售后维修与服务，公司必须与城市中的主要市场保持密切的联系，这些分支机构迅速蔓延，遍布世界上整个工业化地区与那些正在迅速工业化的地区。

长期以来，欧洲与日本公司一直坚持生产本土化发展模式。然而，20

世纪80年代，面对全球化竞争，以及加快技术创新步伐的需求，它们接受了一种相似的发展模式，即在东南亚地区重新建厂（如新加坡的托马斯-SGS公司，日本在泰国和马来西亚投入了巨额资金），与印度班加罗尔和孟买的公司进行合同转包，在主要技术中心如硅谷设立代表机构，并与一些关键市场的顾客保持接触，尤其是那些增长最快的市场，如亚洲—太平洋地区（Aoyama，1996）。

对这种新式的产业空间布局具有决定性影响的关键因素是技术创新，不仅是因为电子产品的发展，而是因为城市与地方整体产业结构的变化。这些中心地区的形成及其空间布局结构是新城市经济地理学中的关键因素。凯斯泰尔斯和豪尔（Castells，Hall，1994）对世界上主要技术创新地的形成与地理分布进行了研究，并基于经验而确定，这些地区的发展与地理分布水平落后于被他们所谓的“世界技术社会”，研究结果总结如下：

首先，技术社会的城市格局不同。必须强调的是，美国作为世界技术领头羊极为例外，德国也属个别情况，主要的技术社会已扎根于各个国家的大城市地区：东京—横滨、巴黎南部、伦敦M4长廊、米兰、首尔—仁川、莫斯科—矽谷，更远的距离的有：新加坡、台北—新竹、尼斯—索菲亚·安提波利斯高新科技区、斯图加特、上海、圣保罗、马德里、巴塞罗那等城市。德国部分地方的特殊情况是由其历史政治问题造成的，如慕尼黑、巴伐利亚的大部分地区也建立了电子技术创新中心。柏林，20世纪初曾是欧洲的技术中心，其工业崩溃，在二战的最后几个月中，西门子公司迅速由柏林迁至慕尼黑（该地区曾被美国占领）。因此，与技术社会作为创新中心在城市传统空间结构外部发展的构想相比，这实际上是历史延续的结果。在大多数情况下，创新地区聚集于具有经济、科技与政治能力的大城市，尽管在这些城市中，工业技术创新中心在城市郊区周围发展，通常集中在生活质量和社会声望最高的地区，如巴黎西南部则集中于凡尔赛这一历史传统地区，再如马德里北部地区，特莱斯坎多斯市的技术园位于此地。

不过，世界顶级技术创新地，包括东京，出现在美国的新工业化地区（旧金山附近的硅谷、加利福尼亚南部洛杉矶周边地区的技术社会、奥斯汀—得克萨斯、加利福尼亚北部三角地带的研究中心、西雅图），或是以新商业模式为基础再度工业化的地区（波士顿128号高速公路）。这些技术产业综合体的形成起源于具体生产要素即资金、劳动力、原材料与代表机构间在空间上的联系，并建立在区域社会组织这一特殊形式之上。特别是，原材料方面的知识是新兴的学科，并具有科技含量，与工业运用中的主要领域相关，由斯坦福大学、加利福尼亚技术学院、马萨诸塞技术学院的研究机构发起。研究人员为工程师和科学家，高等教育系统培养他们成为这些领域中的先行者，在硅谷这一创新地，研究人员包括前述大学，还有附近地区的一些大学，如伯克利市、圣何塞州、圣克拉拉市。那些技术公司的资金需求也很明确：最初由国防部门投资，其目的是提高技术水平而非谋利，后来发展成为风险资本，投资于技术创新这一风险活动，以求高回报。这种情况在世界其他地方也很普遍。生产中诸因素间关系的最初转变是通过代表机构，斯坦福大学于 1951 年在硅谷成立了斯坦福工业园，成群的商人、新闻记者、空军将军聚集在洛杉矶，试图为航空电子公司赢得军事合同，这也是加利福尼亚南部的支柱产业。最终，在这些地区，尤其是硅谷，形成的社会关系媒体将工程师、研究人员和科技商人联系在一起，并使区域内的思想得以传播，人才得到交换流动，商业竞争文化得到发展。因此，若都市的主导地位仍是科技创新地理分布的普遍规律，美国的经验则显示出这样一种可能，新产业空间在产生于上述产业综合体基础上，能够相互配合的生产要素与社会制度条件在空间上明确。

科技创新地一旦形成，将不断提高自身协调性，加强自身主导地位，在这些断断续续的区域形成全球产业联系网络。克迈格内与欧洲环境改革研究组织(Camagni, 1991)的研究表明，欧洲和世界其他地区创新地的独立性在不断提高。确实，就像艾民与罗宾斯(Amin and Robbins,1991)对这项课题研究时提出的观点，新产业系统既不是全球化的，也不是地区化的，而是以“全球与地方间这种动态化的新联系”为特征的。在这种环境下，最近，戈登(Gordon,1994)对 20 世纪 90 年代硅谷中各公司的研究时指出，这些科技创新地并不仅仅作为工业地区，而是作为全球生产与创新网络中的联系枢纽。在研究的最终，他确信：

> 在新的全球化背景下，地方聚集化并不是空间分散化的另一唯一选择，而是参与全球地区经济网络的关键基础……事实上，地方与网络是构成新的世界创新空间体系的独立因素。

当然，新产业空间并不意味着作为传统工业中心的旧都市区的衰落，也不意味着在这些高科技产业区崛起一些新的经济区。只要不同等级的生产网络彼此相关联，且遍布全球于各地产业区，处于系统中心的研究行为与处于表层的制造行为间的最简单的区别也无法看到。信息时代工业的空间组织为一种变动的创新与制造等级，可描述为一种全球网络模式。

这些网络的管理和结构与公司间或地区间短期的合作和竞争运动有关，产生的效果各不相同：有些情况下，产业历史被重塑；有些情况下，由于新的集体商业创新，地理分布模式被中断。产业布局的新逻辑特征是其地理位置上的不连续性，这种不连续性是由复合生产企业位于偏远地区造成的。新产业空间周围由信息流构成，同时，其各个构成区块被分割、重组，以适应各个公司及其循环圈。总之，信息技术产业的这种空间逻辑是以这些新科技运用于生产与管理中为前提的。结果是，出现了一个新的产业空间，该产业空间的特点在于它是一个多样化的全球产业网络，其交集点、内涵与外延转变了产业布局的基本含义：从生产地转变至生产厂家流。

2.4 城市空间结构的变革

这一历史时期的全球化与信息化，以及我们前文所指出产业与服务生产结构的变革，使城市空间结构发生了深刻的变革。但是，科技经济的发展为这种变革和每个国家、地区及城市的历史、文化及制度相融合奠定了基础，并使得空间模型变得更加多样化。虽然如此，我们也不能擅自挑出其中一些发展经历作为新信息社会的典型。特别是，我们相信所谓的大城市的形成是21世纪城市中最有意义的现象，尤其是在新型工业化国家。因此，我们将找出这一发展历程的主要特征，以香港与广州这种大都市的形成为例，观察在新的城市化模式中，这一历史性变化的地理特征，并综合考虑美国与欧洲城市的发展趋势。

2.4.1 新世纪的城市化：大都市

大都市并不仅仅是一些大型的人类聚集地。确实，我们目睹了一百多万移民择地聚居的过程（1992年这一数字至少是130万），最近（至少四年以内）这一数字超过200万（见表2.1和图2.1—2.5）。然而，规模不是形成大都市的决定因素，事实上是在全球经济及最具实力国家中的枢纽地位。全球化管理、生产、行政管理等高级职能集中于这些地区，政治权力中心控制管理媒体，并象征性地创造、传播一些主导信息。根据联合国在1992年的划分，这些都市有东京、圣保罗、纽约、墨西哥城、上海、孟买、洛杉矶、布宜诺斯艾利斯、首尔、北京、里约热内卢、加尔各答、大阪，这一划分与仍处于主导地位的欧洲—美洲城市排列完全不同。但是，在20世纪90年代中期，俱乐部成员还需加上以下城市：雅加达、莫斯科、开罗、新德里、伦敦、巴黎、拉多斯、达卡、卡拉奇、天津,它们可能与位于次大陆的内地城市相关联。并不是所有的城市在全球经济中都处于主

表 2.1 1992 年世界大城市聚集区

名　次	聚集区	国　家	人口(千人)
1	东京	日本	25 772
2	圣保罗	比利时	19 235
3	纽约	美国	16 158
4	墨西哥城	墨西哥	15 276
5	上海	中国	14 053
6	孟买	印度	13 322
7	洛杉矶	美国	11 853
8	布宜诺斯艾利斯	阿根廷	11 753
9	首尔	韩国	11 589
10	北京	中国	11 433
11	里约热内卢	比利时	11 257
12	加尔各答	印度	11 106
13	大阪	日本	10 535

导中心地位,如拉多斯、达卡就不是,然而,它们使发展流程与各种职能相关联,进而上百万人卷入全球经济中。大城市的决定因素在于其对外部即世界其他地方的引力作用。大城市使全球经济清晰化,使信息网络彼此相连,是世界中的一些权力中心。然而,同时,它们也吸纳了大批为生计问题而奔波的人们。聚集于大都市中既是我们社会中最好的事,也是最不好的事,由系统追求完美的逻辑视角来看,由创新者及聚集人口的能量带来的一切对社会毫无意义。大城市最大的特点是它们与外部全球网络相连,却中断与内部本土人口及其机构的联系,认为这种联系是不必要的或是对社会一种干扰力量:就像波哥大的“流放者”(rejectables)。该观点在纽约、墨西哥联邦区、雅加达得到了证实。大城市之所以成为一种新城市模式,是由于建立了与其外部全球网络的联系,从而成为基础的联系枢纽,尽管其内部社会及空间结构彼此分割且联系中断。大城市的空间结构特征是,其既与外部地区保持职能联系,且同时,在其土地使用模式上又表现出高度的不连续性。它们的社会及职能等级是令人困惑的,由各个分离的地区单元构成,所分布的各个地区的社会习惯并不被系统所认可。由空间、职能与社会分割的大城市宛若一系列不连续的星座遍布各个地区。为证实这一观点,专栏 2.2 中列出了其中一个大城市圈的具体信息,这些城市目前正在形成,且具有潜力发展成为 21 世纪最重要

的大城市：珠江流域大城市带，由以香港、深圳、广东、珠江三角洲、澳门、珠海为核心的广大地区构成，它们之间职能彼此相连而形成一个整体系统(Sit，1991；Hsing，1995；Lo，1994；Leung，1993；Ling，1995)。

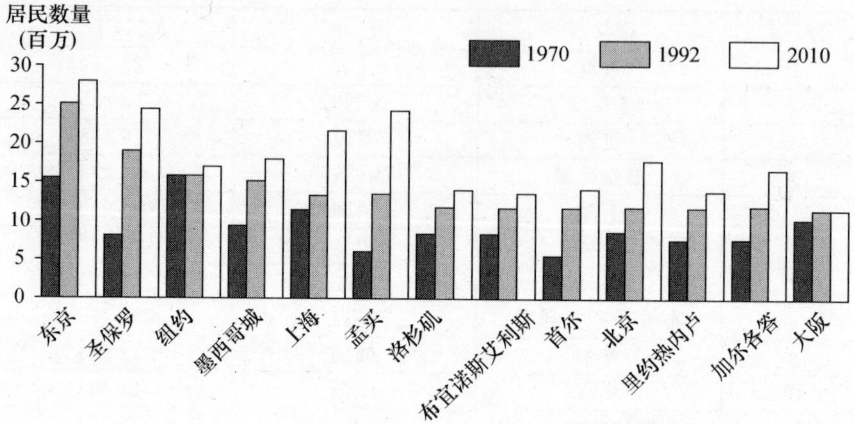

资料来源:United Nations, 1992

图 2.1 世界大城市聚集区

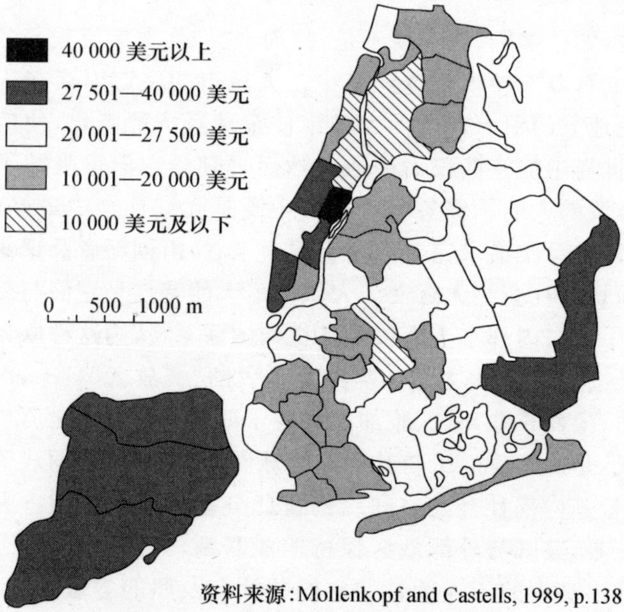

资料来源:Mollenkopf and Castells, 1989, p.138

图 2.2 纽约市由收入造成的种族隔离

目前，亚洲其他大都市带的形成趋势是，在人口与经济规模上甚至超过了中国南部大都市带。在 21 世纪初期，东京—横滨—名古屋这一长廊

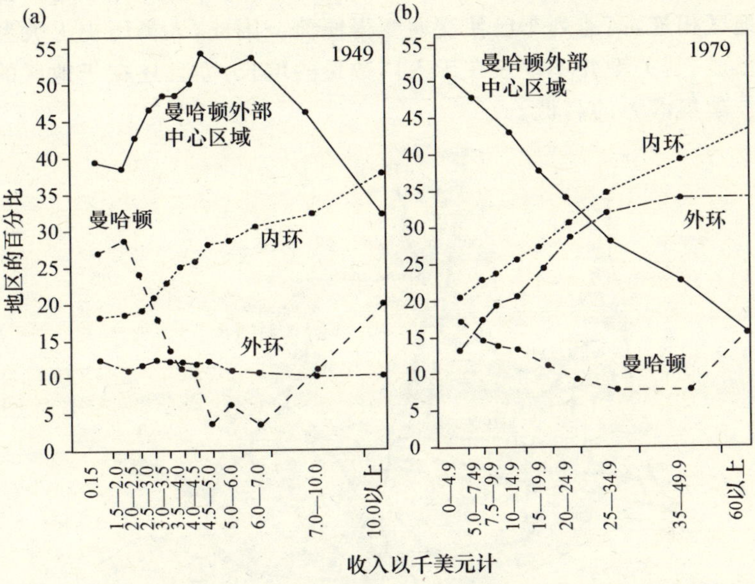

图 2.3　纽约大城市带(家庭收入不同形成的地理布局)

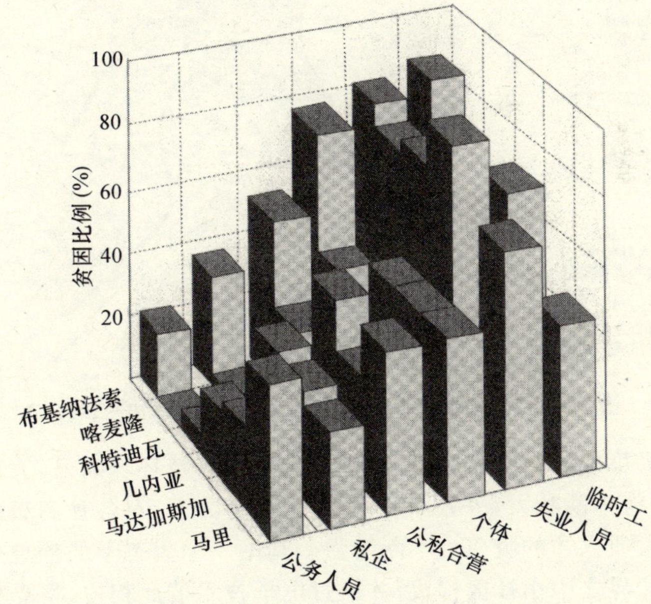

图 2.4　某些非洲国家贫困人口的比例(统计依据：专职人员)

地带已形成了一个经济职能联合体,将与京都—大阪—神户这些彼此分离的地区相连,高速列车已使交通变得便捷。因此,人类历史上大型都市带的形成,其关键并不仅仅在于人口数量的增长,而且还在于地区的经济与科技聚集潜力的高低。

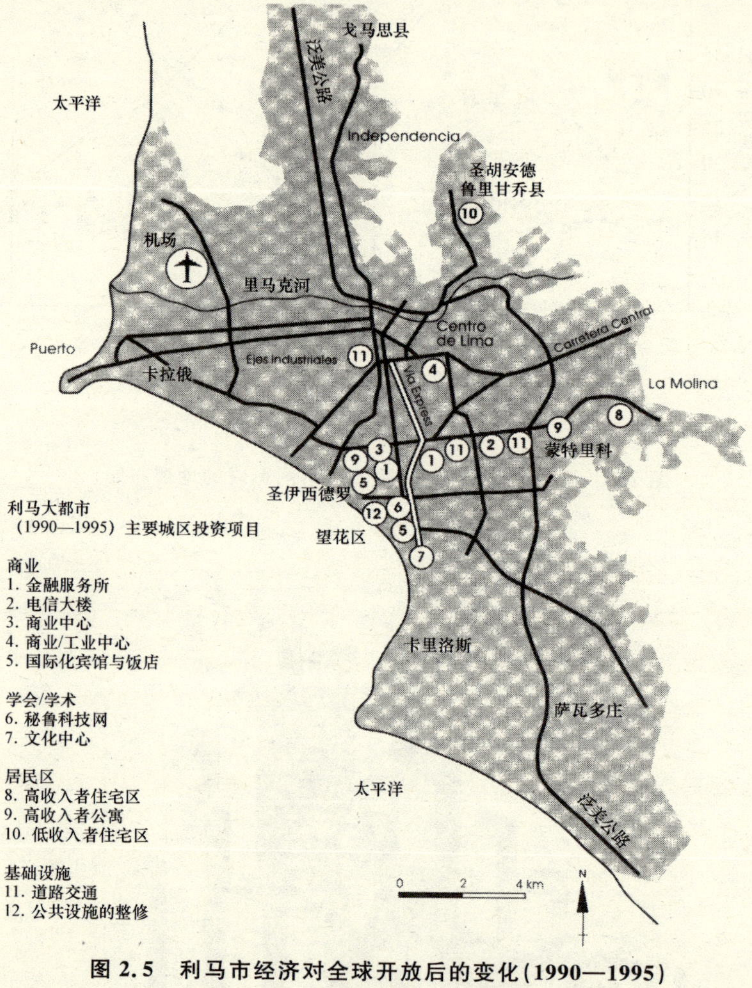

图 2.5　利马市经济对全球开放后的变化(1990—1995)

尽管极度的城市聚集会带来诸多社会、城市及环境问题,大都市带正在成长,并将不断壮大,一方面规模壮大,另一方面,对各种高级职能与社会顶级高素质人才的吸引力不断增强。其中一个生态学的梦想是全球由生活在自然界之中小社区构成,并通过电子技术彼此相连,将受到限制而成为一个小型的加利福尼亚精英社团,或更有甚者,成为世界城市社会职能边缘地带。信息时代将越来越向大都市时代靠近(Cole and Cole,

1993；Messmacher，1987；Chapman and Baker，eds，1992；Kresl and Grappert，eds，1995）。其主要原因为：

- 大都市是全球系统及其所在国家的经济、科技与商业动态机制中心。事实上，大都市是发展的动力。以美国与中国这两个国家为例，它们都是推崇农业公社这种意识形态的社会，大都市的作为是影响国家的发展必要因素（Kresl and Grappert，eds，1995；Kwok and So，eds，1995）。
- 大都市是文化创新、新符号产生与科学研究的中心，还是信息时代战略决策流程的中心。
- 大都市是政治权力中心，尽管有时政府机构可能位于其他的城市，其原因是城市意识形态与对经济的强制力不同造成。
- 大都市是世界通信交流系统的枢纽环节。如网络，尽管电子网络几乎无处不在，且内部结构灵活，然而，它仍然无法超越大都市及其系统机制。这是因为，网络依赖于无线通信系统，而该系统建立在大都市区周围（如远程传物与光学纤维场）；此外，网络发展所依存的信息系统与高素质社会群体都聚集于大都市中。

当然，必须对那些会减缓将来大都市人口增长的具体因素加以考虑。其中，提出并正在实施中的计划生育政策使人口增长率降低。通过提供较好的交通设施，一些推动区域发展或促进中等大小城市发展的政策可能会转移一部分移民流，并使经济活动分散化，就像这十年间在中国所做的最初调查显示的那样（Hsing，1995）。不幸的是，它也可能会导致大都市的社会分裂、暴力，甚至各种流行病的产生。如果它们目前日趋恶化的生活条件持续下去，其作为聚居地的吸引力将大大降低。但是，除此之外，大都市的功能主导地位、社会权力以及人口与社会活动的聚集能力仍将不断增强，这是因为大都市是在积累中自我繁荣，而且以上这些能力对全球及社会都是很有价值的。由于大都市是全球系统的联系与管理枢纽，所以将是展示人类活动的舞台。任何试图抵制这种趋势，而不是接纳它以满足社会需求和协调管理社会冲突与矛盾，将不断拉大城市现实与城市理论的距离。城市化的普及将很快到来，将集中发生在那些具有战略意义、人口众多、地域广博的枢纽——就是我们在开始时提到的那个仍旧含义模糊的字眼：大都市。

然而，由于与城市化进程相关的城市新事物已普遍发生在发展中国家，我们将分析发达地区新型城市化过程中的具体特征，如美国与欧洲。

尽管由于城市历史不同导致各自的发展模式不同，但是，我们目睹了二者相似的发展过程。

2.4.2 美国郊区化过程中的区域扩散

20世纪90年代，美国的城市边缘地带经历着一场新的区域扩张的浪潮，而且在某种程度上，被其他国家所模仿。新闻记者乔尔·加罗(Joel Garreau,1991)在其关于城市化的一本畅销书中，将这种新的空间模式命名为“边缘城市”，并将这种新的空间模式的特征定义出五个标准：

1. 信息时代的工作场所：该地工作间至少达500万平方英尺。
2. 商场所占面积至少为60万平方英尺。
3. 工作职位应当比家庭数目多。
4. 该地在人们心目中处于特殊地位。
5. 三十年前，该地根本无法被称为城市。

接着，他记录了波士顿、新泽西、底特律、亚特兰大、菲尼克斯、得克萨斯、南加利福尼亚、旧金山、华盛顿城市边缘地带这种复杂又令人印象深刻的区域发展现象。每个空间单元遍布着几百几千米的办公大楼、购物设施及不断增多的住宅区，所有这些新建筑通过高速公路网络相连。这是一种城市外部文明，生活由两极构成，即计算机系统与由视听文化主导的个体家庭。

这些城市外部地区的发展促进了城市系统中距离遥远的不同单元及流程间在职能上的相互依赖性，缩小了地区角色的相似性，使通讯网络的重要性扩大，包括电话网络与陆路运输。

该城市化模型的出现，是与美国历史文化经验相一致的，其特征是通过地理位置的流动性，不断试图解决经济、社会及城市问题(Kunstler,1993)。最初，一些移民从其祖国逃亡到美国，接着，是来自西方的大批移民与大部分地区的殖民化。随后，中产阶级从城市中心转移到城市郊区，以汽车、电视及由政府资助的远离城区的住宅为基础，建立起新的城市郊区文明。目前，城市郊区被遗弃，扩散至农村地区，并在沿高速公路脉络处形成那些“边缘城市”，需要指出的是，这些地方有类似的呈分散状分布的工作场所、密集的个体住宅，没有城市中心，服务中心位于高速公路枢纽处。这并不是城市的终结，因为纽约、旧金山及其他许多位于大都市带的城市中心的社会、文化、金融及管理活动仍具有活力。因此，我们目睹了日常生活远离城市的美国人口的比例的增长(比最初增长了一半)。新的通信系统试图使活动更集中，同时分散人口。乡村地区正在被遗弃。而城市仍然存在，并将一直存在下去，但是居民越来越少。这是附着在电话线与高速公路枢纽的郊区居住区形成的结果，新城市模式在这些地区被建立，美国城市传统的发展空间可以被表述为一种“逃命式”向前发展，而且，这种模式可能是世界其他地方出现的大都市圈发展趋势。

专栏 2.2 香港—广东都市圈

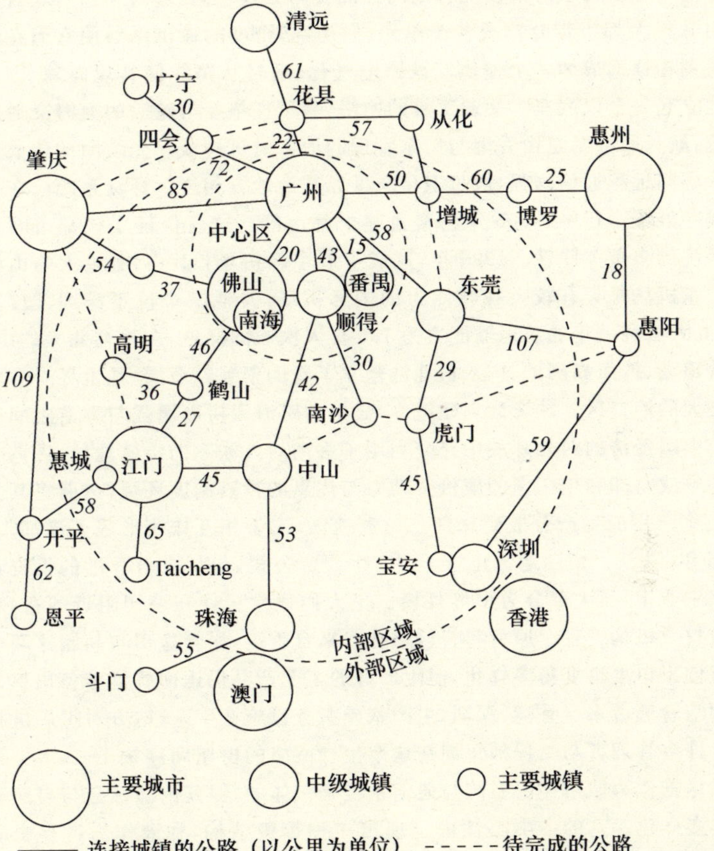

Source: Castells, 1996

在 20 世纪的最后十年，在香港、深圳、广东、珠江三角洲的工业中心、澳门、珠海形成了人类历史上最大的聚居地，尽管它们在地域上仍存在一定距离（见地图）。1995 年，事实上的这一聚居地覆盖面积达 5 万平方公里，人口约5 000万。该聚居地既没有具体名称，行政管理也不统一（尽管该地包括广东省的主要城市中心）。该地的构成成分复杂，有些是有几百万人口的大城市，属于国际中心如香港，和国家中心地区如广东。深圳是服务业与制造业的聚集地，在经济特区这一法定地位的羽翼下成长起来，1980 年该地还不存在，而目前人口已达 150 万。珠海的国内、国际贸易繁荣。澳门是一个旅游、娱乐、赌博及其他多种商业活动中心，正在准备完成从葡萄牙殖民地到中国主权领导下的地区的转变。整个珠江三角洲地区的小村庄已转变成为工业区，并遍布于农村地区，来自全国各地的 600 万工人在此地工作。这些工厂从香港工业公司或总部设在香港的亚洲公司分包合同，进行生产。农村地区与山脉将大都市带分割成各个单元，但是，高密度的通讯网络使它们在职能上时刻相连而成为一个整体。铁路电气化、网格状路线使其规模翻了一番；正建立起一个以汽车为交通工具的网络，基于气垫船与轮渡的河海交通发展迅速；航天服务则是由香港与广东管理的地方航班构成。光缆圈的建成使各个中心间远程通信增强，通过卫星与世界其他地方相连。蜂窝系统已在香港建成并处于运行中，2000 年将覆盖整个都市圈。这就保证了该都市圈与全球经济的多重关联性。1995 年，建成了五个新机场：其中，香港大屿山机场与广东机场是具有较大吞吐能力的国际机场，其他三个位于深圳、澳门、珠海，五大机场一年的总运输能力为 1.5 亿人次。同样地，在香港北大屿山、深圳盐田港、珠海高澜港、广东黄埔港建立了新的集装箱海港，是世界是吞吐能力最大的港口区。珠海计划建造 60 公里的跨海大桥以增强与香港之间的联系。中国经济的对外开放中充分利用了香港对外联系的特殊地位；香港企业的竞争战略即利用中国的廉价劳动力与优惠的投资制度环境，进而将其大部分工业产品的生产分散到珠江三角洲地区，二者相互作用形成了该都市圈。1995 年，珠江三角洲地区建立了 1 万个合资公司，包括来自香港的投资者，2 万家工业工厂，大部分为中等规模。工人们通常居住在公司附近的宿舍，由市政权威机构管理。原材料、机器、技术来自香港，尽管盐田与高澜这两个新港将使出口渠道变得多样化，但生产好的工业产品仍运回香港准备出口。工程师与管理者来自香港、深圳，生产基础服务设施在广东，地方对工厂进行监管。许多管理者与工程师每周在这个生产网络的枢纽间穿梭 1—3 次。该都市圈尽管作为城市经济系统与通信系统是一体的，但其内部社会与自然环境极其多样化。它的多中心性也呈现出一种等级结构，香港作为世界中心城市，而广东的角色则是省级政治权力基础。深圳利用其与中心的特殊联系地位而成为中国其他地方与出口平台——香港的联系机制。澳门，正在成为中国南部的拉斯维加斯，是新的全球地图中另一巨大动态极中的多边娱乐中心。

资料来源：Woo（1994）

2.4.3 欧洲新旧城市模式

社会经济与信息的全球化趋势带来新一轮的城市化过程，现存的城市空间模式被化解，新的城市结构产生并成为我们这个时代的特征。这一点在欧洲老城市中可以很清晰地看到，它们目前正在经历一场深刻的功能、文化与空间重组(Hall, 1995; Martinotti, 1993; Borja et al, 1990; Siimo, 1994)。同时发生的一系列变动是它们变革的特征：

像在其他地区一样，管理商业中心是城市发展的动力，使城市与全球经济网络相连。商业中心的周围建立起交通基础设施、远程通信、高级服务、办公楼、科技中心与教育机构。此地通常还建有很多餐饮酒店，为城市游客或过往人员提供服务。管理中心也是城市间与城市系统内部中心环节(Dunford and Kafkalas, 1992; Robson, 1992; Tarr and Dupuy, 1988)。

位于新系统顶端的新的科技管理精英为自己创造出了更广阔的空间，正如前述中产阶级精英所做的那样。但是，由于社会地位较高的职业阶层人数相应地急剧增多，他们在城市中的出现更是不可避免的，并加剧了城市社会空间的分裂。在大多数欧洲城市(巴黎、布鲁塞尔、罗马、马德里、阿姆斯特丹)，与美国城市不同，纽约除外，上层社会大多生活在大都市区的城市中心，邻近的不同地区间并不总能实现城市地区历史传统或文化价值的统一，但是，无论何时，保存最好的总是那些具有最好社会福利设施的地区。然而，英国城市中充当了大都市圈中的城市中心与其他地区相分离的媒介角色，尤其是伦敦，成为金融中心，而一些城市精英选择一种伪乡村的生活方式，即居住在位于大城市附近但历史上为乡村的地区。

欧洲城市的郊区呈现严重的分裂化。工人阶层与服务业人员聚集在福利社会鼎盛时期政府所有或由其资助的在郊区建设的房屋中。无论是传统模式还是引进新科技之后，郊区还是工业制造地。一些国家(法国、瑞典、英国)由职业化的中产阶级和分散的服务业核心活动(通常是公共性的或超公共性的)主导的“新城市”构成。伴随着这种社会与功能的多样性，位于郊区的大量政府所有的居民区逐渐成为移民而来的少数民族的聚居地(如大巴黎地区)，除非这些最早的移民在私人房地产市场上还有更好的选择。

欧洲主要城市的中心地区的特征是，一方面在历史上彼此相关联，而作为一个独立的地区其功能与文化相重叠。在这些地方仍然存在传统工业区，同时产生的两种相互矛盾的现象是，职业群体试图接近城市文化中心，而移民群体则试图进入那些人口过多且趋于衰落的地区，非正式的城市经济战略性地分布在这些地区（就重新评估或传统空间的消亡而言，巴黎美丽城、布鲁塞尔的马罗洛斯或巴塞罗那哥德区是这种同时产生的动态现象的例子）。然而，反文化的年轻人，尤其是那些对精英吸引力最小的年轻人，也使城市中心成为他们社会化的地方，就像柏林、阿姆斯特丹或哥本哈根所显示的城市动力机制那样。最后，欧洲城市中也形成了少数民族聚居区，一些处于边缘化地带，如伦敦的陶尔哈姆莱茨或哈克尼区，其他的城市如巴黎的金滴街区，是阿拉伯裔工人之家，通常他们的工作与家庭都在此地，尽管仍然面临着强大的社会压力，并感受着他们所属地区日趋严峻的衰退。

最后，似非而是的是，边缘化群体确实存在于欧洲城市中的商业中心与国际酒店的周围，以求融入社会及各种休闲娱乐生活中，在社会与文化的意义上，他们繁荣于街道，恰恰是因为只有在空间上的可视性才能保证这一排外性的群体其自身的排外性得以保持。

不过，欧洲城市新的布局由超越社会经济发展的定位和某一历史时期固定于一处的就业人口构成，这种模式曾被确立，接着又被否定，最后在城市变革的持续性浪潮中重新建立起来。确切地说，全球化的成果是使城市重构不断加速，并与日益增长的地方社会外部需求与目标保持一致。因此，城市中心地区正成为全球的联络点，其中心地区经历着持续的结构重组过程，而郊区外围正在成为那些从城市中心重返郊区的社会群体与经济活动的接收地，它们间的隔离与空间分界线共存。尽管欧洲城市正日益被全球化的资金流与基于网络的世界精英所充斥，然而，最终，它们仍将保持那种城市历史根植于文化的面目。而且，在那些具有多样社会功能的都市郊区，可能会产生新的地方社会，并通过那些历史上经历过空间结构重组的城市而与全球相关联。

2.5 是否迈向二元化城市

在第1章中，我们指出新科技经济模型同时具有高生产力水平的动力机制与对大型地区和社会部门的排外性两大特征。这种二元化在全球范围内的地区间表现明显。例如，撒哈拉沙漠以南的非洲地区，南非除外，似乎正逐渐地被排斥在世界主导经济、科技循环圈之外。但是，这种排外性的模型也在地区不平等发展的积累中出现，如比利时东南部与东北部地区之间，西班牙的加泰罗尼亚与埃斯特雷马杜拉地区之间(Cuadrado Roura et al, eds, 1994)。然而，相对而言，新的因素是，最深层次的社会排外性发展过程使都市内部二分化更加明确，特别是在几乎所有国家的大城市中：最有价值和最低等级的功能存在于具有相同的都市体制的不同地区，它们彼此间没有联系，有时甚至从未谋面，社会群体制造信息并享受财富，相应地，被排斥的社会群体生存在政府的边缘地带。几乎所有的大城市都经历了这一发展过程，因为内在逻辑是由新的技术经济发展模型所致的。然而，它们的影响能够被缓解，而且事实上在很多情况下，合作与融和是社会政策与城市政策的目标所在。但是，在这些政策的设计中，首先要对城市内部不断发展的二分化现象有所了解，在不同背景下对其发展程度进行量上的区分。

专栏 2.3 圣保罗：城市不公平现象

1993 年，联合国国际劳工办公室社会不平等国际研究院(SEADE)对圣保罗城市带进行了研究，研究工作在圣保罗州政府的驻地展开。研究对 5 500户家庭进行了抽样调查，集中分析劳动市场的分割，假设前提是劳动关系决定着社会融合与排斥的过程。研究人员将人口分为四组，即 A、B、C、D，区分指标为收入、教育、工作与居住条件。A 组占总数的 20.5%，B 组占 37.2%，C 组占 19.7%，D 组占 22.6%。A 组与 D 组间的不平等程度差距明显。最贫困人口的失业率是最富裕人口失业率的 6 倍。而且，在 D 组中 39%的家庭属于贫困线以下，收入来源依靠他们子女的工作收入，占子女工作收入的 30%。D 组的文盲率是 A 组的 8 倍，D 组中 50%以上的家长达不到小学文化程度，87%的家庭成员 7 岁时还未上小学，或是完不成初中教育。关于住房，圣保罗 37%以上的家庭低于最低居住标准，而仅仅 13%的家庭对住房表示"非常满意"。总之，都市带中共计 11.3%的家庭生活在极端贫困中，只有 26%的家庭收入达到平均家庭、大家庭水平，许多家庭居住在简陋小屋中(15%的住宅是非法的)，大部分为黑人或白黑混血儿(42%的家庭生活贫困)，其中还有很大一部分为圣保罗近年来的移民。根据研究，近年来，圣保罗庞大的经济动力机制不断加剧着城市居民间的社会不平等。

资料来源：SEADE(1994)

为证实以上的分析，我们将以南半球与北半球的一些城市为例，其中一些城市情况在几个单列的栏目中(见专栏 2.3 和专栏 2.4)。必须指出的是，在分析城市内部二分化现象时，至少具有四个不同的本质特征：

1. 在大多数发展中社会，房地产危机与服务业危机严重地影响着城市人口，包括那些雇员稳定、收入平均的部门，像边缘化城市这种非正式城市除外；

2. 无论是伦敦、马德里，还是圣保罗、墨西哥，大城市中的社会不平等现象一直存在，并不断加剧；

3. 由国家中央政府造成的城市贫困影响着相当一部分城市人口，如大多数非洲城市；

4. 社会排外性现象本身即是降低社会生存条件的重要诱因之一，它导致其在全球化系统中几乎得不到经济、社会与政治利益。

专栏 2.4　马德里城市社会不平等的转变与持续性(1986—1991)

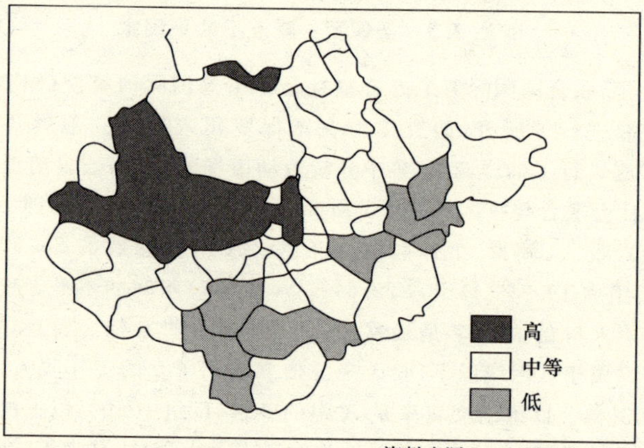

资料来源:Leal(1994),p77

20世纪80年代后五年，伴随着西班牙在欧共体中的成员地位的完善与国家首都对国外投资的吸引力增强，马德里经济增长迅猛，同时，也与在全球城市网络中它的角色实现了量的转变有关。尽管人口生活水平总体上显著提高，但财富分布不平等，并一直呈空间隔离的发展模式，这种隔离的形式与布局曾是经过修正的(见地图)。

著名社会学家 Jesus Leal 是唯一对此进行实验式研究的人，他指出：“这些发展过程导致马德里城市空间社会结构发生了决定性的变化，表现为中产阶级聚集在城市中心而无产阶级生存在城市边缘，成为想象中的 50%……当今城市变得更加复杂化，社会变革起因于中产阶级的复兴，并通过提高新建地区社会条件，直接影响社会结构，总的来说，它试图抵消出现在表层的发展差异。然而，东北部与南部的社会距离仍旧非常大，并且总体上在不断增长。这一点可由生活在那些地区的人们受教育水平的差别清晰地看出。”

资料来源：Jesus Leal，“Cambio Social y desigualdad especial en el área metropolitana de Madrid (1986—1991)” in “Economía y Sociedad”，issue 10，June 1994；quotation，p77.

纽约作为资本精英的首选地，可以说是世界经济之都，城市二元化现象也很严重。摩内考夫与卡斯泰尔在 1987—1990 年所做的一个研究项目中对这种二元化现象进行了描述（Mollenkopf and Castells，eds，1991）。令人震惊的是，这种二元化现象在 20 世纪 80 年代最为明显，即城市金融与房地产的繁荣时期，尤其是曼哈顿地区。这一过程主要由职业变革所致：1977—1987 年间，14 万名工人失业，同时，各个层次的高级服务业新增就业人员 34.2 万名。专职技术人员占整个劳动人口的 31%，较低素质的服务业从业人员增幅与之相同。此外，社会极化的真正显著的特征是，对日益增多的来自贫困地区的年轻劳动力的排斥，大多数为黑人与拉美裔人。他们中 37%的年轻人在结束初中教育后离开学校，而后发现找到一份稳定工作非常困难。由此带来的结果是，纽约劳动人口的就业率比全国平均水平低 10 个百分点。然而，这部分年轻人，相当一部分属于非法移民，他们并不是不从事任何职业：他们促使非正式经济不断膨胀，大多为非法经济，吸毒、贩毒成为纽约经济社会根本机制的组成部分。此外，赛森（Sassen，1988）指出，位于社会结构顶层的广大专职阶层人员，其新的消费模型是如何被非正式劳动力补足的，就作为郊区典型的资本密集消费模型而言，在精英地区，被劳动密集型的城市消费模式替代（家政服务、儿童保姆、饭店或酒吧、保安、个人服务）。因此，一些被社会排斥的群体又重新融入社会中，虽然他们通常工作不稳定，且缺乏对社会动态变化的预测能力（Sassen，1991b）。

哈里斯（Harris，1991）根据研究经验指出纽约这种复合型社会的空间模式。在对 20 世纪 80 年代社会群体的空间隔离进行详细的研究后，他得出以下结论：

近三十年来，纽约经济的重构导致了更大的社会不平等。富人区与穷人区差距越来越大。城市中心经历着最深刻的变革，而都市圈的不同地区通过不同方式受到其影响。工业衰亡对郊区影响程度更深，与此同时，曼哈顿地区集中建起了越来越多的写字楼。曼哈顿的中心地区被贵族化，而大多数偏远地区则经历着社会衰落。这一发展过程造成一种新的社会模式，即曼哈顿偏远地区与城市中心地区的差距不断加剧……满足社会需求的各个层次的非正式工作得到发展。在北布朗克斯，拥有非正式工作意味着能够生存。Soho，则意味着一种时尚的生活方式。在城市被驱散的新的少数民族社区中，非正式是在距离他们故乡遥远的地方建立新家的一种途径。在长岛与费尔菲尔德市（像很多美国郊区一样）的生计很大程度上依赖于无报酬的家务劳动。但是，曼哈顿的公寓与写字楼比美国其他城市都要多，那些排外性的有酬工作是城市设计的基础。因而，纽约的家庭与工作地点地理布局复杂，这种布局显示出社会阶层、性别、道德标准及种族的极化。

因此，纽约城市的二元化不仅反映了富人与穷人之间的简单区别，也不仅仅局限于豪华轿车上的富豪与横七竖八躺在人行道上的无家可归者的对比；从根本上说，它更多地反映了城市社会结构是在新信息经济中相对立或平等地位的动态杆之间的相互作用的基础上形成的，其中极化社会与社会群体分离的发展逻辑，导致文化孤立，并使原本具有不同功能、阶层、种族的群体共享的城市空间被分割。

城市社会极化也是贫穷国家城市的特征之一，劳动力市场的分割也是其产生的根源，并沿着蔓延至种族分离、性别及教育两极化的脉络发展。在这一背景下，在1992年对瓦加杜古[①]的社会结构与劳动市场所作的一份详细的统计报告显示（Lachaud, 1994），劳动力人口中的失业人口占25%，且大多数就业人口所从事的职业不稳定，58%的就业人口生活贫困，与之前在布基纳法索[②]所统计的平均水平相同。就业环境与贫困、教育水平与稳定职业的获得之间联系密切。更明显的一点是，60%的就业人口依旧是通过朋友或同一种族群体中某位成员的干预获得所从事的职业，这就使种族群体对行政事务（关键资源主管部门）具有决定性的控制力。获得专业教育可能依赖于人际关系。即使想创立一家正式或非正式的企业，不论其规模大小，可能都依赖于其是否能得到首都政府办公部门的许可，也依赖于同一种族内建立的联系机制。瓦加杜古市社会隔离现象的表现形式为正式中心与非正式的边缘地带间的空间隔离，由一个劳动力市场控制管理，该市场充斥着社会排斥与种族吸纳两个矛盾发展过程。其他的非洲首都的情况与发展经

① 非洲国家布基纳法索的首都。——译者
② 非洲国家。——译者

历与之相似，详见图 2.4。

在 20 世纪 90 年代的利马城，我们可能清晰地看到地方发展与地方二元化间的辩证关系(Chion, 1995)。最初，在 1992—1995 年间，利马城市经历迅速的经济增长，这与其经济的国际化、交通管理系统的现代化直接相关。20 世纪 80 年代，秘鲁经济呈螺旋状下滑。1994 年，秘鲁国内生产总值增长率为 13%，位居世界首位。尽管如此，在 1994 年这一时期的国内生产总值仍比 1987 年的国内生产总值要低。秘鲁国有资产，尤其是公共企业被低价出售，所处政治环境相对稳定，藤森的任职虽然存在争议，但其社会成效显著，且成功地压制住游击队的活动。国外投资以直接投资与股票交易投资两种形式涌入秘鲁。1990—1994 年，利马股票交易市场资本份额翻了十番。1988—1990 年，秘鲁国际贸易增长 80%，除南、北美洲的传统市场之外，其贸易拓展至亚洲和太平洋地区，1987—1993 年，在这一地区的商业增长了 90%。1994 年，相当数量的中国公司在秘鲁投资甚多，比较引人注意是首钢集团投资建设的耶罗秘鲁(Hierroperu)机场。中国政府向秘鲁发放了 3 800 万美元的农业发展贷款。秘鲁远程通讯设施的现代化使秘鲁与国际间的新联系更加便利，其远程通讯设施现代化始于西班牙电信收购了秘鲁国家远程通信系统，该公司在 1994—1995 年投资 8 亿美元，在沿海城市的商业中心安装了450 000条电话线和一条光缆网。为使这一数据更具直观性，必须指出的是，1993 年秘鲁总共拥有 611 000 条电话线。与此同时，通过与阿根廷和智利共享卫星，西班牙电信建立了新的全球联系网络，这两个国家的电话公司也为西班牙电信所有。三分之二的电话线集中于利马，光缆网络服务主要面向于利马的金融中心地区。与此同步进行的是，一个科学技术交流网络在利马建立，其与国内的主要科学中心保持联系，并拥有直接访问 450 所机构的网络权限。教育部通过泛美 1 号异频雷达收发机提供教育所需的基础设施。利马的城市空间结构反映出秘鲁经济中这种深远的变化。米拉弗地区，传统上为中上层阶级的居住地，其国际商业中心的地位进一步加固，“智能”大楼、购物中心及公司服务提供者这种新的综合体在该地区建立起来。通往机场的汽车高速公路使其与全球的交流更加便利。值得一提的是，1995 年代表米拉弗的议员击败藤森总统，被选为利马市市长。

秘鲁经济持续全球化，利马市成为南美洲新经济枢纽之一，而与此同时，国内大多数居民的生活条件仍继续恶化。根据费格若、艾尔特梅若纳与赛尔蒙(Figueroa, Altamirano and Sulmon, 1996)为国际劳工办公室

(ILO)所做的研究,1993 年,利马生活在贫困线以下的人口比率从 1980 年的 26%增长到 78%。根据他们的计算,1994 年,利马居民的月平均工资浮动范围如下:高级执行官为 7 800 美元,中层管理者为 2 500 美元,办公室职员为 700 美元,工人为 300 美元,最低工资为 60 美元,一半以上的人口领取最低工资。因此,他们得出以下结论:

> 我们注意到现代组织部门中工作二元化趋势的增强,公共部门与私人部门相似,其较高的职业资格要求建立在高水平的职业、科技教育基础上。[与此同时,]人们将不得不为生计而创造新的职业。

在城市,这种职业与社会的二元化现象明显。经过数十年城市土地扩张与蔓延,利马市外围那些新区被不断巩固,且其外围变得高密度、拥挤,这些外围地区经历了一场“棚屋化”过程(a “shantification”process),尤其是,在“萨尔瓦多别墅”(Villa el Salvador)工业区对此可窥见一斑。在二十年前军事政权思想风行的时期,该地区被命名为“拉丁美洲第一个自治城市”。团结一致的网络与宗教群体是这些城市地带赖以生存的主要机制,这些地带的卫生与居住条件正变得愈来愈不稳定,而且,它们是大都市中大多数人的居住地。大都市是财富聚集与管理全球网络的最近环节。全球化与信息化的城市也是二元化的城市。

2.6 结论:流动空间与地域的空间

全球化、信息化过程中,社会的变革具有一种空间维度,在本章中我们进行了实证分析证明。然则,在更深的层面上,这种变革最终是为了建立一种新的空间逻辑,其特征为资本积累、生产组织、市场联合、信息交流与全球权力实践的新过程。我们可以更进一步认为,这种空间逻辑是以占主导地位的各种流体空间为特征,是由那些将全球与各个管理枢纽联为一体的电子循环圈构成(Castells, 1996a)。然而,这并不是我们社会的唯一空间逻辑形式,而只是占主导地位。与之相比,我们发现,作为贯穿历史的普遍原则,地方空间是日常生活组织的区域形式,是大多数人类所经历的模式。流体空间使全球融为一体,与此同时,地方空间仍旧被按地区分块。主导着当前历史的一个根本性的机制,是流体空间而非地方空间占主导地位,从而在传统开发关系中产生了两个不同的空间,传统的开发关系是分割的、薄弱的和自然性的。只有市民才能从头到脚地重建城市,从而使之复原,新时期功能与内涵之间的关系通过全球与地方的联系而形成。

第3章

女性与城市

3.1 引言

历史上，城市社会建立在女性附属于男性的家长式家庭结构基础之上。目前全球范围内的这种变革使女性与城市的关系大大改变，并引发了一系列新的城市问题。一方面，大批女性被有偿雇用，从而，城市日常的组织形式发生变化，同时，转变了家庭内部性别间的权力关系。另一方面，城市化进程的加速使家庭生活产生了新的需求，在世界中的许多地方，城市居民在获得进入城市服务的复杂网络遭遇到若干困难，而女性能够处理这些困难，因此产生了女性劳动力的需求。世界上的许多地方，这些任务包括如何处理与学校系统或公共卫生管理局间的关系，每周在超级市场购物，家用电器设施的保养与维修。在其他一些城市，女性责任还包括供水与维护公共卫生，否则，一次传染病的连锁作用将使那些拥有卫星城的大都市崩溃。显然，这些工作的女性化并不是一种自然规律或一种永久的诅咒，因为男性同样可以做，但它必定使许多职能都呈现出这种特征。然而，我们的分析必须将目前这种情况作为分化的重点，从而为那些致力于提高社会结构公平的城市政策的发展道路提供建议，这种平等不仅仅局限于社会阶层之间，而且包括性别平等。因此，在本章中，我们首先观察一下城市经济生产中女性的职能，然后指出她们与住房间的具体关系。我们将继续观察女性遭遇到的城市交通、城市基础设施与环境问题。接着，我们对城市未成年人遭遇到的一些新问题进行详细分析，尽管在当前的社会分工中，男性在女性生活中仍处于原始的那种主导地位，然而，显然也同样存在这些新问题。最终，我们将会看到，女性在城市社会现代化中的领导地位，是改善城市女性状况的潜在政策中的根本因素，在占总人口一半的群体的利益与愿望受到政府关注时，政府改革的愿望与城市社会现代化联合作用能够促成这种改善。

3.2 女性就业问题

经济全球化对社会最显著的影响之一便是大批女性成为所有国家劳动力人口的一部分，她们或是被有偿雇用，或是自主经营。当然，传统上，女性从事的社会生产工作为照顾家庭、孩子、种植土地及在男性主导的家庭中劳作。一种新现象是，女性在从事以上提及大多数的社会工作的同时，几乎所有工业化国家中的大多数女性涌入劳动力市场，且在发展中国家的城市经济发展中，这一比率迅速增大。1970—1994 年，部分国家女性就业率的演变与女性工人的比率阐明了这种现象，如表 3.1、3.2、3.3 中的资料所示。

表 3.1 部分国家和地区女性经济活动的参与率

国家（地区）	1970 年	1994 年
加拿大	47	63
美国	53	65
法国	53	64
西班牙	22	31
意大利	37	44
英国	51	60
日本	60	64
阿根廷	33	38
比利时	27	38
智利	27	39
墨西哥	21	37
韩国	47	52
新加坡	36	58
马来西亚	45	55
中国	74	81
博茨瓦纳	61	49
南非	47	54
纳米比亚	28	30
津巴布韦	56	49
肯尼亚	70	62
扎伊尔	65	52
阿拉伯国家	12	21

续　表

国家(地区)	1970 年	1994 年
东亚	73	80
拉丁美洲与加勒比海地区	27	37
南亚	35	35
东南亚与太平洋地区	57	56
非洲撒哈拉沙漠周边地区	65	58
最不发达国家	63	57

(注：男性＝100)　　资料来源：UNDP(1995)

表 3.2　女性占劳动力人口的百分比

地　区	百分比
北美洲	38
拉丁美洲	24
西欧	34
亚洲	34
非洲	32
大洋洲	33

资料来源：Vickers(1991)

表 3.3　1994 年女性经济活动的参与率(女性从事有偿劳动的百分比)

地　区	百分比
阿拉伯国家	18
东亚	69
拉丁美洲与加勒比海地区	30
南亚	29
东南亚与太平洋地区	49
非洲撒哈拉沙漠周边地区	52
欧盟	40
北欧国家(日耳曼国家)	56

资料来源：UNDP(1995)

将家务工作计算在内，所有国家女性的工作时间超过男性工作时间，假设男性工作时间为 100 小时(包括有偿工作与无偿工作)，意大利女性工作时间为 127 小时，法国为 111 小时，哥伦比亚为 112 小时，印度尼西亚为 109 小时，美国与委内瑞拉为 106 小时(UNDP，1995)。

但是，新的经济形式与大量女性涌入就业市场这一现象间的具体关系是什么呢？一方面，全球化渗入所有国家的经济中，打破了传统部门的结构形式，使生活模式金融化，同时形成了大型的具有卫星城的大都市，占总人口一定比例的城市人口将迅速成为人口中的大多数(Satterthwaite，1995)。然而，对由女性组成的劳动力储备的发动使其迅猛增长，以至于大大超出了新经济时代对劳动力的需求(因而，为结构性失业的假设提供了依据)。而且，世界女性文化的变革，这种变革很大程度上由女性主义者与女权运动推动，提高了女性对独立的要求，如今，这种需求转变为一份有偿职业。然而，更为重要的是，女性对在公司、政府机构、生产与分配和如循环圈中就业的需求。尽管如此，为什么新经济模式下女性就业会膨胀？从生物学的角度进行的解释是一种完美的思想观点，它将其与服务业经济需要体力劳动这一较小因素相联系：人类的历史是由女性主导的农业社会工作的衰败后，女性在工厂中的劳作书写下的工业化社会的兴起构成的，除了处于附属地位的男性文化(如矿工)阻碍了女性直接进入生产活动。女性的这种劳动地位的确立，并不是因为女性的体力强壮，或是灵巧的双手，或是灿烂的笑容。全球化、信息化的经济对女性劳动力的强劲需求，是因为女性能够以较低的工资或在工作不很稳定的条件下，提供与男性竞争者相同的服务。造成这种情况的唯一原因是，社会歧视在法律中重现，并在许多国家的贸易团体中延续下来。表 3.4 列出了 20 世纪 90 年代初，女性与男性平均工资的差别。

表 3.4　部分国家女性与男性非农业工资的百分比

国　　家	百分比
坦桑尼亚	92.0
越南	91.5
澳大利亚	90.8
瑞典	89.0
肯尼亚	84.7
法国	81.0
意大利	80.0
比利时	76.0
德国	75.8
美国	75.0
墨西哥	75.0
英国	69.7
泰国	68.2
瑞士	67.6
加拿大	63.0
中国	59.4
韩国	53.5
孟加拉国	42.0
平均数	74.9

资料来源：UNDP(1995)

但是,还有另外一个因素比工资水平更重要,即工作弹性。在一个不断变化的经济中,地方与全球间的联系不断,企业与人才市场需要将他们自己从社会法规的约束下解放出来,以解决工业社会中的各种劳动纷争。兼职、合同转包、合同工与经济的信息化过程构成了新型的弹性生产模式的根本机制。例如,在日本,一些大型企业的终身雇佣制主要是针对男性,女性就业(世界就业人口中女性占 49%)则主要是在一个二级人才市场中进行,她们通常工作不稳定或是兼职,从而成为企业在遭遇危机时的缓冲器(Gelb and Pillay, 1994)。国际劳工办(ILO)对发达经济中固定合同、兼职工作的书面研究报告显示,这种类型的工作关系(20 世纪末增长最迅速的工作关系之一)以女性就业者为主(Bosch et al, 1994)。在新型工业化国家,在公司与家庭双重家长权威的支配下,年轻女性劳动力的角色在保证跨国公司的竞争力上具有决定性的意义,这些跨国公司在这些国家都建立了分支机构(Rosa, 1994)。表 3.5 的数据显示出部分国家的出口地区(EPZ)女性劳动力所占的优势地位。贝内瑞尔和罗丹(Beneria and Roldan,1987)对墨西哥非正式公司中女性就业情况进行的研究,揭示出对于公司而言女性就业优势的原因:女性的收入被视为附加性的;固定合同与兼职工作成为定律;女性被假定为更顺从、更易服从命令、加入贸易团体的倾向较低;而且,女性一般不像男性那样酗酒,旷工率也较低。然而,现实中情况变得更加复杂:一段时间后,女性开始有所反应,她们进行斗争以争取提高工作条件。但是,由于公司中可供使用的女性劳动力储备充足,女性就业仍能够在较低工资水平与稳定性较差的工作条件下提供与男性相同的劳动,这种情况已持续了一代,改观的希望只能借助于下一代。

表 3.5 出口地区工人年龄及女性工人比例

国 家(地区)	出口地区工人年龄	出口地区女性工人比例	非出口地区制造工人中女性工人比例
马来西亚	平均年龄 21.7 岁	85	32.9
比利时	平均年龄 21.7 岁	48	24.8
中国澳门	88%年龄低于 29 岁	74	48.1
毛里求斯	70%年龄低于 25 岁	79	10.0
突尼斯	70%年龄低于 25 岁	90	48.1
菲律宾	88%年龄低于 29 岁	74	48.1
多米尼加共和国	83%年龄低于 26 岁	68	17.6
斯里兰卡	83%年龄低于 26 岁	88	17.1

资料来源:Rosa(1994)

在发展中国家，女性是城市非正式经济劳动力的主要组成部分，反映了全球化的另一面，她们是保证世界大部分地区城市生活的基础力量。因而，根据联合国发展项目（UNDP，1995），玻利维亚非正式部门工人中女性占一半，正式部门中女性仅占四分之一。同样，在刚果与赞比亚，非正式服务业工人中女性占三分之二，尼日利亚94％的摊贩为女性。贝内瑞尔和罗丹（Beneria and Roldan，1987）在前述对墨西哥城的研究中指出了现代工业部门，包括出口部门，是女性在非正式职业的组织形式，具体工作从制衣、纺织到包装和生产电子配件。结构性调整项目使许多正在发展中的经济受到震荡，从而使女性工资水平与雇佣条件恶化，然而，与此同时，由于她们的社会弱点，对公司而言，她们的竞争优势不断提高。因此，1992年，墨西哥女性与男性工资比例由1984年的71％下降至66％，同时，生活条件的恶化与社会服务的短缺使女性对家庭收入的贡献及其在日常生活管理的节俭美德显得更加关键。

因此，女性在受到歧视，承担多元社会职能，包括生育、教育后代和管理家庭、日常生活，其地位在新型城市化模式中变得比以往更为重要的情况下，大量地从事有偿劳动，这在很大程度上是经济信息化、全球化过程与商业重组、宏观经济调整政策的基础。

3.3 女性与住房

通常，住房政策建立在两个日益受到质疑的假设基础上：它对男性与女性的影响力相同；集体生活的基本规范即由一对夫妇组成的核心家庭。现实社会中，住房获得权建立在收入差别与女性歧视的基础上。而且，家庭的存在形式也越来越多样化（Dandekar，1992）。这种现象在全球范围内存在（Aliyar and Shetty，1992），近年来，由女性主导的家庭显著增多。根据摩瑟（Moser，1987）的论述：

> 据估计，世界上三分之一的家庭由女性主导。在城市，尤其是在拉丁美洲与非洲的城市中，该数字超过了50％……在全球范围内，这种现象正在不断增多。

失败的住房政策是造成这种现象的原因，它们导致女性在获取住房时受到歧视，即在发放住房补助时，最低收入标准以男性收入为准，从而形成女性家庭获得住房的障碍。实际上，世界13亿贫困人口中的70％为女性（UNDP，1995）。而且，住房补贴的发放标准以正式工作日常收入为准，然而，女性收入通常来自于临时性工作或稳定性较差的工作。举例来说，1982 年，在厄瓜多尔、索兰达开始实施的住房项目，由美国政府资助，面向 6 000 个低收入家庭。仅有 175 个女性家庭从该项目中受益，大多数女性家庭由于不符合通用的发放标准而无法获得住房(Aliyar and Shetty, 1992)。

在美国，44.6%的单身母亲处于贫困中，超过 14.8%的单身母亲即将面临贫困(Sprague, 1991)。就住房条件本身与职业在法律意义上的稳定性来说，女性家庭的整体生活条件要低于男性家庭(见表 3.6)。

表 3.6 1993 年美国家庭的住房质量 (单位：千)

	所有家庭	女性家庭	女性家庭占所有家庭的百分比
合计	94 724	27 856	29.4
新组家庭	4 990	902	18.1
百分比	5.3	3.2	
流动家庭	5 655	1 615	28.6
百分比	6.0	5.8	
重残问题家庭	1 901	626	32.9
百分比	2.0	2.2	
中残问题家庭	4 225	1 555	36.8
百分比	4.5	5.6	

资料来源：美国商务部(1995)

由于文化与人口的迅速变化，住房政策必须适应多样化的家庭形式：传统的核心家庭、单身家庭、丁克家庭、单身女性家庭或女性单亲家庭。例如，在美国，1988 年三分之一的家庭为女性家庭，其中 50%的是少数民族(Frank and Ahrentzen, 1989; Caplow et al, 1991)。

与公认的观点相反的是，数代同堂的大家庭不仅没有消亡，而且在许多社会中仍处于发展中，以应对经济危机。1991 年与 1992 年在津巴布韦做的一项有趣的研究显示，家庭成员的数目的增长依赖于住房条件，是经济危机时期保持家庭稳定性的一种方式(Kanji, 1995)。利尔(Leal)指出，在另外一种社会背景中，这种家庭将会缓解年轻人的高失业率，如西班牙(Leal and Cortes, 1993)。但是，家庭成员数目的增长，或是在父母的家庭中哺养儿女(在西班牙，离开父母家庭的平均年龄达到 27 岁)，显示出其承担的家庭责任也在同步增长，大多数责任由女性承担。

再者，关于住房，对于女性间的差异在于其住房是否由正式的私人部门提供，还是地方政府提供的简易住宅，或是非正式住房。正规的私人市场中，对女性家庭而言，最大的障碍是房屋价格与女性家庭的购买能力不匹配。例如，在一项对南非德班城市郊区的研究显示，普查的总计1 600套私人住宅中，仅15%为女性所有，这也是由于这些女性大多数为学校教师或护士，因而能够得到政府的住房补助。相比较而言，在该地的非正式市场中，40%的住房为女性所有(Todes and Walker, 1992)。

在公共住房领域中，由于女性的信息较为闭塞，信息来源渠道较少，且照顾子女的责任使其时间与空间的自主能力受到制约，她们在获取公共住房与住房补助时，不可避免地受到歧视(Moser, 1987)。

对相当一部分人而言，非正式住房市场是获得一小片栖身之地的主要途径。根据哈多伊(Hardoy,1992)对20世纪70年代非洲、亚洲与拉丁美洲的13个大都市地区的调查，估计有41%以上的人口居住在非法住宅中。在最近二十年，这一比率仍在继续升高(Fonseka and Malhota, 1994)。这是大多数女性家庭的居住地，其特征为服务缺乏、生存环境恶化、合法职业不确定(Moser and Peake, 1987)。

但是，即使女性家庭属于传统家庭模式，女性住房困难问题不会结束，而且仍会普遍存在。由于女性在家庭中充当管理者，公共部门或金融组织通常与她们商讨有关房屋的财务问题，但是，需要她们与丈夫的保证书与签名，尽管后者并不会比他们的妻子提供更多的财务保证。一些国际经验，如孟加拉国的乡村银行(Grameen Bank)模式，由于住房贷款项目优先向收入很低的女性发放而取得了很好的效果(Aliyar and Shetty, 1992)。塞文(Servon,1995)的博士论文探讨了面向女性发放微型贷款项目以刺激旧金山、纽约、波士顿处于衰落中的城市地区的发展的问题，也强调在管理所获得贷款时，女性的财务责任更大。

城市空间结构中住房的地理布局对女性状况有一定的影响，这是因为女性不得不时刻统计她们在家庭中、工作中的各种职能，及其与城市不同地方服务的关系。郊区化使城市设施、工作地与居住地之间的距离扩大，给女性在日常生活中对这些职能短时间内的空间管理造成了一定的困难。不管在一些国家的实际情况如何，如美国，管理工作郊区化是郊区女性就业市场存在的原因之一，因为女性为使其空间生活模式简单化，从而希望在居住区内工作，即使工资水平较低(Nelson, 1984)。城市空间结构的变化对女性的影响通常超过男性，确切地说，是因为他们的不同职能对日常生活组织管理的需求不同。例如，1975—1977年间，新德里的大量移民中，7 000人居住在非法住宅中，进一步的研究显示其对女性的影响远远大于男性。许多女性搬迁到距离工作地遥远的地方居住，无法兼顾工作与家庭，交通费用加剧了家庭经济负担。男性就业率下降 5%的同时，女性就业率则下降了 27%（Singh，1980，引自 Moser and Peake，1987）。

而且，在世界上的许多地方，照顾家庭即是女性的职业。虽然这主要存在于发展中国家，但是，这种现象可能会在一些较发达国家出现（Graham and Marvin，1996）。默哈吉恩（Mahajan，1992）对孟买的研究与贝内瑞尔和罗丹（Beneria and Roldan，1987）对墨西哥城的研究表明，为家庭劳作以获取报酬这种职业形式是非正式经济产业结构中的基本构成部分，同时，梅福若福泰博（Mifraftab，1992）指出该种职业形式与大型跨国企业间的关系，汀克（Tinker，1992）则阐明了在许多发展中国家的大城市中，家庭制作食物并出售是如何成为家庭收入的必要组成部分和哺育人口的基本机制的。

在许多城市，土地使用规划、地方法规造成居住地、金融与产业职能间的严格分割，使家庭这一作为女性在外就业与家务劳动联系渠道的重要性受到质疑。例如，在奈洛比的丹多若（Dandora）居住项目中，城市地区限制被确认为是造成居民家庭经济状况恶化的主要原因，形成贷款偿还普遍滞后（Nimpuno-Parente，1987）。而且，在很多情况下，针对地方活动的法规的实施中存在的差异是女性歧视产生的根源之一，也对许多家庭的生计产生短暂的威胁（Moser，1993）。归根结底，这是由于误解城市经济与社会情况，并将与城市实际不匹配的法律作为城市管理的权力来源造成的，而且，权力滥用现象普遍。这一论断并不是对于多用途住宅中普遍存在的残酷的生活与健康状况的维护之词。但是，在为新经济及新社会创造条件的同时，我们发现女性许多活动在空间上的聚集将导致产业与服务在聚居地带融合，从而使城市生活变得更加适应女性需求。

另外一个女性住房问题是关于建筑和居住地组织形式方面的。一方面，根据女性建筑师曾提出的批评之词，如黑登（Hayden，1981），我们可以将这种住宅的空间结构称为家长制式结构的复制品。然而，另一方面，就女性在家庭中的工作而言，这是世界上大多数地方在设计居住地的欠虑之处。因此，如在发展中国家的许多住宅开发项目中，餐饮与清洁地往往不受重视。所造成的结果是，据统计，家庭厨房炉灶造成的高度污染给 7 000 万女性带来呼吸及其他一些健康问题（Sehgal，1995）。在雅加达进行的一项关于家庭环境问题的研究发现，28%的女性受访者存在呼吸疾病，木柴作为家庭主要燃料、厨房缺少通风口、有毒杀蚊烟雾剂的使用及有害健康的住房条件是造成这一问题的主要原因（Surjadi，1993）。

住宅设计中忽视女性需求还表现在以下几个方面，浴室与卫生设施缺乏隐私保护，房间布置成为社会形象的代表而非由功能产生的需求，以及由于住宅的地理位置而造成的公共服务享用的困难（Bhatnagar，1992）。

显然，每个社会的文化与传统影响着城市住宅的设计。正如梅福若福泰博（Miraftab，1992）在他加利福尼亚大学的博士毕业论文中所指出的：

在穆斯林社会中，对女性而言，家庭更为重要……若住宅设计者未能意识到家庭对于女性的意义，并忽视了男性与女性在空间需求上的差异，将对女性产生严重的心理影响。一项对突尼斯的两个公共住宅规划的调查显示，女性若居住的内部庭院设计的非常小，其出现神经问题与自杀的比率升高。

摩瑟和彼克（Moser and Peake，1987）对住宅设计不够重视不同文化中的女性的具体需求描述如下：

不同的文化背景下，金融活动对空间设计的需求不同。在某些地方，女性希望在自己家中开店，因此，她们需要具有储藏设施与适合冰箱等多种电器的不同电源插座的大房间。而在另一些地方，尤其是在天气炎热的地区，她们则需要有一个宽阔的阳台或走廊，这样她们才能在照顾孩子的同时，进行一些有偿劳务活动，如缝纫、手工艺品制作或零售业。

总之，在对多功能城市空间的设计中考虑不同文化与城市生活条件下女性的需求是一条普遍规律，而且，它是使已建成的区域与性别差异相吻合的根本，这些差异存在于所有城市社会的基础结构中。

3.4 基于女性视角的城市交通、基础设施与环境状况

尽管女性是将家庭与城市联系起来的原始力量，城市在发展与规划中往往会忽视这种联系中所产生的一些具体需求。例如，传统的城市交通规划的重心在于实现家庭与工作地间的能动性的设计模式，而忽视在女性的许多日常生活中对交通的多样化需求。贝洛哈里桑塔的一项研究发现，城市交通是围绕男性需求而设计的。清晨，公共汽车由郊区开往市中心，工作日结束时，则由市中心开回郊区，从而满足男性劳动力日常工作的需求。然而，女性日常生活的交通需求更加多样化：送孩子上学、购

物、接受健康服务以及兼职工作，所有这些活动的地点广泛、时间跨度较长，而此时，已不再有公共汽车。这就导致女性日常生活中所需的交通时间是男性的三倍(Schmink，1982)。

美国就是一个例子(见专栏 3.1)。美国拥有世界上最发达的交通系统，虽然以汽车为主。然而，大都市区交通的灵活性仍旧在最近的二十年间出现了危机，即自从女性开始大规模就业(她们先前的社会职责并未舍弃)，为中产阶级白种男性设计的交通系统受到质疑。如上文所提到的，在比利时，城市交通的灵活性针对大多数男性，其行程结构围绕男性的家庭所在地与工作地点建立。另一方面，女性不得不承担多种不同的工作，且为满足这些工作的需要而四处奔波，因此，如今她们需要更为灵活的交通工具——汽车。因此，女性就业使高速公路上的车辆成倍增长，导致其车辆饱和度不断增大。交通部门统计显示，女性往返于家庭所在地与工作地点时，中途停车的频率远远大于男性(McKnight，1994)。美国城市传统的郊区模式也面临着功能危机，这是因为它的交通灵活性显然是基于为整体家庭提供一个专职司机而建立的(送丈夫去郊区火车站并在他下班后接他回来，接送孩子上下学及其他各种活动，接送人们去大型商场购物，接送所有家庭成员往返于大都市中的各处地方以完成那些必要的文书工作等其他活动)。在许多国家，只有当这种灵活性是针对家庭主妇个体而言时，郊区才能够扩展，如今的日常生活质量才会为中产阶级所向往(尽管人们并未经历过这种生活，但好莱坞影片中理想化的描绘已是对它的预测)。但是，当这些美国家庭主妇成为工作时间和地点固定的工作人员时，她们不再能作为家庭司机，这就意味着都市交通结构将复原为郊区间联系紧密的模式，而不仅仅是城市中心与外围间的联系，从而促使新的高速公路建设，大都市内部交通联系网络更加紧密。

在欧洲国家，我们也观察到这一趋势。在法国的一项研究指出了交通对女性工作的影响力，选择一个距离居住地较近以方便照顾孩子的工作仍是她们关注的重点。因而，至少有一个年龄低于 14 岁的孩子的女性的交通时间为 3 小时 15 分钟，没有小孩的女性的交通时间为 4 小时 5 分钟，而男性的交通时间为 4 小时 45 五钟(Grieco et al，1989)。在英国，男性用于工作的交通时间在整体交通时间中所占比率大大高于女性(当然，年轻人除外，即女性结婚前除外)，而女性花在其他活动上的交通行为更为频繁(见表 3.7)。

专栏 3.1 北美洲城市交通中的性别差异

美国男女每年驾驶英里数差异图(1983)

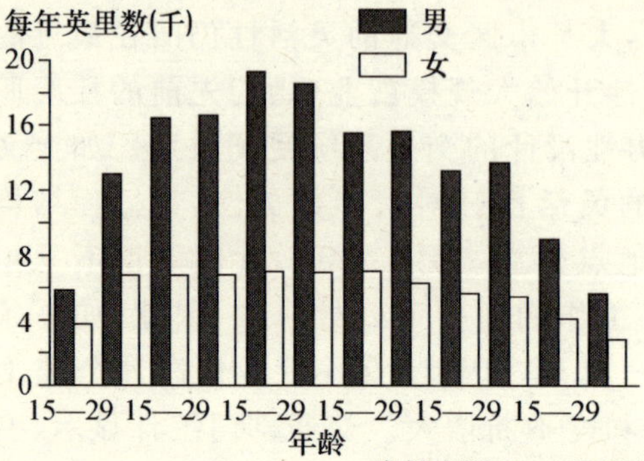

资料来源:Green(1987)

驾照按性别分类图

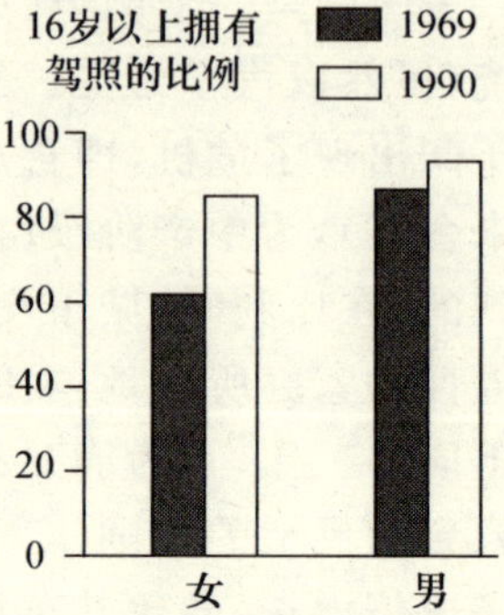

资料来源:McKnight(1994)

父母为工作出行的百分比图

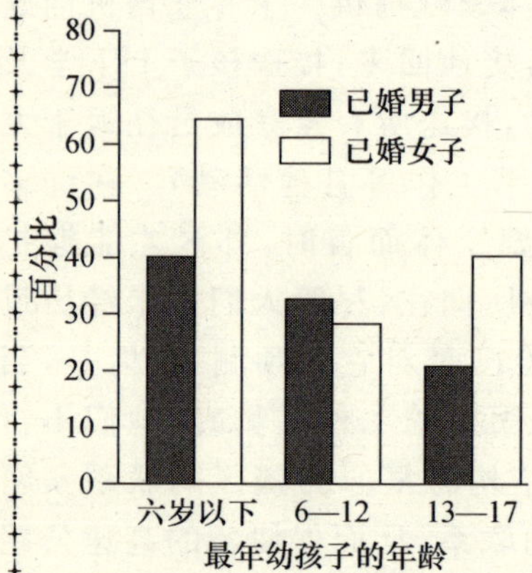

资料来源:Rosenbloom(1987)

父母为孩子出行的百分比图

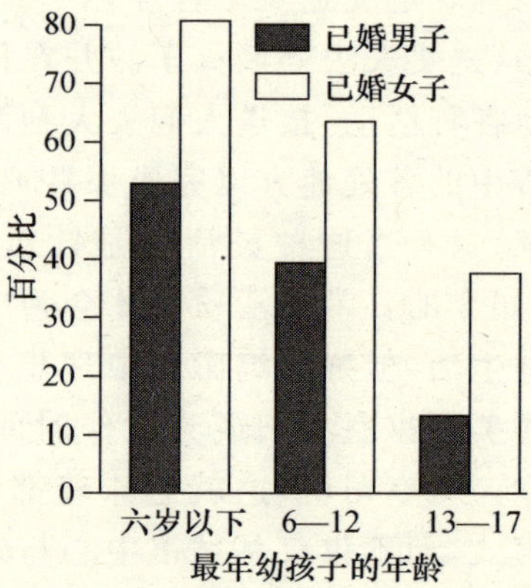

资料来源:Rosenbloom(1987)

北美洲城市交通系统主要为往返于郊区与城市中心的工作人员提供交通服务,在这些大都市枢纽地区大多数工作仍旧是集中分布的。居住地与工作地在空间上的严格区分给女性的日常外出活动带来困难,即在工作的同时还要送孩子去学校、购物以及其他活动。结果是,女性使用汽车的频率几乎与男性相同,这点可由男性与女性拥有驾照的数量趋同反映出来。男性每年出行的英里数几乎是女性的两倍,但女性(3.13)每天的出行次数要多于男性(3.05)。事实上,女性(其就业率仍低于男性)为工作出行的次数较低,而更多是由于个人与家庭事务出行。女性外出中的一个典型特征就是每日行程的目的地很多,出行目的多种多样,接送家庭成员去学校或去工作单位。女性为孩子出行的次数远多于男性。前述女性出行目的地很多的一个原因是汽车带来的便利性，使专为工作地与居住地往返而设计的公共交通系统表现得缺乏弹性。然而，另一个重要原因是公共交通带给女性的这种不安全的感觉与事实远远大于男性。在纽约，晚上八点以后 52%的女性不敢乘坐公共交通工具。

表 3.7　英国不同年龄男性与女性所进行的不同交通活动百分比

出行目的 \ 年龄	16—20 岁	21—29 岁	30—59 岁	60—64 岁	65 岁及以上
工作					
男性	25	31	35	33	5
女性	25	19	22	10	2
购物或个人活动					
男性	20	22	24	29	53
女性	26	35	40	55	62
陪同及其他					
男性	1	3	6	4	2
女性	1	11	8	1	1

资料来源：Hamilton and Jenkins(1989)

简而言之，城市中的女性在时间与空间上都呈现出多样化，呼唤着一个更具弹性、密度更高的交通体系，大多数为传统男性就业人员的日常工作服务的大都市交通系统是与之相抵触的。然而，如同经济一样，社会与就业市场越来越由时间、空间及活动的不同及其弹性所左右，女性的利益所在与将来城市交通的发展远景将呈现趋同化。如果发达国家大都市地区的扩张依赖于女性的职业，她们作为城市现代化的代言人，在发展中国家，许多地区的聚集更依赖于维持女性每日生计的职业。确实，城市供水、电力、卫生及其他基础服务设施的供给不足意味着这些工作更多地由女性承担，因此，她们成为当前加速的城市化进程中必不可少的管理代言人。在莫桑比克，女性每周要花 15 个小时打水，而在塞内加尔则需要 17.5 个小时(UNDP, 1995)。在印度进行的另一项研究中发现，女性每天花在家庭用水上的时间为 4 个小时(Bhatnagar, 1992)。1992 年，一个研究团队对厄瓜多尔的女性生活状况进行分析后指出，每当水、电供应不足时，国立学校年轻女孩的出勤人数锐减，女孩们马上返回家中以保证家庭用水及解决由于城市服务供给不足造成的其他家庭问题(Moser and Peake, 1987)。而且，大量对世界中那些规范化程度低的城市居住区的研究强调指出，女性在解决由于城市排水管道缺乏而造成的健康问题、阻止不断扩散的传染病进一步扩散具有决定性的作用(见专栏 3.2)。

专栏 3.2　隐性劳务：女性是城市与家庭服务的无偿提供者

女性从事的大量工作使城市职能得以发挥，家庭生活顺利运转，但是，她们的这些工作很少为我们所认可，而且几乎全部是无偿的。若将所有的无偿劳动计入国家财政体系，这些无偿劳动大多数为女性承担，据统计，它们在澳大利亚占国民生产总值的72%，德国为53%，芬兰为45%。联合国开发计划署(United Nations Development Programme—UNDP)推测，若将每个国家的平均工资水平作为无偿劳动的工资水平，全球生产总值将增长16万亿美元，其中11万亿来自于女性的隐性劳务(UNDP，1995)。

在发展中国家的城市中，有相当部分人口无法获得城市供水、卫生方面的服务，这些城市基础设施服务由女性提供，如打水、采购燃料、无下水道地区的垃圾处理与卫生保持。因此，比如，即使对许多低收入家庭，市政法规基于环境保护的原因通常禁止他们砍伐林木作为燃料做饭或取暖。结果是，女性为了获取燃料不得不频繁而艰辛地非法砍伐林木，因为没有其他物品可作为家庭燃料的替代品(Lee Smith and Trujillo, 1992)。为了能够度过危机时期，女性还致力于维护聚居区内部的团结。例如，据统计，1989年利马城有3 000个由女性组织的公共厨房，在棚户区有7 000个供给儿童的“一杯牛奶协会”(Barrig, 1991)。

人均国民生产总值(GNP)的性别差距

国家	1990年GNP值 每人(美元)	女性无偿劳务 (美元)	修正后的GNP值 每人(美元)
危地马拉	910	649	1 559
泰国	1 470	345	1 815
阿尔及利亚	2 360	1 976	4 336
前苏联	8 865	1 598	10 463
美国	21 970	6 443	28 413
瑞典	24 060	5 257	29 317

部分亚洲国家供水、卫生服务健全的人口比例

国家	享受供水服务的 人口比重(%)	享受卫生服务的 人口比重(%)
中国	85	
印度	76	31
印度尼西亚	60	40
朝鲜	90	100
菲律宾	49	
泰国	67	84
越南	67	48

资料来源：联合国儿童基金会(UNICEF, 1995)

3.5 城市未成年人

孩子是女性与男性共同的责任，社会作为一个整体而言，如何照顾他们最终决定他们在未来发展的好坏。在以家长制体制下的社会分工为特征的当前社会中，生育、照顾及抚养孩子仍是当代城市女性生活中的基本组成部分。特别是当前城市儿童的童年正处于一个关键的转折时期，女性的责任显得更加重要。

实际上，伴随着男性承担更多的家庭责任，以及至少在市场经济中，社会也意识到需要为儿童建立专门培养机构，大量女性涌入就业市场与其承担照顾孩子的责任之间并不会形成太多冲突。社会主义经济需要女性劳动力具有充分的灵活性以承担照顾孩子的社会责任，同时，家庭的结构得以维持。尽管在全球化过程中，市场机制已延伸到世界的每一个地方，但是，由于竞争规则水平的下滑带来的危机使福利国家银根紧张，全世界范围内，幼儿园、学校及儿童福利都面临着压力。显然，贫困儿童与发展中国家大城市中的儿童面临的状况更加严峻。一份联合国儿童基金会(United Nations Children's Fund—UNICEF)的重要报告中描绘了这样一个令人担忧的场景(Blanc，1994)：

> 目前世界中的社会变革与社会条件对年轻一代而言相对来讲是不健康的、令人沮丧和困扰的，他们在成长过程中面临的如何适应社会的问题比以往任何时候都要严峻。具有讽刺意味的是，在发展中的世界城市中，社会正在衰退……与1980年相比，城市儿童出生在贫困中、早熟、早夭、出生体重不足、母亲在怀孕期间未得到良好照顾等的概率更高。而且，他们更容易面临以下问题：父母的失业或非充分就业、父母早亡或被捕入狱、单亲家庭、住宅条件恶劣、体罚、无法完成初级教育、无法接受中学教育更不要说上大学。他们的工作环境更大程度上是一种掠夺式的，吸毒、嫖妓、卷入街头暴力以及承受战争之苦。

自20世纪60年代，美国每五个孩子中有一个处于贫困中，这一比率在持续升高。这种贫困影响到近一半的黑人儿童(430万)和六分之一的白人儿童(810万)。在纽约或华盛顿的少数民族居住区，儿童的死亡率不低于拉丁美洲国家，甚至比这些国家还高。单身母亲的数量急剧增长，单身母亲陷入贫困的概率是普通年轻女性的9倍(Blanc，1994)。贫困、居住在衰落中的美国大城市区、辍学、少年犯团伙、非法贩毒，与吸毒、暴力行为，包括持械暴力行为在年轻一代中急剧增多之间具有直接关系。

专栏 3.3 巴西的街头儿童

20 世纪 80 年代，巴西的城市由于街头挤满了处于家庭边缘而在街头谋生的儿童而臭名昭著。尽管调查研究显示，这些街头儿童并未被遗弃，但显然他们生活贫困，并且在父母的允许和支持下为整个家庭挣钱，自然而然，他们的教育受到侵害。几乎所有的儿童都会在晚上结束街头的工作返回自己家中。根据拉瑟克(Lusk，1989)的另一项研究，对里约热内卢的街头儿童进行了分类：(1) 与父母生活在一起，父母为其提供工作的儿童(占总调查人数的 21.4%)；(2) 与家庭保持联系，在街头独立工作，并时常露宿街头的儿童(50.5%)；(3) 流浪儿童，与家人共同生活在街头(13.6%)；(4) 与家庭无任何联系的街头儿童(14.6%)。最后这种街头儿童的平均年龄较大，通常从未进过学校；其中 60%的从事非法活动，80%的人吸毒。

街头儿童极易受到暴力的伤害。事实上，巴西青少年死亡的最普遍原因就是谋杀和自杀。一项对圣保罗、里约热内卢、累西腓的可靠研究发现，1989 年 3 月至 8 月间 457 名街头儿童被杀害。街头毒品交易是造成死亡的重要原因，因为毒品交易者为降低管理的风险和成本，常常把儿童作为中间联系人。另外，一些超级警队和“观点正确的”的人以杀害儿童以恐吓贫困人口离开，从而达到“清理街道”的目的。

资料来源：Rizzini et al(1994)；Cupertino(1990)

在危机、经济结构重组、加速的城市化与家庭分裂的综合作用下，在世界上产生了为数众多的童工现象，而且成百万的儿童整日或偶尔不得不露宿街头(见专栏 3.3)。尽管各种现象的意义不同，但他们共同造成了城市贫困低龄化的现象，这也许是对分离化的全球经济增长最令人难以忍受的否定。前文中提到的联合国儿童基金会在对一些有代表性的城市儿童取样调查的结果显示，人口普查后，在街头自谋生计的儿童的比率在菲律宾为 11%，巴西为 2%—16%之间(来自广泛、多样化的统计)，奈洛比为 27%，墨西哥为 10%，洪都拉斯为 20%(Blanc，1994)。这些孩子由于家庭暴力或家庭破裂问题离家，很快地与那些已在街头生存的孩子成为朋友，并组成他们共同生存的团体。一旦他们选择街头谋生(包括乞讨)，一般谋生的方式为捡垃圾或在街头做小买卖，更多的是被成年人雇用来工作。他们置身于各种形式的暴力、淫乱、经济混乱，甚至于枪击事件之中，这种情况曾在波哥大与里约热内卢出现过。但是，街头儿童问题不仅仅出现在那些被遗弃或离家出走的孩子中。好几千万儿童或多或少地生活在家中，在街头工作，从事各种活动，从而为家庭带来大量收入。表 3.8 中进行了详细列举。

表 3.8 街头儿童从事的工作类型、地点及结构和在家居住的街头儿童统计数字

类别	街头儿童（自谋生计）	在街头工作的儿童（与家人生活在一起）	
	生活在街头	生活在街头	不生活在街头[3]
销售			
彩票	▲	▲	
报纸	▲	▲	
食品（糖果、花生、蜜饯）[2]	●▲	●▲	●
其他小商品[2]	●▲	●	●
花[2]（F）		●	
陶器和其他手工艺品[2]	●	●	●
非法商品（毒品[2]，家庭酿造啤酒[2]，走私烟，仿造商品或偷盗品）	●▲	●▲	●▲
服务			
洗车，清洁挡风玻璃（M）	●	●	
停车服务（M）	●		
擦鞋（M）	●	●	
商店小工[1]	▲	▲	▲
搬运工（M）	●▲	●▲	
送报员（M）	●		
清道夫与垃圾分类工（钢、塑料、纸、破布、瓶子等）	●▲	●▲	
机械工（M）		▲	
佣人（F）[1]		▲	
代孕母亲（F）			●
色情活动（M/F）[1]	●▲	●▲	●▲
其他			
黑帮成员	●▲	●▲	
小偷	●▲	●▲	
乞讨	●	●	

[1] 工作地点通常在他人的家中；[2] 家庭生产产品（包括小活）；[3] 工作地点在家里和一些临时的团体中；（M）通常为男性；（F）通常为女性；▲大多有雇主；●大多为个体行为。

资料来源：国家研究报告

这些儿童出现在街头的主要后果是他们远离课堂以及由此导致的人力浪费。比如，印度60%的城市儿童从未接受过学校教育；在肯尼亚接受调查的儿童中，四分之三的中途辍学，而且大部分未完成初级阶段教育；巴西四分之三的在校生的学习远远跟不上学校进度(Blanc，1994)。一些童工的处境尤其恶劣。联合国儿童基金公的报告具体列出了以下三种类型童工：儿童家政服务，在中高收入家庭中的一种奴隶制，为了生存他们居住在主人家中，并按主人的要求提供各种服务；建筑工人的孩子，他们跟随父母奔波于不同城市的不同地方，和父母一起生活在建筑工地；并卷入儿童色情活动。在发展中国家的许多城市中，儿童色情活动不断增多，在某些地方，如曼谷和马尼拉，被组织成为全球化的新型市场中的特殊物品或服务而特别提供给旅游者(见专栏3.4)。

专栏3.4 儿童色情活动：一项新的全球化产业

财富全球化与贫困区域化过程的共同后果是导致世界发展中国家的大城市儿童色情产业出现新的繁荣。近些年，富裕国家的一些公司开创了去亚洲或拉丁美洲“性旅行”这一新产业。泰国、菲律宾、巴西、哥伦比亚、贝宁湾等地是这种新兴产业最流行的旅游地点。据统计，泰国从事色情行业的男性与女性总数为80万(包括18岁以下未成年人)。斯里兰卡从事色情行业的儿童有1万人，他们大多为外国游客提供服务。

对艾滋病的恐惧使得处女或处男的身价升高，进而使色情活动从业者年龄进一步降低，有些地方年龄已下降到8岁。国际报告指出，上千名儿童由印度和孟加拉国卖给那些妓院和中东一些从事色情产业的公司。通常，妓女在妓院老板娘的管理下卖淫，当她们由于年龄太大而不能工作时，会取代原来老板娘的位置，如在加尔各答即是如此。文件显示，在许多国家，买卖儿童并让他们从事色情业的中间联系人往往是他们自己所在的家庭。医疗卫生报告指出，亚洲与拉丁美洲14岁以下儿童感染性病的人数急剧增长。总之，儿童色情产业带来了成千上百万美元的财富，且发展扩张迅速。

资料来源：Blanc et al(1994)

在大型公司、家庭商业及非正式城市经济中的服务部门，普遍存在着非法童工，根据各种调查的平均估计值为，这种工作机会的数量为一亿左右。相对于工业化初期劳工争取合法权利的斗争来看，该现象是一种倒退(ILO,1991)。表3.9中列出了国际劳工组织(ILO)统计的最低值。

总之，世界上为数众多的城市儿童生存的生理、心理及社会条件恶劣，这些联合国儿童基金会的报告已进行了总结。

表 3.9　10—14 岁童工统计

地　区	童工占全社会儿童的百分比	童工的总体数量(千人)
非洲	22.0	16 681
美洲	7.9	4 723
亚洲	15.3	49 287
欧洲	0.3	90
大洋洲	6.9	148
全世界合计	13.7	70 929

资料来源：Grootaert and Kanbur(1995)

主要问题是，由于贫困，通过制定城市政策中的立法手段以改善这种状况已不可能。在世界的很多城市中，童工是解决贫困的基本、必要的手段。过早地离开家庭、辍学、早孕、吸毒、酗酒、群殴是将这一不成熟又很脆弱的群体推向五颜六色的社会的直接后果。

除了贫困，城市设计与城市服务的组织时时给处于所有社会条件下和几乎所有的城市环境中的儿童的生存产生干扰。麻省理工学院与伯克利的城市规划专家迈克尔·赛斯沃斯(Michael Southworth)所进行的一项关于儿童保育的研究表明，城市儿童需要利用保护网络自主地利用城市基础设施及服务。然而，汽车是城市生活的基本交通工具，儿童及少年被排斥在多姿多彩的城市生活之外，除非依靠家庭帮助。儿童的娱乐场所由政府部门按统一的模式构思建造，且时常过时，这些部门对儿童在不同发展阶段与不同社会中的心理演变一无所知。一些城市如巴塞罗那、巴黎首次为儿童设计了节日街道及教育娱乐地带，这些城市立即感受到了这些服务给总体城市生活质量带来的积极影响。一项具有纪念意义的行动是 1995 年萨拉热窝圣诞节城市活动的再次举办，一个剧团的小丑在巴塞罗那组织了这场活动，他们的计划是让城市里经受多年战争之苦的儿童的笑声重返街头。

纵观城市建筑历史，对儿童的具体需求一直缺乏关注，总体来看，现代城市规划仅仅对城市公园与幼儿园的形式的设计中添加一些具有象征意义的元素。而且，近一段时间以来，依存于新兴的全球化经济的无约束的城市化将城市儿童作为奴役者推入成人生产市场，或是将他们抛入街头使其得不到任何在童年时期应该得到的保护，这依旧是对城市儿童生存的进一步否定。在城市中产阶级家庭，照看孩子的主要设施是电视机，由于女性离开家庭从事社会工作未得到社会性认可，即为儿童提供的城市服务未能同步发展。因此，城市儿童今日受排斥的地位与将来的希望是世界城市都面临的一个非常严峻的挑战，由于发展水平与家庭状况的不同，这些挑战带来的问题与戏剧化的程度各不相同。

3.6 女性、城市社会运动与地方政治

对男性而言，社会分工是指生产与控制能力，对女性则是管理日常生活的能力，处于不同年代、不同地区或不同文化中的女性受到的影响是相互矛盾的，且是地方政治确立中社区组织与城市社会运动的主要力量(Castells, 1983)。最近，由于迅速的城市化过程与传统家庭生活模式的动荡，女性与区域、城市压力集团间的关系进一步加强。社区组织不仅是争取服务的压力平台，而且，他们为解决女性在家庭以及看育儿童中面临的困难建立起了基础的联合援助网络(Miraftab, 1992)。

20 世纪 80 年代在许多国家盛行的对技术经济调整政策的反对运动(在沃尔顿 1990 年一项著名研究中将之称为“反对国际货币基金”)是由女性主导的，同样由女性主导的运动发生在 1984 年与 1985 年的圣多明格、1983 年的巴西、1983—1985 年的智利(Datta, 1990)和 1988—1990 年的墨西哥城(Massolo, 1992)。

在新式的城市非正式经济这一背景中产生的一种新的社会组织也是由女性来主导的。这是一种由家庭雇工联合创立以维护自身权力、提高与分包合同给他们的公司网络谈判的能力的组织。如，在印度，印度乡村土布产业委员会(the Khadi and Village Industries Commission—CKVIC)将从事纺织、皮毛、食品加工及电子产业的女性组织起来活跃在克拉拉邦的政治生活领域。另一类似功能的女性组织是由阿默达巴德市在家中工作的女性组成的自我雇佣女性协会，组织合作运动以争取劳工权力，向市政部门提出有关住房与城市服务方面的要求(Kusow, 1992)。应当指出的是，阿默达巴德市是 20 世纪 90 年代亚洲经济发展最迅速的城市中心之一，展现了印度经济中一种新兴的全球化组织，由此，经济激励、计算机产品与社会自主性的新模式间的直接关联性被加强。20 世纪 80 年代后半期，另一个类似形式的女性组织由墨西哥城市的女裁缝联合成立，9 月 19 日，该组织为其成员争取到了由于 1985 年地震所造成的损失的经济赔偿(Rowbotham and Mitter, 1994)。此外，在荷兰新信息技术同时使家庭工作与工作女性组织的壮大成为可能，该国的女性家庭工作援助中心为166 000名从事家庭工作这一行业的女性提供帮助与信息(Tate, 1994)。

尽管男女平等还有很长的路要走，但女性在城市运动中的自主性使

女性对地方政治的影响力越来越大(Nelson and Chowdhury, 1994)。表3.10中列出了世界部分国家女性市长与市镇议员所占的比例。通过对这些国家的分析可以看出,在各种不同社会背景及发展水平不同的国家中,只有挪威的女性市长人数达到20%,俄罗斯与新西兰的女性市镇议员的数量达到30%。经合组织成员国(OECD)女性市长的平均比例为6%,女性市镇议员的平均比例为16%。不过,正确的观点是,只有市政部门中出现更多女性管理者的身影,城市才能不同于目前的状况,而成为女性构成的城市。

表3.10 女性与地方政治:部分国家的自治市或规模相同地区

国家	女性议员人数 (1990—1994,%)	女性市长 (1990—1994,%)
工业化国家		
法国	17	5
德国	20	—
日本	3	0
新西兰	35	13
挪威	28	23
俄联邦	30	0
英国	25	—
美国	21	16
欧盟	16	5
北欧国家	29	17
经合组织	16	6
发展中国家		
古巴	14	5
加纳	8	—
印度尼西亚	12	1
朝鲜	1	—
墨西哥	—	3
莫桑比克	27	—
尼回拉瓜	13	10
巴拉圭	10	5
菲律宾	13	8
南非	—	6
泰国	6	7
委内瑞拉	16	6
越南	22	—

资料来源:UNDP(1995)

第4章 城市文化多元化

4.1 引言

世界上有不同的民族及各种各样的文化，城市聚集并展现了这种多样性。纵观历史，政府对大多数城市社会实行同质化管理，因此历史上它们就是在多个民族及多元文化的基础上形成的，这通常是一个与政府强制推行的标准化文化与“种族清洗”政策相冲突的过程（见专栏 4.1）。即使在那些种族高度一致的社会，如日本和西班牙，区域（或民族，如西班牙）文化差异使地区间具体传统及生活方式不同，表现为行为方式的不同，有时还会反映为内部文化对立与冲突（Alonso Zaldivar and Castells, 1992）。管理好多元文化间的对立使其和平共存是所有社会面临的最重大的挑战。城市清晰地展现了这种文化的多样性及其伴随而来的对立冲突，以及这种多样性文化中可能蕴含的财富，在一个普通的城市市民项目的建设中完成了对多元文化的融合。

20 世纪最后几年，经济全球化与城市化步伐的加快加剧了城市种族与文化的多样性，即国家与国家间的移民过程导致世界主要大城市地区人口互相渗透、生活方式多样化。人类打破旧的生产方式、创造新的活动中心的行为使全球化在社会与空间的意义上被地方化。创新与破坏这两个具有区域差别的发展过程加剧了国家与地区发展的不平等性，并导致城市社会结构进一步呈现多样化。本章我们将对种族—文化多样的形成过程中新的表现形式及其影响后果进行分析，从而更好地管理城市。

4.2 全球化、移民运动与城市化

虽然世界城市化步伐的加快是发展中国家都市地区非正式经济的成长及其工业化的结果，然而它很大程度上还是归功于由乡村向城市的移民的增多，是现代化工业造成的对农业工人的驱逐所致（Papademetriou and Martìn, eds, 1991; UNDIESA, 1991; Kasarda and Parnell, eds, 1993)。尽管各个国家的统计数字不同,芬德雷(Findley,1993)对一些发展中国家(见表 4.1)的统计显示,1960—1970 年乡村向城市的移民对城市人口增长的平均贡献水平为 36.6%,1975—1990 年期间这一比率升高到 40%,同样,对这一时期都市化发展的贡献依旧十分显著。几乎所有国家的乡村人口向城市涌入都加剧了城市文化的多样性,在一些多种族国家,如美国与巴西,种族多样性也随之加剧。

表 4.1 世界不同地区外国人口数量统计(1965—1985)

地区	人口数量(百万)		占总人口的百分比	
	1965	1985	1965	1985
全世界	75.9	105.5	2.3	2.2
工业化国家	31.0	47.4	3.5	4.5
欧洲	15.6	23.0	3.5	4.7
前苏联	0.1	0.2	0.1	0.1
北美洲	12.7	20.4	6.0	7.8
大洋洲	2.6	3.9	14.8	16.0
中低收入国家	45.0	58.1	1.9	1.5
加勒比海与中美洲地区	0.5	0.9	2.0	2.7
中国	0.3	0.3	0.0	0.0
东南亚	7.6	7.5	1.9	1.2
北非与西非地区	5.5	13.4	4.0	5.7
海湾国家	0.7	5.8	11.0	34.2
南美洲	5.4	5.6	2.4	1.5
南亚	18.7	19.2	2.8	1.8
撒哈拉沙漠以南非洲地区	7.1	11.3	3.0	2.7

尽管国际移民运动的形式复杂,且并不符合公众所持的传统观点,但全球化还是促使国家间主要人口数量的浮动。因而,在全世界 8 千万国际移民中,几乎一半的集中在撒哈拉沙漠以南的非洲地区与中东地区(Campbell, 1994)。撒哈拉沙漠以南的非洲地区移民人数达3 500万,占世界移民总数的 8%。非洲的移民分为两种类型:一种是为工作而移民,即去经济体制更为灵活的国家,尤其像南非、象牙海岸、冈比亚、尼日利亚;另一种是来自西非的荒漠草原、非洲之角(索马里)、莫桑比克、卢旺达、布隆迪等其他地区由于饥饿、战争、种族屠杀等原因造成的难民,据估计,仅 1987 年非洲由于战争或灾难造成的移民达1 260万(Russell et al, 1990)。亚洲的马来西亚也是一个高移民率的国家,来自印度尼西亚的外国工人几乎达到 100 万。据统计,日本的外国移民也接近 100 万,上千名

工人为非法移民，且这一数字仍在迅速增长；然而，日本的大多数外国人为在已在日本生活几代的韩国人。新加坡的外国移民人数为30万，在其总人口中占到相当高的比例；韩国、中国香港和台湾地区移民较少，均少于10万人。然而，由于中国、印度、印度尼西亚这些国家的迅速发展，这些国家的人口统计压力不断加大，预计国家移民人数还会增多，而且整个亚洲地区乡村向城市的移民人数也会增长。因此，1975年，日本每年的外国移民人数为1万，而到1990年，这一数字增长至每年17万，其中大多数来自韩国(Stalker, 1994)。

专栏 4.1　世界中的多元文化

国家	种族群体	语言
安哥拉	奥文本杜人 37%；金班杜人 25%；巴刚果人 13%	葡萄牙语；各种班图语(方言)
阿根廷	白色人种 85%(西班牙人，意大利人)；混血人种；印第安人	西班牙语；英语；意大利语
澳大利亚	白色人种/高加索人 95%；亚洲人 4%；土著人 1%	英语；土著语
巴西	混血人种 49%；高加索人 23%(葡萄牙人，意大利人，德国人)；黑色人种 17%	葡萄牙语；西班牙语；法语
加拿大	英国人 40%；法国人 27%；其他欧洲人种 20%；土著人 1.5%	英语；法语
智利	欧洲与印欧人种 95%；印第安人 3%	西班牙语
中国	汉族 91.9%；蒙古族；朝鲜族；满族；其他民族	普通话；粤语；吴语；客家语；湘语；赣语；闽北语；闽南语
科特迪瓦	鲍勒族 23%；拜特族 18%；塞努方族 15%；马林凯族 11%	法语；迪乌拉语；阿肯语；克鲁语；沃尔特语；马林凯语
古巴	混血人种 51%；白色人种 37%；黑色人种 11%	西班牙语
法国	大多为欧洲人种；少数为北非人种	法语；布里多尼语；阿尔萨斯语；德语；佛兰德语；巴斯克语；加泰罗尼亚语
德国	德国人 95%	德语

国家	民族构成	语言
危地马拉	混血人种 56%；印第安人 44%	西班牙语；玛雅语
印度	印度雅利安族 72%；德拉威族 25%；蒙古族 3%	16 种语言，包括北印度语与英语
印度尼西亚	爪哇人 45%；苏丹人 14%；马都拉人 7.5%；马来人 7.5%	印度尼西亚语（马来语）；英语；荷兰语；爪哇语
马来西亚	马来人 59%；华人 32%；印第安人 9%	马来语；英语；华语
墨西哥	混血人种 60%；印第安人 30%；高加索人 9%	西班牙语；印第安语
秘鲁	印第安人 45%；混血人种 37%；白色人种 15%；黑色人种；亚洲人种	西班牙语；盖丘亚族语；艾马拉语
塞内加尔	沃洛夫人 36%；色列尔人 17%；富拉尼人 17%；狄欧拉 9%；图库勒人 9%；曼丁哥人 9%	法语；沃洛夫语；秘鲁语
新加坡	华人 77%；马来人 15%；印度人 6%	汉语；马来语；泰米尔语；英语
南非	黑色人种 75%；白色人种 14%；有色人种 9%；印第安人 3%	南非荷兰语；英语；祖鲁语；梭托语
西班牙	西班牙人 72.8%；加泰罗尼来人 16.4%；加利西亚人 8.2%；巴斯克人2.3%	西班牙语；加泰罗尼亚语；加利西亚语；巴斯克语
英国	英格兰人 81.5%；苏格兰人/爱尔兰人/威尔士人 14%；印度人/西印度人/巴基斯坦人超过 2%	
美国	非西班牙族白种人 74.1%；黑色人种 12.5%；西班牙人 9.9%；亚洲/太平洋群岛人种 3.5%；印第安人 1%	英语；西班牙语
委内瑞拉	混血人种 67%；白色人种 21%；黑色人种 10%；印第安人 2%	西班牙语

资料来源：联合国人权中心(1991)

拉丁美洲在 20 世纪为一个外来移民国家，正逐渐变为一个移民输出国。1950—1964 年间，该地区整体移民净值（迁入人口减去迁出人口）为＋180 万人，而 1975—1985 年间变为负值，即－160 万人。最显著的变化是阿根廷移入人口的急剧减少，和墨西哥、中美洲地区移出人口的大量增加，尤其是去美国的移民人数增多。如今，20世纪末拉丁美洲的移民活动主要是来自其他一些国家，例如，1991年乌拉圭40%的外国移民来自阿根廷，29%的来自巴西，11%的来自智利。其中，外国移民人口最多的国家是委内瑞拉（7.2%），其次为阿根廷（6.8%）。

在西欧与美国这些较发达国家给人的感觉是，过去十年间，发生了一场空前绝后的移民浪潮，一些媒体将其特指为一场真正意义上的入侵。然而，不同国家与不同的历史阶段，统计数字不同（Stalker，1994）。确实，在世界范围内其发展存在不平等性，经济文化的全球化与交通运输系统的发展促进了人口的流动。战争与灾难造成的大批移民应当考虑在内，以东欧国家为例，人们一边享受着出行的随意性，又同时承受着经济危机之苦。但是，对移民的控制、经合组织国家与其他国家壁垒的增强、欧洲失业率的升高与整个社会排外情绪的增强给如前文所述类型的人口流动带来巨大的障碍。因此，我们可以看到的最真实的情况是，最近的移民均是从南部和东部迁移至北部和西部。

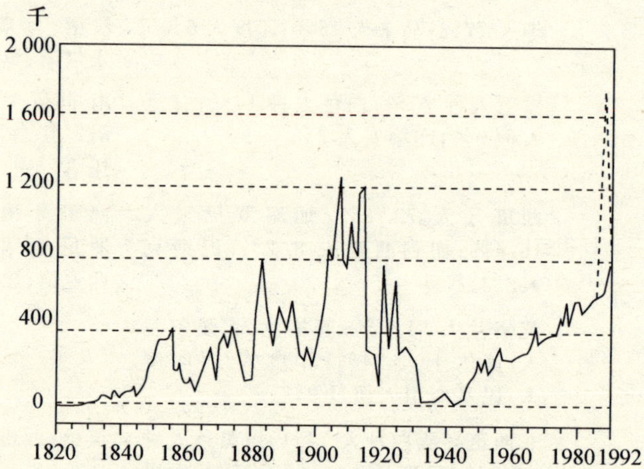

资料来源: Halker, 1992

图 4.1 美国移民统计(1820—1992)

美国是一个由持续的移民潮形成的社会，确实，自从1965年改革后的移民法允许可以将分居异地的亲人再次团聚作为移民的合法理由以来，移民的绝对数量急剧增长。但是尽管如此，目前的移民数量远远达不到1904与1914年（仅此一年移民美国的外国人数为120万）间的移民高峰水平，如图4.1所示。而且，尽管与全国人口数相比，120万移民仅占1914年美国人口总数的1.5%，然而，1992年移民总数只有美国人口总数的0.5%。但是，其中显著的变化是移民的种族构成发生了改变，现在，移民不仅来自欧洲与加拿大，还包括墨西哥、加勒比海、其他拉丁美洲国家及亚洲（见图 4.2）。其他国家的移民也发生了与美国类似的情况，如加拿大、澳大利亚，外来移民人数在国家人口总数中所占比率较高。1992 年，加拿大有 40%的移民来自亚洲，尤其是中国香港，而仅有 2.8%的移民来自英国。温哥华，加拿大第三大城市，由于最近十年香港 11 万移民的到来，城市发生了巨大变化，27%的城市居民为华人。顺便提一下，这些移民还意味着每年有 40 亿美元注入当地经济。20 世纪 90 年代，澳大利亚 21%的人口在国外出生，40%的人口的父母中至少有一个是在国外出生的。1992 年澳大利亚新增移民中 15%来自亚洲。

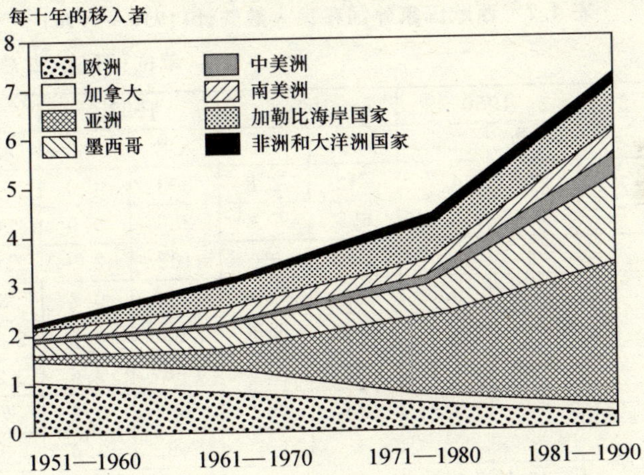

图 4.2　美国移民的地区来源

西欧移民运动的画面显得多样化。将外国移民人数占总人口的比率作为分析指标，观察其在 1950—1990 年间的演变过程（表 4.2），我们可以看到，法国与英国在 1990 年的移民人数比率低于 1982 年，而比利时、西班牙基本没有什么变化（一个为由 9.0%增长至 9.1%，另一个则是一直维持在 1.1%）。若不考虑卢森堡这个特例，欧洲外国移民数量最多的国家为瑞士，达到其人口总数的 10%，这也是因为其国际经济的繁荣造成的。欧洲国家外国移民占其人口总数的平均比率仅为 4.5%。20 世纪 80 年代，德国、奥地利、荷兰、瑞典的移民人数急剧增长，主要是因为大量东欧难民的涌入。然而，这一难民潮将不会像西欧国家所担心的那么严重。如，据一份欧洲委员会报告统计，2000 年 2 500 万城市居民自俄罗斯与前苏联移民至西欧国家。而目前，据估计 20 世纪 90 年代中期，每年来自俄罗斯的移民大约20万，尽管俄罗斯已经度过了可怕的经济危机。根据我们所熟悉的移民机制，原因很简单：移民倾向于去那些他们曾建立过联系的国家，也就是说，原殖民地国家移民会选择移民到其原殖民统治国的大都市（如法国与马格里布）。此外，一些国家有选择地在某些国家雇用廉价劳动力（如德国在土耳其和南斯拉夫）。俄罗斯与前苏联则是另一种情况，由于70年的封锁他们与移民国家缺乏联系，少数犹太人除外，实际上这些正是向外移民的社会群体。对于大多数人来说，一个家庭离开故土独自暴露在这个充满敌意的世界中的唯一理由必定是为灾难（饥荒、战争、纳粹迫害）所迫。

表4.2 西欧国家外国移民人数统计(1950—1990)

（单位：千人，占总人口百分比）

国家	1950		1970		1982[1]		1990	
	人数	%	人数	%	人数	%	人数	%
奥地利	323	4.7	212	2.8	303	4.0	512	6.6
比利时	368	4.3	696	7.2	886	9.0	905	9.1
丹麦	—	—	—	—	102	2.0	161	3.1
芬兰	11	0.3	6	0.1	12	0.3	35	0.9
法国	1 765	4.1	2 621	5.3	3 680	6.8	3 608	6.4
联邦德国	568	1.1	2 977	4.9	4 667	7.6	5 242	8.2
希腊	31	0.4	93	1.1	60	0.7	70	0.9
爱尔兰	—	—	—	—	69	2.0	90	2.5
意大利	47	0.1	—	—	312	0.5	781	1.4
列支敦士登	3	19.6	7	36.0	9	36.1	—	—
卢森堡	29	9.9	63	18.4	96	26.4	109	28.0
荷兰	104	1.1	255	2.0	547	3.9	692	4.6
挪威	16	0.5	—	—	91	2.2	143	3.4
葡萄牙	21	0.3	—	—	64	0.6	108	1.0
西班牙	93	0.3	291	0.9	418	1.1	415	1.1
瑞典	124	1.8	411	1.8	406	4.9	484	5.6
瑞士	285	6.1	1 080	17.2	926	14.7	1 100	16.3
英国	—	—	—	—	2 137	3.9	1 875	3.3
合计[2]	5 100	1.3	10 200	2.2	15 000	3.1	16 600	4.5

资料来源：Fassman and Munz(1992)

[1] 由于1982年的数据更为全面，所以比较中未采用1980年的数据。
[2] 对未知数据进行了补充。

如果目前涌向西欧的移民并不像公众想象中的那样多，那又为什么大家会形成这种认识呢？社会又为何会发出这种移民剧增的警告？在

20 世纪 60 年代经济增长时期，欧洲的移民也不断增多，这到底对欧洲国家种族构成的逐步转变产生了什么样的影响？事实上，如图 4.3 所示，欧洲国家的外来移民人数的增长速度远远高于欧洲本地居民的增长速度（然而，也有个别情况，卢森堡与瑞士的大多数外国人来自欧洲大陆）。根据人口统计，这一差距将随着时间发展不断扩大。这是造成社会紧张的真正根源：欧洲，这个从未面临过种族多样化并且一直把移民作为谈资的地区，其种族构成日益复杂化，而且，“移民”逐渐成为这些国家里外裔居民谈论的话题。如表 4.3 所示，1981—1990 年英国白种人口仅仅增长了 1%，而少数民族人口增长了 23%。尽管如此，英国白种人口数量为 5 184.7万，而少数民族人口仅为 261.4 万。然而，我们可以明确地意识到，像北美洲那样，社会不可避免地会经历大量少数民族涌入的形成过程。如表 4.4 所示，欧洲其他国家也存在类似的情况。法国三分之二的外国人、德国和荷兰四分之三的外国人的祖籍不是欧洲。需要补充一点，在法国出生并于 18 岁加入法国国籍，但祖籍不在法国的外国人口比率不断升高。同样，在德国，法律禁止出生在本地但父母是外国国籍的人加入德国国籍，因此，上千名土耳其人并不像德国人那样明白自己到底归于哪块国土。然而，对土著人口的保护最终在他们之间形成一条鸿沟，造成非市民这一社会团体持续存在，从而形成了加剧社会敌对情绪的负面机制。

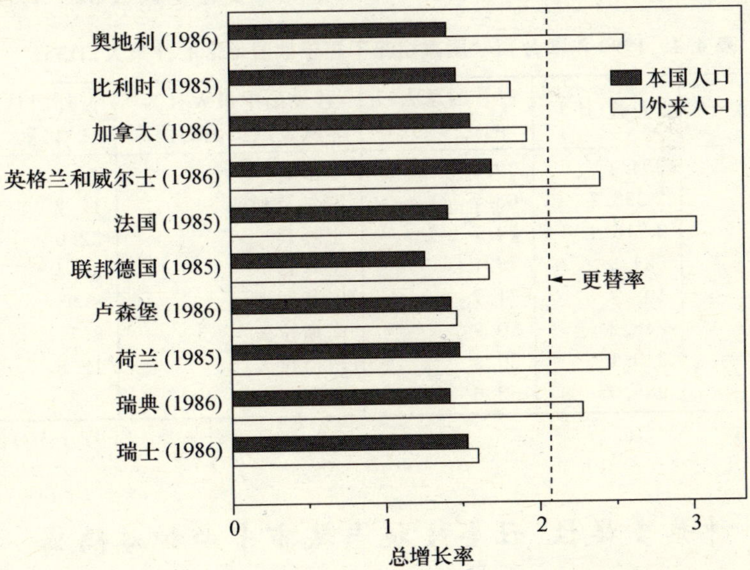

资料来源:Stalker, 1992

图 4.3 部分欧洲经合组织成员国本土及外来人口增长率

在对种族多样化的研究中，另外重要的一点是，这种多样性已经超越了移民这一直接影响，少数民族在城市中在空间的意义上聚集，尤其是在那些大城市或是大城市的中心地区，他们甚至成为这些地区中的主要人口。因此，基于种族与文化特征不同而造成的城市人口在空间上的分离并不是传统歧视观念的成果，而成为我们社会的特点之一，而且这一特点正变得更加普遍化。这是一个信息全球化的时代，同时，也是一个地区分离化的时代。

表 4.3　1981—1990 年英国少数民族统计表

少数民族	1990(千)	1981—1990(百分比变化值)
非裔加勒比人	474	−5
亚非混血儿	256	40
印度人	584	5
巴基斯坦人	457	58
孟加拉人	109	110
华人	136	47
非洲人	171	98
其他混血儿	428	18
少数民族总数	2 614	23
白色人种	51 847	1

资料来源：Stalker(1994)

表 4.4　1990 年部分西欧国家祖籍不属于欧盟地区的外来人口统计

国家	人数(千)	占外国总人口的比重(%)	移民国中最大且为非欧盟成员国的国家	占外国总人口的比重(%)
比利时	354.1	39.1	摩洛哥	15.7
法国	2 298.7	63.7	阿尔及利亚	17.2
德国	3 916.4	74.7	土耳其	32.0
荷兰	524.0	75.7	土耳其	29.4
挪威	102.7	71.7	巴基斯坦	8.0
瑞典	246.2	50.9	南斯拉夫	8.5
瑞士	340.1	30.9	南斯拉夫	12.8
英国	986.0	52.6	印度	8.3

资料来源：Stalker(1994)

4.3　种族多样性、社会歧视与城市中的种族隔离

少数民族在任何社会中都不得不承受来自经济、制度及文化歧视之苦，这通常会导致他们在城市空间内部的分裂。房地产市场中收入不平

等与实际生活中的歧视行为，使得我们对大都市带一些城市中少数民族进行一种非均衡的集中考虑。而且，保护性措施与种族文化，使这种空间的分裂不断加剧，每个种族群体趋向于认为居住地区是实现保护、互助及自我文化认同的渠道。因此，城市分裂中出现了两个不同的进程，一方面，各个少数民族与主流民族群体分裂，而另一方面，这些不同民族的群体内部趋于集中。必须在科学统计与象征的意义上理解这种空间差异，也就是说，与其将每个地区的每个民族群体均视为外来居民，不如对某一地区的某一个民族进行非均衡的集中考虑。甚至在城市种族差异极端的情况下，如南非的种族隔离政权统治，我们可以观察到由于种族隔离政策而在社会各个阶层中造成了一种巨大的社会—空间差异(见专栏 4.2)。

专栏 4.2　种族隔离的城市及其未来：南非的种族、社会阶层及城市种族隔离现象

20 世纪最极端的城市种族隔离体制存在于南非。这一体制起源于 19 世纪上半叶，白人殖民者在此地发现了金矿与钻石后，开始控制黑人工人的居住空间。1923 年《城市法案》使种族隔离政策制度化，它对白人与黑人的居住区进行了严格的划分。1948 年，针对已居住在城镇中或居住在乡村的黑人的新的区域隔离政策的出台彻底剥夺了黑人在城市中居住的权力，尽管在某些时期，由于对特殊劳动力的需求，他们被允许出现在城市中。

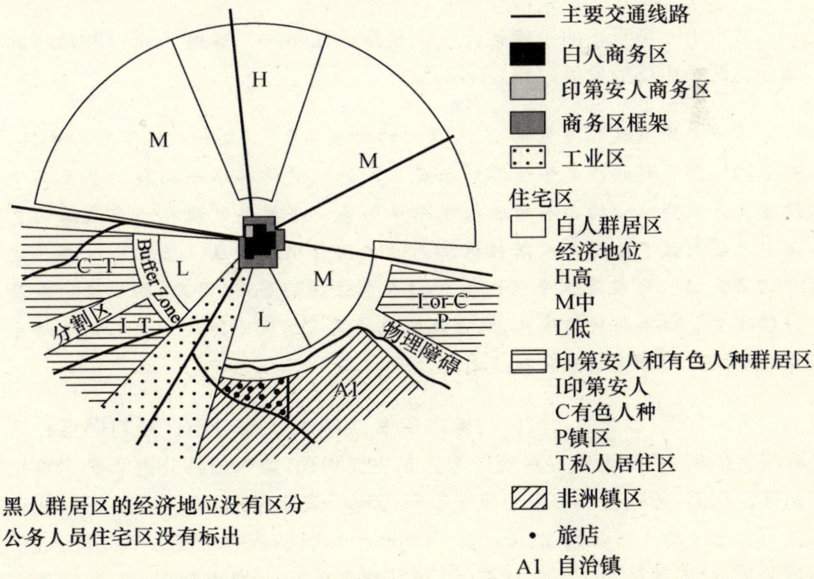

城市种族隔离区是针对白人、黑人及印第安人规划建立的。缓冲区(buffer zones)与工业区将白人居住区与黑人和印第安人居住区分开。市政府也是分离的。经济活动集中于白人居住区，城市大部分税收来自于该地区，而且大部分的消费活动发生在此(甚至包括黑人的消费活动)，而社会问题与城市贫穷则集中发生在黑人居住区。20世纪70年代，工业化与城市化步伐的加快使得濒临城市的乡村地区的无规则住宅异常增多。这些居民在城市中心地区工作，但在中心地区无法获得住所，不得不居住在条件恶劣的非法住宅中，而且在没有合适的交通配套设施的情况下，每天穿越遥远的路程往返于工作与乡村之间。尽管1980年城市中允许建立黑人居住区，然而由于加速的城市化使这些杂乱无章的住宅增多(仅针对黑人而言)，并真正成为城市人口的一部分，如下表所示：

部分地区非正式住宅中的居民人数统计(1990)

地区	黑人总数	非正式住宅中的居民人数
豪登省(约翰内斯堡地区)	5 213 000	2 260 000
德班	2 600 000	180 000
伊丽莎白港口	580 000	330 000
布隆方丹/博察贝洛	470 100	1 000 000
东伦敦	342 800	105 000

资料来源：南非种族关系学会

城市中一场真正的种族融合发生在最近几年间。赛福(Saff,1994)将此划分为两个主要的发展过程：

> 第一个发展过程发生在“白人居住的城市郊区”以及一些城市中心地区，可以描述为反种族隔离……其特征是黑人移民的收入水平相当于甚至高于那些离开城市中心的白人的收入水平……第二个发展过程在城市边缘的扩张与无规则住宅区向白人居住区渗入的共同作用下形成。居住于这些住宅中的居民的社会经济水平远远低于白人居住区的居民，因此，尽管这一发展过程改变了城市的种族结构，居住在此地的黑人居民坚持认为他们仍被排斥于“白人区”的各项服务及制度之外。

另一方面，曾为白人区的约翰内斯堡，如今其大部分地区是朝向反种族隔离发展的，甚至于在有些地区黑人是主要居民，如朱伯特公园和希尔布拉地区。然而，种族在社会中的极端不平等地位依然存在。1993年，黑人城市亚历山德拉的人口总数在250 000与300 000之间，人口密度为60 000人/平方公里，收入预算为1 500万美元；与其相邻的白人城市撒恩顿，人口总数

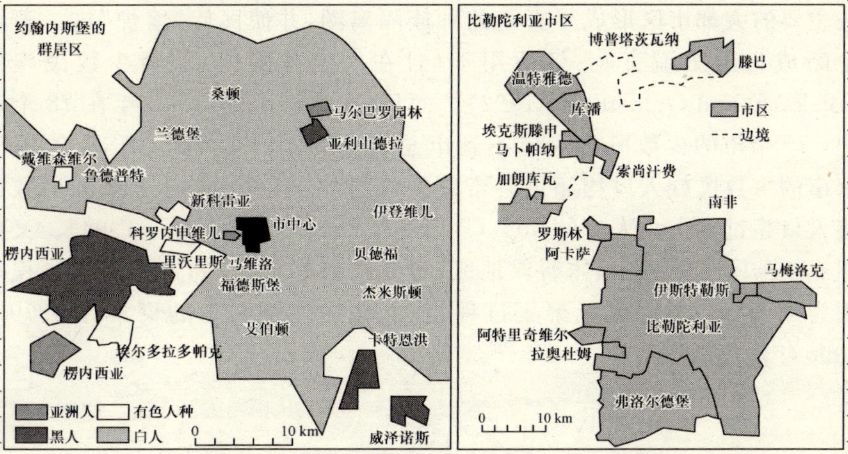

在 110 000 至145 000之间，人口密度为 1 000 人/平方公里，收入预算为 5 300 万美元。据统计，全国有 700 至 800 万人口没有住房。新政府成立后的第一年仅建成了 20 000 所住宅。尽管种族隔离政策最终向反隔离的发展趋势让步，但是，在文化认同与社会政治自主机制的建立中，种族因素被加强。在与种族隔离抗争的过程中，种族内部意义上的社会解放成为南非城市居民运动的主导内容。在新的后种族隔离的民主体制下，种族或民族身份在大多数社会组织及地方政治目标的控制中发挥着主导作用。夸祖鲁纳塔耳市暴动很大程度上是由于部落忠诚造成的，因此，传统上关注于种族内部的社会解放的非洲国家议会，正承受着在很多地区发生的激烈的内部暴动，如西部海角地区。因此，所有这些正如赛福(Saff，1994)指出的那样：

很难对南非摆脱种族隔离的地区的数目进行评估。不过，可以这么认为，南非大部分的居民是被排斥在反对隔离与反对种族居住空间隔离这两个发展过程之外的。

总之，种族隔离的消除并不意味着城市分裂现象的终结，而是隔离制度的消除和种族主义者的终结。国家的社会动员与政治组织为所有身份的居民打开了大门，并成为这一机制的永久性的基础(Mare, 1993; Wilmsen et al, 1994)。消除种族隔离的城市不再是一个文化与种族统一的城市。种族民主与城市平等建立在不同身份的居民之间，文化统一与种族差异的缺乏不再有被确认为核心原则的可能。

美国城市中的种族隔离广为人知，并且被作为城市种族隔离的研究模型。美国的历史贯穿着种族隔离现象，而且，近二十年来，随着少数民族聚居地区新移民的增多，种族隔离现象事实上进一步加剧，由此，在一些主要的大都市区形成了真正的种族隔离圈，并使民族“熔炉”这一著名论断成为历史谎言，它仅适用于（且在一定范围内）欧裔少数民族中(Blakerly and Goldsmith, 1992)。而且，在洛杉矶郡，1970 年在 78 个市中，70 个市的少数民族人口不到市总人口的 10%；而 1990 年，全郡 88 个市的少数民族人口均超过各市总人口的 10%，其中，42 个市的少数民族人口超过其市总人口的 50%(Bullard, Grigsby and Lee, 1994)。又如图 4.4 与图 4.5 所示，休斯敦地区（得克萨斯都市区）的发展演化过程表现为黑人与白黑混血儿聚集过程，他们在居住空间上的聚集在 1970—1990 年间完成。

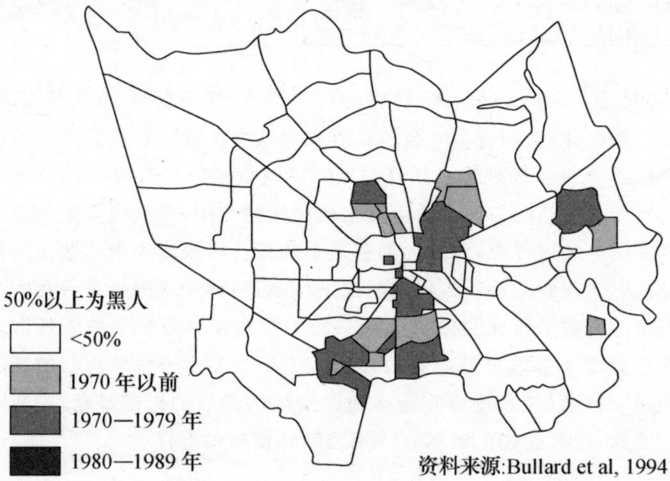

图 4.4 休斯敦地区黑人居住区的扩张(1970—1990)

迈瑟和邓坦(Massey and Denton, 1993)对美国城市种族分离现象进行了全面的研究后发现，在美国所有大城市中黑人与白人间的种族隔离程度相当高（见表 4.5）。以 100 为绝对隔离参数，各城市种族隔离的平均水平为 68.3，北方大都市区的平均值达到 80.1。其中三个主要地区也是种族隔离最严重的地区：纽约的隔离度为 82，洛杉矶 81.1，芝加哥 87.8。黑人隔离度对黑人与其他种族居民间的相互关联性进行了统计（100 为绝对隔离参数），这一统计数字极具参考价值，平均隔离度为 63.5，北方地区达到 66.1，芝加哥这一数字则达到 82.8。

生活贫困的少数民族在空间上的聚集形成了城市社会结构中真正的“黑色洞穴”，在这些地方，贫困、日益衰败的住房条件与城市服务、低就业

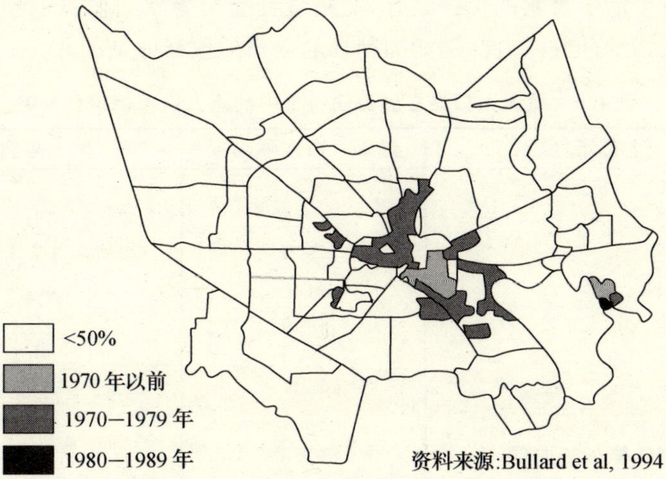

图 4.5 休斯敦地区拉美裔人口居住区的扩张(1970—1990)

率、缺少就业机会、犯罪等相互作用,并不断加剧。迈瑟(Massey,1995)在他的研究中将美国城市的种族分离与犯罪现象总结如下:

> 黑人同时面临着极度的贫困与高度的空间隔离,这就形成这样一种生存环境,即犯罪率升高,暴力行为增多,成为前述犯罪行为牺牲品的风险增大……如果反隔离运动得不到发展,这种暴力循环将持续进行。然而,荒谬的是,这种持续存在的暴力行为使反隔离运动的开展更加困难,黑人被隔离在专属的地区对白人有利,因为这样其他社会成员可以隔离于犯罪及其他社会问题之外,这些都是由于在黑人中存在的高度贫困造成的。

然而,总体来看,20 世纪 90 年代美国主要城市的犯罪率下降了。1980—1992 年间,美国家庭犯罪发生率降低了三分之一,但与此同时,黑人作为犯罪受害者的比率急剧升高。黑人青少年成为犯罪受害者的比率是白人青少年的九倍,1960 年 10 万名黑人青少年中有 45 人死于暴力行为,1990 年这一比率升高为 140 人。彼德森和克瑞沃(Peterson and Krivo,1993)在对 125 个城市中黑人隔离与黑人自杀行为间的关系进行调查研究后发现,在黑人自杀率的诸多影响因素中,种族空间隔离这一因素比其他因素,如贫困、教育及年龄等的影响力度更大。这一原因极易导致他们自杀。当一个社会抛弃了自由的传统与种族融合的法律,采纳这样一种愤世嫉俗的态度,即将那些贫困潦倒的少数民族隔离在那些日趋衰落的少数民族聚居区内,这将导致这些地区暴力行为的加剧。但是自那时起,人们指责少数民族群体生活于警察的保护之外，而指责社会给警察与监狱的预算用途仅限于白人，教育同样如此，例如加利福尼亚州的预算即是如此。

表 4.5　黑人人口最多的美国城市中的黑人隔离情况(1980)

大都市区	黑人—白人隔离度	黑人隔离度
北部地区		
波士顿	77.6	55.1
布法罗	79.4	63.5
芝加哥	87.8	82.8
辛辛那提	72.3	54.3
克利夫兰	87.5	80.4
哥伦布	71.4	57.5
底特律	86.7	77.3
加里—哈蒙德—芝加哥	90.6	77.3
印第安纳波利斯	76.2	62.3
堪萨斯城	78.9	69.0
洛杉矶—长滩	81.1	60.4
密尔沃基	83.9	69.5
纽约	82.0	62.7
纽华克	81.6	69.2
费城	78.8	69.6
匹兹堡	72.7	54.1
圣路易斯	81.3	72.9
旧金山—奥克兰	71.7	51.1
平均值	80.1	66.1
南部地区		
亚特兰大	78.5	74.8
巴尔的摩	74.7	72.3
伯明翰	40.8	50.2
达拉斯—沃思堡	77.1	64.0
格林斯博罗—温斯顿塞伦	56.0	50.1
休斯敦	69.5	59.3
孟斐斯	71.6	75.9
迈阿密	77.8	64.2
新奥尔良	68.3	68.8
诺福克—弗吉尼亚海滩	63.1	62.8
坦帕—圣彼得堡	72.6	51.5
华盛顿	70.1	68.0
平均值	68.3	63.5

资料来源：Massey and Denton (1993)

尽管所有城市中都存在着种族主义与城市分裂现象，但是，并不像美国城市，这些现象并不总是那么清晰可见，或者其影响不那么显著。例如，巴西是一个多种族的社会，黑人与黑白混血儿处于社会最底层（Aguiar, 1994），尽管无论是在乡村还是大都市，这些种族群体在空间上似乎是被隔离的，但是，衡量这种种族隔离的差异指标远远低于北美洲的各大都市（见专栏 4.3）。同样，虽然种族属性产生一定的经济不平等，但制度障碍与社会不公正并不像美国那样深深地植根于社会中。巴西与美国过去均存在奴隶制度，但两个社会的种族空间隔离与种族歧视的发展模式朝着不同的方向，文化、制度与经济诸因素促进了巴西种族融合与社会的整合，而这些因素在美国则起到了阻碍的作用，这项比较引起了对人类易变本质伴随历史发展的变动性的分析。

各大城市中少数民族被隔离的发展趋势将确立，尤其是在世界发达地区的城市中。因此，近三十年，欧洲城市接收了一些新的移民群体，目睹着在这些移民群体的基础上少数民族不断发展壮大，同时，城市种族隔离模式被强化了。在英国，虽然伦敦的少数民族人数仅占总人口的 12%，但全国的少数民族人口占到 42%。将注意力集中在某些地区可以发现，这些少数民族普遍教育水平较低，失业率较高，从事经济活动的比率仅为 58%，而白人则达到 80%（Jones, 1993）。在伦敦郡的旺兹沃思城，26 万居民所使用的语言有 150 种，这种种族文化的多样性可能使得该地区成为英国社交最贫乏的地区。在哥德堡市（瑞典），16%的人口为外国移民，他们集中生活在城市东北部与希辛根岛。1980 年苏黎世的外国移民（主要为土耳其人和南斯拉夫人）为 18%，1990 年比率增高到 25%，44%的移民集中在城市郊区的工业地带。荷兰的外国移民仅占全国总人口的 5%，但阿姆斯特丹、鹿特丹的外国移民的比率已升高到 15%—20%，海牙与乌得勒支这些传统移民聚居区外国移民人口比率已增加到 50%。比利时外国移民占总人口的 9%，但有 26%的移民集中在安德来特，而在最破败的地区拉罗西（La Rosee），2 300 个居民中 76%为外国人（Council of Europe,1993）。简而言之，大多数欧洲城市中的少数民族隔离模式特点步北美大都市后尘，尽管城市隔离的空间模式不同。虽然法国郊区模式将城市少数民族聚居区隔离在偏远的地带，但中欧与英国城市中的少数民族聚居区倾向于集中在城市内部，与北美城市隔离区的空间模式相似，这是由于城市中心的衰落造成的，当然前提是欧洲少数民族的居住条件仍将得不到改善。在欧洲，帮派的重要地位与犯罪活动的扩大化并不像北美那样明显，但是，如果社会的排斥性不断加强，

专栏 4.3　巴西：轻度的城市隔离

巴西是一个多种族的社会，黑人与黑白混血儿群体生活在社会最底层，白种人控制着上流社会。种族的地区分化也很严重，黑人集中在东北部（直至 1888 年此地还是奴隶制经济中心），而大多数白种人生活在南部工业区。同样，白人与黑人间的城市隔离在东北地区尤其明显（见表 B）。然而，城市隔离的度量指标（包括差异指标与相关度指标）显示，巴西城市的隔离度要远远低于美国城市，根据数据比较分析，在 1 至 100 的范围内，评估值要比美国低二到三倍（见表 A）。如，纽约的差异度指数为 82，圣保罗则为 37。社会关联度的测量值（种族群体间没有城市空间联系的评估值定为 0）纽约为 16，圣保罗为 63。城市隔离中的种族差异及其表现存在于社会间，然而，历史、文化与制度削弱或加剧着城市种族主义与种族差异。

表 A：巴西大都市区差异指数(1980)

地区与大都市带	差异指数			
	白人：黑人	白人：棕色人种	棕色人种：黑人	白人比率
东北部	0.509	0.405	0.434	30.1
累西腓	0.499	0.389	0.424	37.1
萨尔瓦多	0.534	0.488	0.353	22.8
中东部	0.381	0.367	0.344	61.3
里约热内卢	0.427	0.383	0.312	60.0
贝洛奥里藏特	0.419	0.427	0.341	54.1
圣保罗	0.402	0.380	0.364	78.3
圣保罗	0.412	0.394	0.364	71.5
南部	0.467	0.433	0.476	86.4
阿雷格里港	0.422	0.407	0.421	85.3
库里提巴	0.477	0.417	0.476	84.1
梅昂	0.450	0.397	0.407	58.1

资料来源：Telles(1992)

表 B：巴西十大城市与部分美国大都市区白人/黑人差异度与相关度指数(1980)

大都市区	差异度	相关度
圣保罗	37	50
里约热内卢	41	42
贝洛奥里藏特	37	77
阿雷格里港	38	30
累西腓	48	18
萨尔瓦多	40	25

续 表

大都市区	差异度	相关度
福塔雷萨	37	63
库里提巴	39	75
巴西利亚	39	43
贝伦	37	23
纽约	82	16
洛杉矶	81	17
芝加哥	88	13
迈阿密	78	21
旧金山—奥克兰	72	30

资料来源：Telles(1995)

这一发展趋势仍将继续的话，且不论文化与制度的差异，同样的发展模式必将形成相似的后果。正如丹尼尔·可因·本迪特(Daniel Cohn Ben-dit)在欧洲委员会组织的富兰克林会议上演讲的引言中所述，该会议是关于文化多元主义的讨论，城市文化多元化得益于其文化的多样性(Council of Europe，1993)。然而，该篇演讲还明确指出，隔离化的城市破坏了社会团结，城市暴力的统治地位最终将得到控制。

4.4 城市流动人口

在乡村—城市及其国际范围内，新型世界经济组合的多变性和移民现象的加剧，使人口在乡村、城市及其大都市地区呈现出新的分布模式：在制度许可的情况下，流动人口伴随着经济潮流移动，以维持生计，由于国家与环境的不同，他们的生活空间呈临时性与变动性的特点。

虽然很难揭示出这种现象的最本质内涵，但目前越来越广泛的研究提供了一些关于城市职能与运转的规模与产生影响的数据(Goldstein，1993；Wong，1994)。

近十年来，中国可能是流动人口最多的社会。长久以来，1958 年出台的一部法律对中国人口流动进行着规制管理，该法律使每个中国城市居民根据居住地点拥有不同的户口本(家)。在该法律的规制下，从乡村到城市的任何居住变动都非常的困难：得到事先的许可才能迁移，而比率制度则意味着曾用于商店与饭店的配给票成为分配居住地与工作的尺度。因此,户口制度是控制人口空间流动、减少乡村—城市迁移的有效方法(Wong,1994)。然而,随着80年代中国经济的改革开放,由于人力资源的动力机制部分地由市场规律决定,中国人口的稳定机能出现了紊乱。而且,农业的"私有化"与自动化提高了生产力,因而成千上万的农民从田地上解放出来成为剩余劳动力(Kirkby,1985)。由于无法处理这些由于经济错位带来的农村劳动力,中国政府决定根据地区在不同时间的需求情况与政治情况,放松严格的人口流动管制制度,或者说是使这种管制不再那么严格。这次政策变动导致了近十年来大批量的人口流动,这些移民主要流向中国南部的大城市与工业出口中心。但是,尽管这些城市或地区拥有强劲的经济动力机制(事实上,它们是近十年来世界上经济增长最迅速的地区),还是无法吸收数百万的移民,既不能为他们提供稳定的工作,也不能为他们提供住房、城市服务,以至于许多城市移民居无定所或是生活在大都市区城乡接合地带,而且越来越多地为季节性移民,他们像钟摆一样往返于作为出生地的乡村与大都市中心之间(Day and Ma Xia,1994)。如广州,1992年居民人口为600万,暂住人口134万,此外,每天新增流动人口26万。据统计,广东省暂住人口至少有600万。20世纪80年代末,上海流动人口有183万,而1993年,随着浦东工业区的发展,仅此一年新增的流动人口有100万。近十年来对人口迁移最可靠的调查显示,1986年,被调查的74个城市中暂住人口占城市总人口的比率为3.6%。另一项在全国范围内进行的调查显示,1988年的城市流动人口在5 000万至7 000万之间。毫无疑问,流动人口增多了。北京中心火车站每天客运量应为5万人,而目前不同时间,每天的客运量在17万至25万人之间。据北京市政府统计,城市每天新增的10万游人将消耗5万公斤粮食、5万公斤蔬菜、10万千瓦电、2万4千升水,同时,这些人将使用730辆公共汽车。这些游人还给卫生系统带来10万公斤垃圾和2 300公斤排泄物。这些流动人口的居住条件远远低于那些常住人口(Goldstein, 1993),他们极易陷入犯罪或参加犯罪团伙以寻求庇护,因此,城市居民对这些流动人口的偏见加深。尽管这种人口流动现象在中国还是小范围存在,但大多数发展中国家均存在这种现象,尤其是在亚洲地区(Day and Ma Xia, 1994)。如曼谷,1975年至1985年间,25%的城市外来人口已经在三个不同的城市生活过,77%对是否在曼谷再待一年还不确定,仅有12%的外来人口将曼谷作为长期居住的地方,这一事实揭示了这些外来人口往返于他们出生的故乡与各种城市劳动力市场之间。这种现象向世界其他地区蔓延,使乡村与城市逐渐变得无法控制,因为，真正重要的一点是，由于全球经济与地方经济关联度不同而造成了人口迁移流发生在不同时间段，强度不同，大城市动力机制与这些人口迁移流间建立了相互啮合的关系。

在发达国家，城市流动人口也不断增长，虽然表现形式不同。在一项有趣的研究中，马汀诺提（Martinotti，1993）强调，很重要的一点是，城市游客虽然使用了城市及其相关服务，但不长期居住在城市中。流动人口不仅来自大都市区的其他地方，而且来自其他地区或其他国家；无论哪天，游客、往来商人及城市消费者是利用欧洲（和北美、南美）各大城市及其服务的主要人员，虽然他们不表现在人口统计数字中，而且不作为城市服务财政预算与制度设计的评估基础，而他们广泛地享用着城市服务。

流动人口给城市地区的运转带来三大问题。首先，流动人口的存在使城市服务的供给压力加剧，为保证城市常住人口及其实际利用的城市基础设施供给，城市只有在得到上级政府特殊援助的情况下才能维持运转。第二，对流动人口缺乏合适的统计以及人口流动的不规则性阻碍着城市服务规划设计的有效性。第三，城市所有市民与能够解决城市问题并维持其运转的市民间建立了某种扭曲的关系。目前的情形对流动人口与常住人口都不利，流动人口缺乏应有的权利，甚至时常试图违反法律，而常住人口则发现由于法律地位、城市实际人口与社区成员的不同，城市市民的整体团结性被打破。流动人口这一群体的发展与经济全球化与通信流直接相关，因此，它们构成了新的城市现状，对此城市还未找到解决办法。

4.5 城市多元文化与城市社会危机

1991 年 5 月，由欧洲委员会赞助，欧洲各城市市政府代表在富兰克林汇聚一堂，对欧洲多元文化整合的市政策略进行讨论。在会议结束时的最终宣言（Council of Europe，1993）中指出，由于数十年的对外移民和外来移民，欧洲国家成为多元文化社会。同样，外来移民以及形成的少数民族集中在大城市，关于如何对待移民及多元文化主义的政策成为新的市政政策必要的组成部分。其表现正如下文所述：

> 只有能够以推行多元文化主义政策为导向，真正民主的欧洲才能构成世界稳定的一极，才能有效地与南北、东西经济不平衡性相抗争，这种经济不平衡导致人口外流的无序。

这一论断对于北美与世界大多数国家同样适用。然而，所有国家都存在的排外情绪和世界范围内不断增强的种族主义、宗教狂热主义将不利于城市新状况的处理。根据历史经验反映出来的，外来移民与少数民族成为经济危机与社会不稳定的牺牲品，这通常成为一些不负责任、具有煽动性的政治家的惯用伎俩。尽管如此，全球化经济的相互依赖性、社会经济的不平衡性以及已定居在较发达国家的少数民族的繁衍这一系列难以应对的新情况，使多元文化主义、多种族主义不可避免地遍布全世界。即使日本，这个被认为世界上文化一致性最强的国家之一，也经历着外国人口的迅速增长，同时，流民（即临时工，无固定工作或住所）的数目正在增加，他们暂时居住在城市少数民族聚居区，如太泽釜夕崎。有些人（包括本书的一些作者）认为多种族与文化多元主义是城市社会经济与文化财富的来源（Alund and Schierup, 1991）。即使那些警告说社会一致性消失、社会紧张加剧的人也不得不接受一个新的现实：我们的社会在各个层面正在和将要成为文化多元化的，城市（尤其是大城市）集中了世间最多样化的事物。在相互依赖的新的经济全球化的浪潮下，对地方政策的根本要求是，学习如何适应这种新情况，成功地跨越种族差异实现文化交流，解决由于歧视造成的不平等现象。

第5章

城市：政治代理人

5.1 城市：时代的领导者

城市在政治、经济、社会、文化和媒体生活中正承担着日益重要的作用。城市可被描述成复杂而多面的代理人。作为社会代理人，城市不应和当地政府混淆，虽然当地政府包含于城市中。城市最能表明自己是社会代理人的方式在于它的联系功能，连接起公共行政机关（当地的和外地的）、各个公司代理人、社会和城市组织，连接着知识、职业组织和社会通信媒体即连接起政治机构和平民社团。

这种连接通过集体联合行动完成，有不同的形式和目标：

- 不同于外部代理人，如高级政府组织和跨国公司等；
- 产品的界定在于生产、销售以及不同的城市代理商（如旅游升级、文化范围、国际组织总部等）；
- 基于公司合作基础上的运动（如安全、形象、城市整修等）；
- 与事件或广泛一致的政治城市规划相联系的大规模城市发展工程；
- 有集体身份确认和政治自治意愿为主要基础的社会政治运动（在特别的城市目标中也有具体形式）

近几年来，城市领导作用日益增强，且形式多样化。让我们看几个例子。

在欧洲，20 世纪 70 年代的经济衰退引起了当地政府和主要城市经济、社会代理人的反应。前者在自己的法定义务以外吸引投资，增加就业，更新城市生产基础设施，和城市代理人一起提升城市。几年后欧洲城市的一次会议（1986 年的鹿特丹会议）取题为：“城市——经济发展的发动机”。欧洲城市运动已经产生，在接下来的会议（1989 年巴塞罗那会议）上正式形成，促成了现在欧洲 50 个最大城市的涌现。

新经济领导者常会对城市进行新的命名。戴勒斯(Delors,欧洲委员会主席)、玛若高尔(Maragall,市政府委员会和欧洲地区主席)及其他人曾把欧洲城市定义为“欧洲跨国公司”和“力量的冷饮”。

城市的经济领导作用在其他洲特别是亚洲更加清晰:如首尔、台北、香港、新加坡、曼谷、上海和河内等。这些城市发布的经济统计数字表明,作为一个整体的市政府和市代理人之间有很强的互补性,都定位于外部市场。亚洲城市显示,在全球的经济速度的有关国际市场和适应国际市场的信息中,生产灵活性、商品结构、形成网络的能力决定成败,而不仅仅是过去获得的地位、积累的资金、自然资源或地理位置。秘密在于中小公司的网络更新速度,它们在具有内外政治权利的网络中和大公司连接起来。这样就确保了主要信息和促进功能,保证了城市系统计划和服务供给,因为经济和和城市组织会自然涌现。在亚洲城市的例子中,城市权力开发了一种经常开支很低(这点和欧洲模式不同)但社会代价很高的模式,这种模式似乎不能长久存在,因为其存在对城市吸引力来说引入了不可用因素,没有使人力资源充分合格化。

在美国,城市在政治变化和经济政策方面起着重要作用。里根和布什任期时的极端新自由主义不仅严格控制许多社会供给(这些社会供给覆盖了城市三分之一人口的最低需求),而且降低了工业化,城市就业水平不高,当地政府间的收入下降。虽然如此,一些城市的反应仍是要建立雄心勃勃的战略工程,合并经济增长和城市发展的目标,以此来解决环境下降、社会不公平增加和居民没有安全感等难题。洛杉矶、圣弗兰西斯克、底特律、西雅图(还有佛罗里达州及威斯康星州)等城市曾采用战略计划和公私合伙身份以迅速展示脱离常轨的新自由政策的消极本质以及城市的反应能力。这一伟大示范由华盛顿市长发起,50 万人参与,宣告了1992 年布什的下台和城市新政策的开始:新基础设施、企业区、以就业和教育为基础的社会计划的重新发动,对公共组织健康的关心,城市环境保护等。

城市的政治领导作用在东欧非常明显。共产主义制度的退出主要在以下城市中表现出来:柏林、布达佩斯、布拉格、华沙等。代表平民社团进行反抗的政治—社会运动几乎总是被称为“平民运动”。只有在城市里,民主组织和竞争性经济才得以重建。

在过去几十年里,拉丁美洲政治民主化和政权分散的过程加强了城市和当地政府的作用。但恰恰是这些过程的局限性,除遗留的不公平和边沿地区以外的调整政策的社会效果,城市社会文化组织的弱点、基础设施和公共服务的严重短缺延迟了城市作为领导者的出现。这种情形在20 世纪 90 年代得以改变。一方面，经济活力的恢复激励大规模建立城市项目(有些是由私有化引起)，给建筑部门带来推动力，但另一方面，经济恢复又突出了遗留的矛盾和物理基础设施与通讯的缺陷、公共资源和当地政府行动能力的缺乏、城市内社会整合的脆弱以及公私部门之间合作的不足。而且，在大都市，国内民主过程加强和经济日益对外开放使社会需求多样化，强调对功能性危机的认知。城市问题的强度和可见性(交通堵塞、居民不安全感、空气和水的污染、住房和基础服务的缺乏)使这场危机更加引人注目。同时经济的动态性(复活)、社会生活的动态性(参与)和政治的动态性(民主化)为将来的反应创造出条件。这些反应一直没有缺少过以下因素：在拉丁美洲的著名城市(如墨西哥联邦、波哥大、布宜诺斯艾里斯及巴西新机构中涌现的城市)通过政治和金融改革，大城市市长的政治和媒体的领导作用(这些市长后来成为国家领导人)，经济策略计划的发起，有广大民众参与的社会和城市发展，当地政府的分权，公和(或)私首创以及公私合作的大规模城市工程的建设等等。以上因素的巩固将取决于它们是否能激励大的城市工程(大的城市工程喜欢主要公私代理人的积极参与)，是否能赢得市民的广泛同意(DeForn et al，1991；La Terra (9)，1995；Roncayolo，1990；Roncayolo et al，1993；Paquot，1994；Choay，1994；Fortier，1995；Sennet，1994；Ajuntament de Barcelona，1990)。

近来，我们看到一些大规模工程的形成过程，从部门和行政方法变成了全球一致的城市发展方案。比如，波哥大的大规模基础设施工程(周长或环形公路 47 公里，是地下铁道和整个内部模式运输系统的方案)。再如里约热内卢申请 2004 年奥运会的候选资格方案(界定城市中心性的六大区域)。

拉丁美洲也想制定一致的发展工程，试图一起抵御政治权力下放、地方自治以及参加区间或各州间的超国家机构的建设。虽然没有取得存在于欧洲的联合水准和网络的多样化(负责自治市和欧洲地区的政务会，欧洲城市等，见第 9 章)，但有一些令人瞩目的独创如南方共同市场城市网络(或南方共同市场组织中的城市)的创立，拉丁美洲首都联盟(Unión de Ciudades Capitales Iberoamericanas—UCCI)的巩固，为形成城市轴线或系统的城市之间工程合作方案(如瓦尔帕来索—圣地亚哥—门多萨—科多瓦—罗萨里奥—亚松森—圣保罗轴线)。在这样的情景中自治市的联合运动在国家和大洲水准上注入活力(红色拉丁美洲协会的自治市)，就像拉丁美洲、北美和欧洲城市之间的合作那样(如通过世界城市与国家发展联盟)。

5.2 城市项目:欧洲与拉丁美洲战略规划回顾

5.2.1 欧洲先例

大城市必须应对五种挑战:新经济基础、城市基础构造、生活质量、社会综合和可控性。只有具备了应对这些挑战的能力,城市才有竞争性,才能在全球经济空间中找到自己的位置,而另一方面,只有具备了这些能力,城市才能保证其人口的最低健康标准,这对和平民主共存的加强是很有必要的。

响应这些挑战需要城市工程战略计划(见专栏5.1有关内容)工程的建设依赖于不同的因素。有些城市的危机意识导致地方政府和主要经济代理人联合行动,改造城市基础结构,促进了从传统工业模型向技能型第三中心转变。

伯明翰市通过战略计划,在欧洲共同体的帮助下,整修了市中心,成为英国最有活力的城市。其他城市如阿姆斯特丹和里昂通过战略计划,预见危机,促进城市基础结构和城市形象的改变,以便满足全球经济的新要求和适应国际竞争。但在其他城市诸如米兰市,由于当地政府的软弱无能,没能把战略方案变成具体行动。

吸引和利用主要国际性事件的能力,使一些城市对危机意识的反应加快。巴塞罗那市就是一个这样的例证(见专栏5.2的内容)。对雄心勃勃的城市改造工程来说,没有1990年奥林匹克运动会的激励,战略计划也许不曾是主要工作,现在部分地实现了。但这不是个案。里斯本,一个处于消沉和边缘化恶性循环中的城市,通过成为文化都市(1994年)和广泛展示准备,推动了城市改造和经济活化。格拉斯哥也是用文化都市的形象使其基础设施现代化,成为吸引国际大小会议的聚会之地,游客和观光者(特别是其夏季文化节)也慕名而来。最近,曼彻斯特已沿袭这一道路(获奥林匹克运动会、环球论坛候选资格)。

但是在没有个性化领导的地方几乎不能提供积极的反应。正像前面所说的城市的情形那样,市长的地位常常是决定性的,特别是里斯本(Sampaio)和巴塞罗那(Maragall)。同样,在20世纪80年代,大多数意大利城市的政府危机对其战略工程的失败作出解释(如托尼奥利和诺维里之后的米兰和都灵市)。在不是大都市的城市如法国的里尔、蒙彼利埃

专栏 5.1 战略规划：方法、交流和市场指南

为了很好地总结这些过程，必须说明允许这项工作的组织、通信条件。从一开始，战略规划方案就需要许多前提条件，主要有：

城市扩张性的倾向(进行中或已作为一项工程)；

接受联动的城市代理人的存在；

与要解决的日常冲突相联系，代理人有普遍的成长危机感或有丧失机会容许对抗的感觉；

领导人(个人或集体)。

在巴塞罗那、瓦伦西亚、里约热内卢、波哥大和里斯本等城市，这样的环境已经出现：通过经济和专业组织、大学和社会组织以及懂得转变方法的外界技术支持，把市政厅的政治动议权和人们的积极接受结合起来。

虽然战略规划组织的具体形式因城市而异，但往往包括以下几点并适应它们自己的经济、社会和机构环境。所有的战略规划都有一个宣传核心团体，连接主要公众、私人团体和他们的高级代表。这些是组成规划管理委员会的代理人。根据委员会的人数形成执行委员会，算入规划技术管理队伍(管理委员会每两三个月开一次会，而执行委员会则每两三周开一次)。与市长部门或相应机构相联系的一个独立办公室即技术队。也可有以其他组织为依托的其他补充技术队。最后，总委员会代表有关各机构的议会，人数在100 到 400 人之间，召开七或八次会议，与规划的主要阶段相一致。

战略规划的日程表如下，包括组织计划、销售计划和先期诊断。

规划的开始(两周时间)

- 从政治和技术角度决定规划负责人。
- 组建管理委员会。
- 设置规划范围和主题区域。
- 选择技术队伍和功能结构。
- 开会和顾问团一起设计总的结构、方法、目标等(这些会议包括和规划代理人的会议)。

截止到第三个月

- 和管理委员会成员开会。
- 首次会议形成共识
- 应城市号召创建总委员会。
- 技术队伍的组织和结构，个人功能的设置，电脑备份，工作方法，会议方法和管理。
- 设立总的交流和销售标准。

- 设计规划的法人形象及其应用。
- 在媒体着手规划。
- 建立分发系统。
- 根据参加标准不同(会议、调查以及委员会人数),把人和机构列出表。
- 会见市政管理者,对规划作出解释,取得他们的同意并继续明确主题和项目。
- 会见机构领导人和管理委员会成员,获取信息,作出决定。

在本阶段结束时,召开第一次总委员会会议。

本阶段有两次工作会议做支撑,有顾问报告组织和销售情况。

诊断第一阶段

- 草拟诊断索引。
- 选择二手信息源。
- 为主要的城市经济和社会代理人草拟两阶段的定性调查。
- 对所有城市组织作总调查。
- 对有关设置的进展草拟出可能的方案。
- 授权部分诊断发现不同主题的技术状况。
- 对缺乏信息的部分主题进行可能的授权。

本阶段末,要草拟前期诊断或总的纲要,定位和设置规划目标。本阶段有顾问参与的工作会议做支撑,旨在细化诊断工具。

最后,我们应当突出一下各种可能的资金来源。从经验来看,有国际资金(通常具有补充性)、地方公共资金(开始阶段必不可少)、私人资金(有较大的作用)。资金可以是以下形式的捐赠:公司和机构捐赠、善款、发起战略规划的具体事件特别是交流和销售而发起的捐赠。

交流和销售在起草和补充战略规划中起着重要作用。

- 在起草阶段:

  要取得大量的认识标准和对战略规划目标和过程的了解;

  产生有利于机构的、经济的、社会的代理人参与的轮廓。
- 一旦草拟完毕:

  要取得充分认识、了解和涉及整体人口的事物以及计划提出的未来构想和补充设计;

  要对机构和其他有关代理人推荐的设计和措施透彻理解,促进积极参与许诺;

  要充分认识和了解外界公众对本区域的未来构想。

交流计划由以下阶段构成：

- 草拟交往目标公众；
- 起草信息；
- 选择交往渠道和媒体；
- 操作行动计划。

所有的目标公众(包括内部和外部公众)对战略规划目标的实现都很重要，要区分开来，加以分类。内部公众指附属于城市及其环境的人，而外部公众则指包括外部分目标中的所有国内外人士。根据认识、了解、所涉及事物及参与的情况，交往(或反应寻找的目标)要因人而异。这目标要准确设计。同样，为了资金分配，为了达到计划要求的目标，重要公众优先。

根据交往的目标公众的功能和交往内容，发出的信息必须进行分类和设计。目标公众可以是概括的或者具体的，而内容可与城市或区域和上述活动(经济、城市计划、文化等)有关。所以信息可这样分类：

- 普遍信息：城市必须将此种信息传达给目标公众。
- 一般信息：城市本身必须传达好这类信息，必须具体传达给每个目标公众。
- 一般领域/活动信息：每个区域或活动的交往必须针对每个具体的目标公众。

一旦写出这些信息，要根据支持力度制定综合策略，其他类型的每种信息必须借用普遍信息。根据不同目标通信顾客的信息源习惯，必须明确最合适的个人和非个人通信渠道和媒体，以便得到他们的反应，达到既定的通信目标。目标公众的优先标准和选择最合适的通信媒体对预算资金来说是决定性因素。起草一个精确的操作性通讯计划要综合前三个阶段。如果并入计划，为达到目标的具体通信措施和媒体要具体，要指定。措施和媒体的完成可以简令的形式委托给当地供应商。每个简令要具体到：媒体或措施的名称、通信目标、信息内容与构成、配合措施、媒体和工作时间的选择。

或斯特拉斯堡，如果不考虑市长(如 Mauroy, Frêche 和 Trautman)的鲜明个性和其推动力，就无法理解城市的国际竞争和良好的形象。其他的例子如 1992 年塞维利亚的博览会，同年马德里成为欧洲文化都市，普遍没有充分利用优越机会，恰恰由于缺乏地方领导人。但也是在西班牙，一些被落在光荣年代(1986—1992)的伟大工程界外的城市如巴伦西亚和毕尔巴鄂，通过共同的领导(公共部门和私人代理人之间)作出反应，运作战略计划。地方领导人并不总是由政治当局决定，虽然他们在任何情形下都必须在场，都必须促进共同领导关系的建立。

专栏 5.2 巴塞罗那 2000 年经济和社会战略规划

在信息和咨询方面引起很多兴趣和需求的首创之一，是巴塞罗那 2000 年经济和社会战略规划。自 1988 年起，为取得一致看法和行动指南，特别是为继续和加强 1992 年奥林匹克运动会带来的推动力，巴塞罗那 2000 年规划已对所有公私经济和社会代理人的合作和舆论过程有所涉及。

巴塞罗那市政大厅是规划促成机构，附加 10 个组织构成执行委员会，另有 187 个构成总委员会。执行委员会的组成部分是：巴塞罗那市政厅、政府商会、巴塞罗那工业和航空、经济圈、贸易工作委员会、弗兰萨区域财团、巴塞罗那贸易交易中心、工作促进雇主协会、巴塞罗那自治港口、贸易一般联合会和巴塞罗那大学。

本规划起草于 1988 年 9 月—1990 年 1 月间，包括：诊断、城市优缺点分析、设立总目标和可能的战略路线；560 余人起草策略和行动（技师、行政官员、商人）；策略的分类归纳优先标准；最后，草拟和通过规划。通过于 1990 年 3 月的中心规划是这样施用于城市的：通过改变可变物，城市有了好的经济基础和现代生活质量，变得更加有吸引力和竞争性。这三种策略总结如下：

1. 通过扩大交流和加大交通基础设施建设，将巴塞罗那和欧洲城市网络相连接。通过和中心城市的内部连接，寻找平衡，由此改进灵活性和可接近性。
2. 提高居民生活质量，改善环境、住房、培训、文化和社会福利条件。
3. 平衡经济发展，创建经济活动辅助性基础设施，采取措施使工业组织和先进服务部门更具竞争性，采取措施提高经济部门的发展潜力。

完成阶段始于 1990 年 3 月，每个部门或机构承担执行责任，形成委员会促进寻求支持的活动。许多措施目前正在改进，一些已经完成。这些目标的实现，奥林匹克运动会的举行，及 1992 年中期巴塞罗那取得的高级国际化水平，启动规划的第二种蓝本以适应在已有的新水平基础上的城市增长。

除了从城市经历的变化中涌现出的事物，主要的结果就是城市代理人策略思想的传播，这种传播通过沿着同一方向和同一目标做出决议，容许全面的协同作用。也有这样的情况：将城市需求形成结构化的蓝图，作为与国家、超国家组织和大投资商商讨的具高度可操作性的因素。这样其中一种旨在提高巴塞罗那用来举行活动和居住吸引力的目标就得以实现，从而促进了居民生活质量的提高。1991 年此规划被授予欧洲共同体特殊计划奖。

目前巴塞罗那正准备第二阶段战略规划，旨在使其经济区变成世界经济的组成部分。此计划评估巴塞罗那的竞争因素，开展提倡优先权宣传的活动，设立扩大影响的地区如把拉丁美洲作为重要前景地区，把太平洋作为世界经济的新中心轴。巴塞罗那规划第二阶段提出的基本策略由以下三种优先目标组成：

1. 在全球化环境中，促进公司整合，为此要取得专门服务、交流和电信方面的基础支持设施，进入拉美市场和太平洋区域，使用共同体规划。

2. 重新安排竞争性因素，特别是在人力资源、革新能力、新产品、构想和创新、质量、工业组织、公共服务质量、公共管理效率、商业策略和管理能力领域等方面。

3. 保持可持续发展，避免环境质量下降，特别强调预防污染、开辟新绿色产品市场、促进生态工业、产品控制等。

所有的城市改造工程归结起来都是以下三种因素的作用：

1. 不断增长的经济全球化意识加剧危机感；

2. 城市公共代理人和私人代理人走到一起，产生地方领导人（政治的和城市的）；

3. 从物质上、经济上、社会和文化的观点上，居民一致同意和希望城市腾飞（Arias and Gago，1989；Thomas，1990；Heinz and Jeannot，1993；Gibeli，1992；Bouinot and Demils，1993；Goget，1991；Hall，1989；Ascher et 1992；Deforn and Pascual，1995；Porter，1992；Conseil Communes et Régions Europe，1994）。

但是这些分析适用于今天的拉丁美洲和它的大城市吗？所举的欧洲例子在拉丁美洲也能发现这样的分析，虽然比欧洲晚几年。挑战似乎在增加，但是它们却异常相似。诚然，存在以下分化的因素：人口增加、城市非法扩张、社会边缘化加剧、现代基础设施缺乏和地方政府软弱无能。但有其他比欧洲更积极的因素：失业率低、经济推动力加大、产品结构灵活、人力资源的素质高、区域性经济潜力巨大。目前，拉丁美洲城市必须面对的具有决定作用的问题可能和城市代理人一道被解决：公私代理人联合行动、做好供应和创建精心计划的公共场地、重建城市文化、进行政治行政改革提高地方政府效率和参与积极性，特别是促进城市基础设施现代化（公共服务、通信和商业区）。

如今,能够说拉丁美洲的城市做出了反应吗? 毫无疑问,答案是肯定的。首先,民主化和权力下放使地方政府得以加强,赋予地方政府合法性。反过来,这在很多情形下为市长、管理人或地方长官的局部公共领导能力创造了条件。

其次,经济开放同时带来机会与挑战,该因素调动了经济代理人的积极性。他们意识到需要有一个有竞争力的城市——有吸引力、具有各种功能、有现代基础设施、保证生活质量和安全的最低标准。这种意识使他们安排和地方政府兼容的集体性质的目标和措施。

第三,主要公私代理人已了解到,排除或使大部分人口边缘化的城市是不可行的,或更确切地说,创造生活条件只会遇到困难。建立在高社会代价基础上的城市经济发展并不必然导致低企业管理费。居民的不安全感、每日的交通时间、公共区域和城市环境总体上的下降也造成经济损失。一个有竞争力的城市必须具备融合绝大部分人口的社会文化的能力。如今,彻底的社会性城市措施似乎是必要、急需的,所以有可能发现几年来缺乏的就是政治和经济支持。

第四,作为所有前述事项的结果,为市民在政治、智力、专业部门以及社会组织这些领域达成共识创造了条件。

各代理人之间缺乏联系(曾一直是拉美城市的特点)似乎正被克服。

最后,城市需要被理解为:它不仅集中了大量人群和各种不同的活动,而且是个共生区域(政治权力和国民社会)和系统性区域(文化综合和提供其居民的共同身份,有商标价值或对外改变价值),变成我们这个时代对经济、政治和文化挑战有潜在反应的区域。让我们引用其中的三点。第一,需要提供对就业、教育、文化、住房、交通等一体化的非部门性反应。第二,在经济增长和环境的需求中设立公私所承担的义务。第三,构筑新空间和机制激励政治参与,改善政府组织和其下属之间的关系,提升社群组织。

在起草未来工程或主要公私代理人之间一致的战略计划中,城市的反应倾向于采用具体形式。除了哥伦比亚的一些城市(波哥大(见专栏5.3)、麦德林、卡塔赫纳),其他拉美城市已行此道或宣布了这样做的意图,它们是巴西的里约热内卢(见专栏 5.4)、波尔图阿雷格里港、萨尔瓦多和累西腓,智利的圣地亚哥和康塞普西翁,阿根廷的科尔多瓦和罗萨里奥,巴拉圭的亚松森和委内瑞拉的加拉加斯。其他城市诸如墨西哥联邦地区和布宜诺斯艾里斯不得不把其悬而未决的政治改革放在第一线,目的是恰当发挥地方政府的作用及其领导能力。然而,在其他城市提升的例子中，城市和经济的变化及公私合营已在以下方面表达出它们的意思：给大都市或区域总计划以更具可执行性和参与性的内容（像在哥斯达黎加的圣何塞和厄瓜多尔的基多），经济发展和国际城市销售运动（如墨西哥的蒙特雷），城市运行计划的修整和中心区域的提升（如布宜诺斯艾利斯、圣保罗还有波哥大）。

专栏 5.3　战略规划：波哥大(2000)

波哥大战略规划出现于城市扩张，但这种扩张面临大量机能的、社会政治性的障碍，不利于发展。它是来自商会和其他公私实体的首创，也是联合国发展规划的首创，为规划的开展保证了必要的技术和经济手段。规划很快得到市政厅的支持，然后是中央政府的支持。

组织

顾问委员会由 300 个组织组成，这些组织来自波哥大社会的各个系统，包括商业或经济发展组织，社区和草根组织以及城市大非政府组织。所有这些组织担负着起草、商议和宣传规划的工作。执行委员会的组成有着相同的广泛机构和社会基础，它有 35 名成员，构成最高级组织来管理和评估规划各个阶段。这些组织有：政府部门（波哥大管辖理事会和发展部）、地方政府（市政厅和市政理事会、关键部门等）、主要经济机构、城市公司和贸易协会（商会、银行协会、贸易协会工会、工业协会等）、大学、媒体（EI-Tiempo 日报、《哥伦比亚旁观者报》、半旋转电台）、大城市组织（公民生活组织、基金分配、社会基金会等）以及相邻社会组织。

管理董事会不断推动该计划的发展，包括来自委员会 10 个机构的代表。管理董事会、市政厅和联合国发展规划署的构成基础是主要雇主协会、贸易协会和城市及媒体组织。其任务是成为规划发起的真正核心，通过一系列措施，迅速提高各种工作组织间讨论的积极性。

对传统标准模式而言，波哥大的创新之处在于技术委员会，技术委员会通过一周或两周一次的会议监督每日规划的执行情况。技术委员会由来自管理委员会的一些机构的执行型经理组成：技术队、发展部、社会设计师、商会、公民身份生活组织（NGO）和由议事日程决定的偶然顾客。技术委员会是连接管理委员会和技术队的桥梁，起双重评价和促进作用。

诊断和目标

波哥大规划的诊断工作由 5 个委员会组织，总共 317 个机构参加。其工作结果是识别七个关键问题，即允许组织诊断总结，阐述中心目标和策略方针的进步。

- 中心目标：把波哥大变成生活质量高、居民友好共处的城市，拥有一体化的城市结构，即发掘其作为国家和地区连接点的潜力、呈现其经济和文化领域的魅力。

● 策略方针：

1. 城市质量，生活质量。要解决的主要问题是看管理和社会政策的定位以及有关住房、教育、健康、环境及弱势群体等具体问题。

2. 市民和平共处。为了安全领域、市民交流、公共场地的征收和使用，成立了工作委员会。

3. 城市的可控性和公私合作。围绕公共行政改革、地方财政和社区参与等主题，组织了讨论。

4. 相连的城市结构。工作的主轴是计划功能、区域合并、大规模城市改造和公共场地的结构。

5. 外部的辅助性和内部的机动性。分析作为区域发展手段的关于内部机动性和外部辅助性的公私管理。

6. 在国内和南美地区水平上的竞争性经济。虽然由于经济开放受到震动，波哥大仍是多样化工业和服务性经济的竞争平台。

工程与运动

波哥大 2000 年战略规划已独创性地发展出了一条并行于诊断路线和制定战略的路线：宣传、支持或在大的战略工程（把优先权当做广泛同意的工程）中的中间工作，包括：

- 治理波哥大河；
- 公共交通计划、地铁和地铁工程；
- 机场：第二跑道；
- 公路计划，特别是环形公路；
- 和市民文化有关的公共场地计划；
- “波哥大的美丽与你”运动。

这条路线的兴趣（也许很不传统）是：一方面，它激励公私部门特别是对这些工程或运动的一切都敏感或感兴趣的部门积极参与，另一方面，它容许在积极诊断和战略路线（这一路线有普通和不实用的危险）以及具体或特别工程（在战略规划的总体框架之外，作为整体的逻辑组成部分的优先案例，这样的具体工程可能不是完全合理）之间，确立相互加强的辩证关系。

战略规划的开发和工程（项目）的起草

除了规划草拟过程中已确定的大项目外，诊断和战略路线的评价涉及作用于近 200 个项目的 18 个组织的构成，这些项目必须减少或增加，如果紧凑可行，必须给予优先权和分配资源。作为共同目标，所有工作都有对项目组的优先权，这些项目组承认城市改造向计划主要目标设定的模型所取得的进步。以下措施被认为是目前最重要的措施：

- 彻底改造市政管理，允许社会政策和计划的良好运行以及（权力）分散过程中取得的进步；
- 通过采取部分协议（这种协议允许联系的制度化）和大城市保持联系；
- 缓和市民行为方式和增加的安全感；
- 改进波哥大国际形象以巩固经济和吸引新的活动。

来源：Avendano，1994；战略规划技术单元，1995；Borja and De Forn，1994

专栏 5.4 战略规划：里约热内卢

里约热内卢战略规划要把自己变成大都市，目标是：生活质量日益提高，社会一体化，拥有友好的令人信服的才能使人们享受文化和娱乐生活。一个有能力成为思想中心、商业中心、与外界有特许联系的中心的企业家的竞争性城市。此战略规划是普雷费图若（the Prefeitura）、产业家联合会和里约热内卢商会的合力创举，60 个负责本规划财政的公司联合体构成促进委员会。同时，选举由 22 人组成的管理委员会，代表国际财团、市政和社会组织、专业和学术组织。总委员会有 340 多个成员代表所有城市经济、社会代理人。总委员会于 1995 年 11 月评估里约热内卢战略规划。技术队伍包括规划协调员、技术指导、由国际财团资助的专家队和普雷费图若的补充支持。同样，也签署了外部咨询服务，由地方咨询公司支持。

在以上总目标的基础上，本规划又制定了七条战略路线：生活质量、城市联合、社会一体化、重要基础设施、生产基地的开发、城市具体特色开发和就业的扩大。这些战略路线（见下面）形成 24 个目标的具体形式。

- 生活质量：提高居民生活，特别关注城市关键问题如流动性、暴力和公共服务的网络开发，认识公民差异，关注高危人群。
- 城市联合：强化里约热内卢的中心地位和中心特征，突出作为一个与外界充分联系、和谐和平衡整体的特区身份（主要是社会整合空间）。
- 社会整合（一体化）：通过恢复城市整合、对城市义务的认识和和平共存的改进，肯定市民价值。
- 重要基础设施：改进辅助系统和后勤运输，发展通讯基础设施和产品服务，发展内外贸易。
- 开发生产基地：发展城市工业和先进服务业，巩固市内和偏远地方的工业部门。

- 发展城市具体特色：宣传和促进文化、休闲、运动和旅游活动，使其有职业性特色。
- 就业：创造新的工作岗位，开展培训和人力资源的在职培训，倾全力于青年就业。

方案分析

工作组决定了许多策略和目标，可总结如下：

- 21世纪里约热内卢居民：策略是为人们提供一系列找到工作的机会和便利条件，获取社会和文化商品，目标是在正规就业市场发现里约热内卢空间，提升教育体系，便于获取和改进健康服务，给人们日常生活带来广泛的变化。
- 欢迎来里约热内卢：旨在改进城市和内地的关系，以便人们认为里约热内卢市是可接受的和功能强的城市，能够促进和扩大和平共处与和睦。
- 参与性的里约热内卢：目标是实现权力下放和参与行政管理、发展公民素质和提高居民安全感、重组政府和市民参与结构。
- 一体化的里约热内卢：通过提高内部灵活性力争城市标准化，创建新的主要特色，整修中心区以取得更好的联动和区域平衡，这样便于所有居民传播城市质量。
- 里约热内卢的入口：把本市定位于大市区的连接中心，改进辅助设施，提高操作能力和商品运输效率，特别重视先进的电力通讯。
- 竞争的里约热内卢：为在全球化的世界中取得城市竞争性，中心放在改进基础设施和服务、发展生产组织上。
- 里约热内卢2004年的区域性、国家性、国际性角色：包括在固定的时间内完成许多工程及有关城市内外部形象（里约热内卢市中心是文化市场、运动城市和销售城市等）。

项目示范

战略：竞争性的里约热内卢

目标：改进的服务基础设施

行动：支持商业活动

促进海外贸易

创建国际金融中心

吸引客商

战略分目标

通过完善适合举行贸易会和全国性大会的基础设施，为城市的商业活动提供支持。

影响指数

城市开展的大事数目。

活动产生的突然出现的延续。

平均参加人数。

展览区域。

项目

里约展览中心

描述：补充里约展览中心以便扩大举办活动和创建永久贸易会中心的能力。

负责组织：市政厅(RIOTUR)
私营部门

筹集的资金：有

状态：执行中。

Nacional 宾馆会议中心(CCHN)

描述：恢复 CCHN 活力以便创建举行中型活动的空间。

负责组织：市政厅
私营部门

筹集的资金：有

状态：执行中。

为中型贸易会和展览会创建新的空间

描述：在科帕卡瓦纳、弗拉门古、马乌可广场举办中型贸易会，以支持公私营经济的初步行动。

负责组织：市政厅(里约热内卢)
联合政府
(MAer/INRAERO/MEx)
私营部门

筹集的资金：无

状态：待研究。

项目状态(规划评估后六个月)

执行中：60(38%)

处于文件阶段：17(10%)

处于项目阶段：22(14%)

待研究：22(14%)

待开发：38(25%)

来源：战略规划终稿。呈交人：Rio Sempre Rio
技术指导：Rodrigo Lopes，1995 年 11 月
记录：城市技术顾问队——咨询者欧洲协会

5.2.2 城市工程

这些计划或工程的效率取决于许多因素。我们之所以要特别强调我们认为特重要的三点,不是因为它们比其他因素更重要,而是因为它们有时没有被充分地考虑。

首先,未来项目的草拟,只有能迅速动员公私代理人采取具体行动或使之立即采取措施时,才是有效的。只有这样,计划的生命力才能经得起检验,公私代理人的信心才能产生,以城市文化和城市爱国主义为基础的居民舆论才能形成。这是构成战略规划的主要力量。

其次,战略规划必须树立和/或改变其形象以及外界的印象。就战略规划是危机的一种反应来说,城市项目产生于进入新全球经济和文化空间的意愿,旨在利用常被排斥或根本不被重视的人口,所以城市项目是居民交往、动员和内外提升城区的项目。

最后,战略规划带来以下疑问:地方政府、地方政府的权力和组织、地方政府的有关机制和其他政府标准和居民、地方政府的国际形象和工程。没有激进的政治改革——在合法基础上更多的行为——说明上述文化挑战的目标将很难实现(Rolnik, 1994; Polese and Wolfe, 1995; Sorkin 等人,1987;Grimberg 1994; Fernandez de Luco,1995;Fernandez,1995;Singer 等,1993;Reese,1995;Marianacci,1995)。

5.3 城市及其政府:不断提升的领导能力

以地方自治主义为特征的地方自治的历史要求,政治过程、行政权力下放和进一步吸取现代民主文化的号召,适合权力行使的更多公共资源的分配,不再是充分的方案。一个能提供对当前城市挑战的反应、构建和指挥城市项目的地方政府一定是个不断提升的政府。

地方自治已被理解为自我组织能力的合法保护,具有排他的具体的权力,拥有居民关心的所有领域的行动权和没有附加条件的自身资源的有效性。自治的合法原则是近似的,它容许代表组织和行政组织之间、地域和人口之间建立直接关系。就像地方自治的号召一样,近似原则依然有效。在拉丁美洲相似的单一政权和联邦政权(后者有地方或部门机构)对自我组织和地方权力有相当多的限制。地方资金严重缺乏(欧洲三种标准的比率是 50:25:25. 我们远远达不到),自治权的合法防御在法庭前不可行。所以自治的问题还没有解决。但时代呼唤更多的自治权,因为城市和政府已不是从前的城市和政府。

首先，今天的城市是大都市，倾向于给非连续的、非对称的区域性地区提供机能方面的结构。在城市人口问题上很难提出一个数字，因为城区的使用者有时和其居民一样多或比它多。有许多公共政府组织和辅助公共政府组织活跃在城市，其权力和功能有时是平均的，有时是共同行使的，有时是相互融合的（或互相解释各自的使命）。例如，仅仅在纽约，据计算 100 多个公共和辅助公共组织之间没有相互行动或合作，其权力和行动常常重叠。就是说，地方政府的三类元素——人口、地域和组织——不再提供足够的透明度。这首先是基于这样的事实：大城市受其中心地位的限制，地方政府必须应对人口的功能和远在历史地合法地符合的地域。不言而喻，这些功能不能被独断运用。

从所有已强调的情况看，我们可以归纳出自治方法和地方政府组织的某些结论。首先，和公共政府组织的新型关系被认为高级关系（特别是中央政府）。没有对地方自治领域广泛认识的偏见，起草权力联合运用的契约关系和政府间合作（如交流设施、公共交通的资金、地区经济的促进、居民安全、大规模城市发展行动计划、环境政策和脱贫策略等）必要性的作用是明智之举。城市契约注定是政府当局之间关系的新的范例。在大城市，本区域的政府几乎总是要求超出契约关系，这并不必然涉及创建新的地方或部门政府组织（以前被废除或隶属自治政府）。下面，我们来看看大城市促进公共行动和共同的服务管理的一些方案。

其次，地方政治组织不能像现在这样建立在执行和立法两分法、权力集中的政府和公私部门严格分开的基础上。管理和联系方法必须确保反应性、透明性，必须确保反映经济效率和社会效应的标准而不是政治或官僚的控制。

最后，地方政府在行使权力和传统上留给国家（如正义和安全）或私营部门（如市场上的商业活动）的功能时必须承担起自己的一份责任。这份责任可能存在于权利和行动资源的认识，存在于具体的法定的权力的属性，或在于运用领导角色能力或与其他级别政府和私营部门的合作能力。

在提出政治和行政改革方案之前，把面对地方政府的新功能具体化较为明智。目标确定在前，组织在后。通过提升地方政府的作用我们明白什么呢？

- 通过发展良好的积极的形象，从外部提升城市。这种形象建立在一系列基础设施和服务（通讯、经济、文化、安全等）的基础之上。

这些设施和服务吸引有偿付能力的投资者、观光者、城市使用者，方便了他们的“出口”（出口货物、服务和专业人员等）。这一系列绝不全部由地方政府负担、完成和管理。提升作用准确地说是创建促进公私部门完成的条件（通过计划手段、政策运动、经济补偿等）。

- 将其他政府组织和公私合作联合安排作为手段，不但实现了前述的外部提升，而且，由于不断扩大的赤字、城市新需求与城市规模变化所需要进行的工作与服务得以开展。联合的行动安排与合作需要政治领域的初步行动、法律与财政制度创新和市民的一致同意。
- 城市的内部提升是在居民中灌输城市爱国主义，一种归属意识，一种共同参与的愿望和对城市未来的信心和乐观主义。这种内部提升必须建立在看得见的工作和服务上，不但是那些纪念或象征的人物，而且是那些改进公共区域的质量和人们的健康。
- 政治行政改革产生社会合作和居民参与的多种机制。地方政府的促进作用主要在以下方面激励和定位民众的精神：共同健康、和平共处、采用的三种示范、居民安全和公共设施维护、服务和空间。这些是三种类型的难题，需要按当地水准解决（不论是什么偶然因素和竞争组织），需要相当的改革和合作空间。不论是政府或片面公共行动，还是市场这只神奇之手都不能解决这些难题。

民主改革也许是地方政府自己日益承担的角色的最令人激动的方面。我们认为这一改革必须应对三个不同的挑战：居民参与、社会合作和城市政策的综合。

毫无疑问，存在共同身份危机，存在代表机构和政党的参与危机。地方环境（城区、城市、区域）是实验和开发新选举方案、形成区域和功能的分散化、参与经营和执行公共规划等的合适机构。民主将从近似原则这一超国家机构的不可缺少的附属物中被改进。至此，多样化的权利和创造的义务必须明确。比如，只要城市尊重某一个基本原则，为什么不能规范它们自己的选举系统？

面对一系列在性质上或强度上的新难题，社会合作是今天的基本需求。比如就业、安全和公共场所的维护，早已提到过，还有其他被提起的问题如照顾老年人、保护环境、招致不同人群的文化活动的提升等，很易被边缘化。各种公共政策是不够的，它们永远不能使所有必要的资源有效，不能形成适合社会需求的管理方法。公共行动必须支持和激励社会首创。以就业为例，只有在国际竞争之外创造多种工作机会（如社会性质和城市生态的竞争），我们才能解决即将发生的矛盾性动力。改革必须在地方水平的权力和功能上采取具体形式来允许整体政策的应用。住房问题、贫穷、环境、教育、经济发展、文化等等部门政策和组织不能有效解决。这使得我们需要创造新的权力组合和新的地方政府的管理形式（*International Social Science Journal*，1996；Borja，1988；Wilheim，1983；Tulchin，1995）。

5.4　权限的新领域和城市政府的功能

权限的新领域和城市政府的功能既不能由单一的国家立法规定，也不能根据特殊标准刻板地分开。我们认为这种权力和功能必须根据其他标准如近似性、能力、一致性、社会需求和多样化来规定。城市和区域项目必须能履行权限和功能的范围，因为其本质意味着它们不能在更广的区域行使：近似原则是民主合法性的基本部分。城市的差别表现在大小、人口、活动、人力资源的素质等方面。能力原则指某种类型的城市能承担或认为自己是某种权限范围因为它们产生政治、经济、社会或技术资源，这些东西使得城市用保证的功效来对付它们。利用公共秩序力或协调公共秩序力便是一例。

一致原则是指把公共政府（国家和地方政府）和私人代理机构之间的不同契约性的联系放在首位。这是一个发展程式的问题如联合、混合公司承包计划等。务必将社会需求一直充分考虑进去。当就业或城市安全存在严重问题时，没有一个地方政府辩说自己没有权能。在社会需求和政治意愿一致的任何情形下，面对理论上的挑战，或由于合法惯性涉及国家权限范围的挑战，或与私人行动一致的挑战，立法必须允许和促进地方政府的行动。这些促成了多样性原则的产生。城市在其构成和活动中是且必须是有差别的。在组织和权限范围方面也必须是不同的。下面，我们简明列出城市政府行动领域的可能的扩展情况。

5.4.1　经济领域

仅有的市政公司传统上是在垄断体制下提供公共服务的公司。经济提升工作几乎总是限制在区域或通过计划划分的区域和城市旅游区内。现在，城市经济提升需要地方政府运用权力和手段——和公私代理人合作但要发挥自己的首创——来开发活动区业务、用私人资金创建银行、激励和私人部门竞争的公立的公私合营的公司、承担国际性运动以吸引投资者和游客、创建和经营贸易会商业区、会议中心、商业和技术园地、为地方和国际业务及投资者建立信息和咨询处等等。

5.4.2 城镇计划、住房和环境领域

虽然这些更多的属于传统地方政府领域，但实际上主要决策还是由国家(例如：投资大型公共工程、利用中心区或适合城市适度发展的区域、国有企业的管理、资助住房规划、处罚环境污染方面的权利)和私人机构(是否投资城区和是否制订有关建设项目和区域的具体用途作出决定)来决定。所有这些就是不使地方政府能力在区域规划方面使用的推理性的权利受到损害，而不是用这些权力去迫使公私代理人进行谈判，应优先考虑共同管理。

这是战略规划的一个主要方面。实现促进和地方领导作用可采取以下具体形式：建立由国家财政支持的大型公共工程，利用港口、军事当局或各种部门废弃的地方，管理住房规划，在所有城市环境事务上代理或传输惩罚能力，界定把计划和项目执行相连的新的计划结构，尽可能创立支撑公司、联合或混合公司以实现和其他政府组织及私人代理人的大规模城市开发合作，进入基层的公共领域，整修老城区，实施计划等。

5.4.3 居民安全和公正领域

在此领域，地方政府必须依靠自己的能力来履行：

- 以能力和最大化原则为基础的协调功能。包括公共秩序力量的协调或城市警力的协调(如开放区和公共安全、交通、小规模城市犯罪等)。一些城市的国家警力以此形式报告给市政厅(不损害地方警力的存在权利)。
- 改革功能。它是为执行预防性或约束性政策来对付以下新的问题：毒品买卖和恢复毒品上瘾者的正常生活，发展和利用环境保护措施，镇压种族主义、仇外主义和其他形式的社会的、种族的或宗教的歧视。一些城市已提出这种需求目的是建立自己的司法体制和起诉律师——市政公正。
- 正义和国家警力的补充功能。这是为了利用地方政府的巨大潜力进行社会合作，也是开始利用权力的最容易的方式。

5.4.4　社会和文化领域

人们普遍承认地方政府在社会和文化中的行动权力和能力。它是一个资源问题而不是法律问题。资源缺乏意味着在实际工作中，高一级政府通过部门规划或个别工程取代地方政府。有些情况下，私人部门没有和连贯的城市计划综合而采取行动。还有其他情况，城市主区及其居民被遗忘，没有任何文化设施或社会服务。在此需要赢得的权利是，公共或混合项目和工程的管理权、合作权以及一切必要的公私合作形式的实施权。

特别重要的行动有以下三个方面：

1. 社会住房规划和基本城市计划要和居民合作。优先认识非正式普通居民。建设周边城市（有纪念馆、通信设施、中心城市特色、政治行政权力下放等）。

2. 在国际竞争的界限外的部门中创建就业计划。这些部门涉及私人服务、城市服务和基础设施维护、城市生态的保护等。

3. 文化范围，包括针对外部公众的文化（增加吸引力）和针对内部公众的文化（增加整合力）。

一些国家没有管理教育和健康的行政能力，有些国家政府和人民一起管理。总之，教育和保健等不能被地方政府的专有能力（规划和资金必须处在国家水平以免产生更大的不公），虽然把基础工作（非大学教育和基本保健）交给地方政府去做是明智的。

5.4.5　城市服务、交通和通信基础设施领域

此领域至少产生三个方面的问题：

1. 基础设施的资金筹措和公共交通、水供应、污水处理等基础服务的维护，均需要根据计划合同方案和政府签订（或许也要和受让人）合同协议。

2. 与垄断体制下运作的国营或直属国营公司如电话和铁路公司的关系。地方政府必须取得有利地位以便在良好条件下进行谈判。战略规划使国际交通和通信合法化，是它们把局部铁路网络和城市网融合起来，或促使电话公司共同筹资资助服务设施。

3. 在新式领域使用政治和商业权利的可能性，如通信权利、城市电缆、权威电台和地方电视台、与居民有关的多媒体试验。

5.4.6 结论：能力的新结构、新资源和新的管理模式

许多地方政府说，它们不想有更多的权力和义务，但想有更多的资金和其他的资源。毫无疑问，功能的增长和城市政府和资源的需求之间已形成了差距。

但很多情况需要更多的权力、自由和更大的自治。例如，在一系列经济活动中对环境问题惩罚权的使用，或者地方电台、电视权威性的特许并不需要资金。有时为了使商品的签约和服务更加灵活，或为了改革行政程序，能够有区别地组织会出现问题。简言之，需要较大程度的自由和独立。有一件事是确信无疑的：不参考旧的组织结构和控制程序而不是行动程序，就不能采取新的政策和进一步的能力结构。

5.5 地方政府政治与行政改革

现在似乎明白地看到，当前地方政治结构和组织大纲及管理来源不能最好地适应地方政府的建立和实现能力及功能的新结构，虽然在此不能更深入地讨论这一问题，但我们将简单提出五个方面的改革。

5.5.1 区域大都市政府和巨大城市分散化

大都市结构必须为区域和战略规划、共同城市发展投资计划和超级城市水平上的管理服务而制定。大城市政府必须更加明白：它是各级政府之间的一种契约性或财团关系，而不是一种等级关系，即使协议已被强加于所有的事项上。区域性的大城市政府不能是国家单一层面上的工作，而是所有层面上的工作（如：中央的、省的或乡村的、城市的）。总之，巨大城市在政治和行政层面上必须分散成社区或地方区域。

5.5.2 政治组织

政治组织承认领导身份个性化，承认在法律实施对抗和保证市政管理连续性之外的需要。除此之外，还提出以下改革：

- 直接选举市长，包括地方市长或社区主席。
- 执行性多数和立法之间的相应性。例如，市长可以是选举名单上的负责人，拥有最多投票或最多顾问职务。
- 排除障碍再次竞选或延长授权四到六年。
- 在公开竞争中执行任务或专门职务，与政治授权长短没有合同

联系。

5.5.3 地方政府资金支持

国际信条和经验——至少那些与联邦和分散化态度一致的信条和经验——提出公共开支分配：中央政府和区域政府（自治市和省、部门或地区）之间是 50∶50 的比例。地方政府的资金支持必须有很大的机动性（自己的收入加上国税，如所得税和附加值税，国家分配作为补充（再平衡政策）或通过计划合同或其他手段。

城市发展项目的资金必须包括自我资金支持的主要因素，即通过城市资金收入的公共比例及公私合作。

5.5.4 服务和公共活动的业务管理

我们的目标不是推出单一模式，更不是扫除私有化，而是提倡多种管理模式以取得经济效益和社会透明度最大化。然而，我们认为，一个有前途的地方政府形式，如果按照传统政府的管理和联系方法是不会达到目的的。一些建议如下：

- 自治管理中心（它有多种形式：机构、委员会或基金会、公共公司或财团等）。它为活动或服务而设立，这些活动或服务可以从物质上与一般服务划分开来。自治管理中心要有自己的资金，自己监督支出、人员雇佣和外部服务等。经常进行行政控制。
- 通过特许或与活动或公共领域的服务有关的合同委托混合或私人机构。只要公共政府组织规定好服务条件或活动质量，只要业务型管理被证明是最有效的，完全是可以接受的。

许多市政活动可通过上述功能性的分散化形式来完成，从文化活动管理到经济提升，从城市开发项目的完成到公共交通管理。当分散化不可能实现时，至少使管理、商品和服务过程更易引起反响，是明智的。

5.5.5 与被管理者的关系，交流和参与

这可能是改革最必要最可行的一个领域，有三种类型的改革：

1. 方便市民接近政府组织和公共服务公司，如：服务窗口、电话程序、口头陈述要害、挨家挨户的观察等。

2. 使用新技术进行交流，如：利用多媒体了解居民的反馈或反应，另

一方面，根据直接选举和区域性、功能性分散，使关系个性化。

3. 居民参与在用户合作基础上的共同计划，支持草拟社会组织和认可对话者，互相借鉴的管理才能等。

5.5.6 地方政府的国际化

传统上的外部关系一直是国家政府的特别保护。然而，目前城市本身需要国际化提升，它们倾向共同的跨国体制或经费削减，成为地区性或世界网络或城市间组织的一部分或地方权威的一部分。它们使双边和多边关系多样化。如果私人机构（如商会、大学、职业和贸易联合组织、文化协会等）出席并承担国际项目，而地方政府却没有，这将是十分荒谬的。与此相反，国家政府的任务是通过各种方式加强它们的参与：

- 为城市外部提升工作，为吸引国际组织总部和公私活动等工作提供政治和资金支持。
- 在城市间促进经费消减和网络的建立，允许国家城市加强其在本州和世界的地位，考虑区域间日益增加的竞争。
- 在跨政府部门（如联合国还有地区性和经济性组织等）前行动，从而使城市和城市组织的合作伙伴们得到认可。
- 确认地方政府有权获得国际贷款、管理贷款或得到国际组织的帮助。

总之，只要关系到兴趣或能力问题，要确保地方政府有能力在国际生活中作为政治主体，特别是在跨政府部门前有所作为（Borja et al，1990）。

5.6 结论

战略规划就是设置城市工程，统一诊断，细化措施、建立连贯的动员框架和城市社会代理人之间的合作。

在规定内容时，参与过程具有优先地位，因为这一过程要取决于目标和措施的可行性。战略规划的结果不是规划或政府规划（虽然当国家或地方政府执行次计划时应在管理、投资、行政措施、政治创造性和其他方面加以显示），而是公共机构和民间社团之间的政治合同。为此，随着计划评估、监控和措施或行动的实施，这一过程和基于舆论的起草和评估一样重要或更重要。

在经济全球化和自由市场政策全球化的历史时刻，政治权利下放、地方或区域性活动范围和地位的加强，国家反应不好的地方需求的增加，建立在广泛社会支持基础上的战略规划的城市项目（或地区项目），成为一个民主性的机遇。一方面，它是社会产生困难和公私共同行动时的综合反应；另一方面，它允许我们重塑城市和区域意识，在这个界限意识丧失和支持集体工程的思想体系解散的时代，它提出了重塑和平共存原则这一挑战。

第6章 全球化下的城市政策

6.1 新兴地区与新兴经济

6.1.1 引言

经济全球化对城市政策提出新的挑战。一方面,为在新的国际经济关系中更好地定位带来了新的机遇。竞争不再取决于自然或能源、传统产业基地、地理位置、资本积累或保护国家的政治愿望。一个领域的竞争将首先取决于:

- 地区城市体系的有效功能,特别是在灵活性和基础服务方面;
- 全球型通信体系的成员在社会和经济代理商方面关于世界进程的有用信息;
- 技术人力资源(不仅仅指上层社会);
- 通过出口保护政策取得对经济和社会代理商的公众支持,以促进企业的协同作用和持续性创新;
- 有代表性的、高效的、透明的政治结构,在与私人代理商的关系中有清晰而稳定的规则;
- 草拟城市或地区项目及其销售;
- 基于社会团结和民众参与的领域统治能力。

另一方面,全球化也会对区域和地方社团产生解构性二元效应:

- 广泛的通信基础设施方案和经济提升工作往往在国际竞争的功能中取得,把地区性城市领域的整个地带置于边缘线上。
- 部分人口落在全球通信和竞争性活动的范围之外,很多情形下,他们被驱逐出正式的经济活动,在其他情形下,他们从未参与过这样的活动。这儿我们发现一个模糊不清的混合体:结构性失业、提早退休、无技术的青年和少数民族移民,当这些人集中在贫民区时，就会引起边缘化的恶性循环。

- 传统的经济活动，就业基础和固定资本投资进入危机，而全球化经济活动常常是随机的和不安全的。不确定性限制了使社会组织团结一致的强有力的经济积极性，经济全球化刺激地方的非正式化。
- 流动和多变的几何形空间代替了可见性区域，提供参考空间的身份激增或者消失，城市计划失去整体功能。新出现的大城市倾向于分散性、区域专业化、中心分散化，并伴有强大体制管理的多功能城市中心的弱化。
- 公私机构的联合行动，即使用在计划或全球化性质的首次创造中（如：战略规划或附有公共工程服务的大事的组织等），常常基于有寡头统治表现的政治机构和大经济集团之间的协商一致。社会排斥的以及边缘化的领土经常被忽略，虽然它依然有所表现。
- 根据销售技巧，城市提升常被理解为推销城市。城市的一部分被推销掉，其他部分则被掩盖了、放弃了。分析地图、印发旅游小册子或用于吸引潜在投资者的小册子是非常有用的。政府官员甚至对城市的大部分都知之甚少，更别提大都市的边缘地区了。
- 地区政府往往被理解为在城市内部区域内的保护或镇压。公共政权当局甚至可以放弃对其他地区的控制，停止联合其民众的努力。

所以，积极的城市政策在两者之间来回移动：竞争的理论需要，和全球化时代集团及区域的竞争产生的实际动力。然而，城市需求有以下三种类型的要求：

1. 为了竞争：作为一种元素，城市能增加和经济、职业、文化、教育和研究代理人的关系，即加强协同作用。

2. 为了生活质量：城市是有活动和设施多样性、是公共场所的集合体，是不同人口的群体组合，似乎代表不限范围的工作、服务和娱乐。

3. 为了统治能力：区域城市空的扩张和破坏，一方面弱化了国家政权，增加了源自全球化的离心力，另一方面也加强了作为可控制区域的城市地位。这些城市需求也表达了多种需求：民主化、近似政府（或辅助政府）、权利下放和减少官僚政治、城市参与和社会合作。

我们可得出结论：今天的城市政策的主要目标是创造城市。这一目标在下一章的大规模城市工程的起草中将有清晰、具体和正式的表达。如果城市有经济发展项目，这一项目把竞争与不可再生资源和环境、住房、取得服务、城市参与和文化综合有关的可持续性合并起来，创造城市才有可能。一个城市的创建意味着：选择集中了的城市环境（以加强社会和经济联系，激励合作和统治能力），集中和流动之间的辩证法（见下一章），由城市项目的所有代理人起草，城市项目充满城市文化并设法达到广泛的社会一致（CCE，1992 and 1994；Storper，1994；Dupuy et al，1989；Prud'Homme，1993；Morandi，1994；Reich，1991）。

6.1.2 城市政策：国家维度

在前面几章我们谈到地方政府在促进提升方面的重要作用，而不仅仅是"管理性"的城市政策。然而，地方政府日益增长的领导作用不能否定国家政府在起草和实现城市政策中的作用。理由有三：

1. 法定的权限和主要的财政来源在于国家政府。如：对剥夺所有权方面的立法或经济活动的立法，或通信基础设施的财政立法等，向地方或区域权力分权的进程一般不会转移所有的权限，也不是所有的资源需求都相同。

2. 大都市的工作和服务日益与多个行政区域有关。有时影响不止一个省或地区，有些情况下呈跨领域的特点。在司法和政治原因方面，国家政府的参与更加必然，同时也是一个理性或仲裁的因素。

3. 地方政府本身在国家政府参与大型城市项目中存在利益，不受法定权限控制。具体到和大的公共、私人经济代理人谈判，承担国际提升或取得贷款时，国家水平的合作又实在是必不可少的。

国家政府的作用在城市政策中倾向于正式性质的政变。它在政治首创和经济权重方面显示得多，在立法权限方面显示得少。它和地方政府的关系是契约性多于等级性。正如发生在后者与私人代理人关系上的事情那样，其合法性不是来自禁止或允许的行动上，而是来自其提升作用。

任何情形下，通过行动，国家政府必须保证一些基本原则，并保证这些原则在各地区的应用。必须保证所有居民在享用平等公共服务方面的最低标准（如教育、健康、安全等）。同样，必须在立法和人权框架中保护和加强地方政府自治。通过立法活动和投资措施，必须促进区域收入的再平衡和再分配。并且，它必须清晰透明地规定和区域政府（地方和地区）的合作关系。

在城市政策中，国家政府也必须避免分散的危险，相反，它们必须有极大选择性，按照严格的政治和立法优先的顺序，以达到有限资源的最大利用和避免妨碍其他附近区域的公司代理人的行动为目的。

在对全球化反思的框架内，基于我们自己的最近的政策方面的经验（这些政策经国家和地方政府同意，在欧洲尤其如此），我们提出国家政府在五个主要领域的行动：

1. 首要优先权适用于加强大城市体系和中心城市（城市网络的枢纽）。主要行动：通信、外部设施（港口、机场、铁路和机动车道网络）和内部设施（环行公路、内模运输系统、新的中心）；但是也有综合后勤活动区（附有新通讯技术）和强大的电信基础设施（包括电信港和在全球化经济中与城市作用有关的其他基础设施）。

2. 国家政府必须把城市问题作为国家的财富来源，并帮助提升其竞争力，特别是在生产活动、商业和贸易等方面提供基础设施的支持。激励每个城市的不同方面的发展，激励使城市在本区域和世界环境中更好定位，以及那些基础设施的建设，这些都是明智之举。例如：建立交易会体系、展览会体系、大型会议设施体系；建立国际组织和会议中心；建立科技园；建立电信港和其他有益于经济活动的信息体系（如世界贸易中心）；建立研发（R&D）中心以联络大学和更多动态性、竞争性的部门；城市销售和旅游提升活动；设计、提升大规模的一次性或阶段性文化或体育大事。

3. 国家（或联邦）城市提升政策涉及协调政府部门的能力和有效性（几乎总是比公私合作难协调）。理想的是把城市（或州、区）提供的综合观点和部门计划与联邦政府的投资计划联系起来，如果城市有战略规划的话。有各种方案可选择：国际协议、计划合同、参与战略规划组织、工程资金承担公司等。

4. 国家政府必须保证这些基础设施和基础服务的存在以及正确操作：水、卫生、铁路基础设施和大的交通体系，还有大规模环境操作和文化性质的操作。这种情况下的联合政府行动并非指直接的管理或执行（通常是由最近的当政者实施最好），但涉及资金监管和参与。

5. 地方和州政府相应的住房和社会规划（教育、健康、就业、贫困等）。联邦政府为了提高居民的平等性、严格规定法律和财政组织。然而，关键时候或结构不足需要一致的公共政策（例外的或永恒的公共政策），这些公共政策由国家提出（如在法国，政府和城市之间的计划合同在于起到遏制城区发挥作用）。某些情形下，这些计划拥有协调一致的合作，这种合作遍及国际组织、非政府组织（NGO）和邻近协会。

6.1.3 城市政策和经济基础

开始几章我们列举了全球化经济在形成时期的主要特征，以及这些特征之间的关系以及城区结构。今天，经济活动产生的自然环境是城区环境或特大城市。在这里密切的关系产生协同作用，产生最有利于适应不同环境和竞争改革的条件。21 世纪的大城市是多民族的，是人们相遇和超越国家的政策和商业首创行动的所在地。对此种情况，正确行为是要有强大的公共干预，我们已在引言中指出过。这种干预一方面包括代理人的协同一致的行动，另一方面，在目标或动力系统间达成一致承诺，这些动力系统本身是矛盾性的，或表现出将是矛盾的。

这些任务有多种类型：

- 经济竞争和可持续发展。
- 直接生产性和竞争性活动中的投资和支持有长远利益活动或社会性质的活动的固定资本投资。
- 定位于经济全球化的通讯和经济基础设施的生产和为了区域性和社会性结合的基础设施的生产。
- 分散管理允许代理人之间有更灵活的关系，有利于私人机构的积极性的发挥和机构的建立，明确、重视性的规则确保公共或集体利益目标的成效，提供更多的确定空间。
- 激励改革积极性，提升城市的现代形象，提升再分配目标和整体对待城市人口的城市计划工作。

本章和下一章详细说明以上各点，特别是总结这些投入是如何产生的，即大规模城市项目的概念(见第 7 章)。

我们要注意作为经济政策的城市政策的三个方面：产品、环境和规则。在产品方面，如果被作为具体产品的生产者来展示，其影响(销售、投资者或未定的吸引力、社会作用等)可被测量，才能评估城市经济政策的效用。在全球化的框架里，这些产品可以是对各种目标的反应。

- 目的在于为新经济活动提供(或刺激)高效而有吸引力的东西，例如：技术公园、后勤活动区、贸易会和大型会议综合建筑、集多种服务于一体的新中心区等。此种情形中，一个重要标准是在分期偿还和利润的条款中检查投资的利润。
- 旨在根据出口保护主义干预城市生产基地的措施。围绕开放创造一种神秘感是不明智的，仅仅支持在外部市场上产品的销售也是不明智的。有必要评价产品、技术和大城区的资源(物质上的、技术上的、文化上的资源)提供的潜力，有必要选择在中期认为有竞争性的产品行业。对于港口和造船厂、纺织区或旅游区，成功的转变过程几乎往往依赖现有资源和活动的新方法。

- 指导减少私人代理人的不确定幅度的措施。这是当今地方或大城市政府最重要的任务之一，因为全球化会增加危险、随意性和不稳定性。这些措施可能也和以下事项有关：消费品（如电信系统）、需求（如公共部门机构承担一系列时间摇摆不定的投资或购买许多新产品，如电动车）或资金（如免税区的退让、地方风险资本银行等）。很明显，有许多行动领域能降低不确定性。
- 提升和销售措施。虽然城市销售是一个相对新的活动，然而也没有必要制定详细的轮廓，我们可强调通过“产品”承担这种工作的必要性，如宾馆建设项目、借助综合性旅游包装的提升运动、文化项目、安全或魅力城市形象销售吸引投资者的具体运动、会议参加者等等。

在以上所有措施中，切记区域的中长期竞争不在于以广告竞争优势为基础的即时成功（广告竞争优势不产生革新，如在以低劳动成本为基础的日常规模生产行业，在全球经济中取得一席之地）。而在于有能力生产特定的有差别的产品，这种产品因其质量而不是低成本而具有竞争性。

环境是城市经济政策的传统方面，我们一再强调：通信基础设施、城市服务的正确操作和新生产活动的合适区域的存在是非常重要的。有这样几种环境类型，其新近取得的重要性值得一提：技术环境、人力资源培训和可持续发展的环境。本章的以下几节将有所涉及，我们也将提到其他环境类型，在竞争性经济活动中，它们往往被认为是不重要的，但有时有决定性的影响：

- 社会环境。这里指城市社会生活的特征，贫穷和边缘化的轻重、居民安全感、公共场所的个人、群体行为、个性化服务的存在和效用等。所有这些方面，在经济代理人决策中和在城市吸引力和公共服务的正确运用中是重要的条件或具有影响力的因素。
- 文化环境。有效的文化区域范围对城市竞争和对社会联系是极其重要的。文化基础设施的投资有很强的竞争性（虽然有时仅仅是浪费，正如发生在欧洲国家的那样，许多邻近城市都提供同一领域的设施）。文化设施和活动必须立即满足国内国际的服务需求，也必须有多种选择，而本质与质量又是具体的。
- 审美环境和城市环境。审美环境是指公共场所、建筑和纪念碑的质量。城市环境是指产生于城市集体生活、社会休闲活动（包括夜生活)等。这是城市的另一面,参观者和城市居民,对环境的思考使我们得出这样一个结论:在城市生活的管理中公共行动是十分重要的,这种管理必须有居民的踊跃的和自愿的合作,因而必须形成城市文化的一部分,但也必须用清晰而公正的规则表达出来。

本章乃至本书都强调了以下因素的重要性:政府组织和私人代理人之间的合约关系、适应变化着的环境的能力、出现在城市环境中的协同作用等。这些要求得出以下结论:从经济、社会的效用的观点来看,今天,大城市的功能需要一些易接近的代表机构,他们按照确定的计划行事,清晰的规则用来确保公共目标和公私关系的回应性,需要一些默许或隐含的惯例(这些惯例和机构、规则一样重要或更加重要),能够一定程度上对这些关系和行为(同时包括公共的和私人的)自主应对。例如,人们都知道有这样一些国家和城市,其行政过程迅速,因而不存在腐败,比较而言,这本身已是一个了不起的进步。其他情形下,商业和职业关系按照有悠久历史的和很少超越范围的法则来操作,虽然这些法则有私人审判性质,甚至是非正式的,比较而言,这是另一种进步。城市经济发展的最大障碍可能是官僚政治复杂性、私人的不可预见性和广泛随意性的混合(Storper, 1994; Prud'Homme, 1993 and 1994; Reich, 1991; Dumont, 1993; Burgel, 1993)。

6.2 可持续发展

可持续发展是人类面临的最大的挑战之一,虽然其概念有些模棱两可。世界环境和发展委员会1987年普及了这样的定义:"可持续发展是一种在不危及下一代需求的能力的基础上满足当前需求的发展。"可持续发展显示了不同的方面,在设计城市发展战略时必须加以考虑。可持续发展的概念必须强调发展是物质财富的增加,是日益提高的生活质量(依文化的不同而不同),是社会、物质和制度条件的再生产。因而可持续性不是拥有一种单一的周边环境,而是包含有城市发展的整体观念。

作为城市化和发展的历史进程的后果,环境可持续性是今天最敏感的问题之一。可持续性难题主要是当前社会组织对资源的浪费和生态系统的过度开发,城市和人类社会一样,是依赖于外界区域交换的生态系统,需要城市履行以下职责:保证外部供应、内部分配和使用,不断排除废物。

专栏 6.1 21 世纪经济发展：大阪

大阪的经济发展方法体现在 21 世纪总发展计划中，此计划 1990 年获批准，由大阪 21 世纪协会协调，市政厅、大阪专区和当地公司联合资助。此计划包括不同区域的行动方案、大规模基础工作(如开始于 1994 年的关西国际机场)的完成。大阪积极追求国际经济作用的支援和新工业的发展，因而成为世界级功能和高度多样化工业活动的经济强市。同时，此计划改革小、中型公司，这些公司历史上对大阪经济的重要性和创造性的发挥起重要作用。

为达到加强国际作用的主要目标，大阪制定了四条大的行动路线。第一条路线是，致力于加强国际贸易功能，具体措施包括在大阪机场、国际展览中心和亚洲—太平洋贸易中心创建国际贸易区；其次取得对国际贸易、提升信息系统的投资，商业会议和贸易展销会的组织等等的支持；最后，这一战略也包括和亚太地区及世界其他地方的其他城市建立伙伴关系，目的在于在相互发展中促进和私人部门的经济交换。第二条战略路线是，随着新的金融贸易的引进，以及服务于金融公司(如研究和信息服务公司)的新的支撑工业的提升，通过建立金融市场加强国际金融职能。第三条战略路线是，通过城市中心区的更新和在大阪港口海域开垦的 775 公顷土地上建设一个新城，来集中开发新的国际业务中心。第四条经济发展战略是，在促进国际合作的基础上，通过人力资源培训、技术转让、管理方法和进口的增加，促进发展中国家的经济发展。

近年来城市人口的集中和增长已在日益缺乏的自然资源开发的基础上完成，没有采取适当的措施恢复它们，也没有在传统上的农村地区建立有效的更新和保护自然空间的职责。这一切均导致了资源的过度开发和日益增加的浪费和火险等，这些在某种程度上被视为城市发展的独立的一面。从可持续观点看，作为广义上的全球发展的结果，有必要采取政治措施来保护我们的自然环境。

一个承担城市空间和活动的组织必须为居民提供适宜的居住条件。这些条件的维持必须既考虑时间因素——保证子孙后代的居住条件；又要考虑空间因素，不危及可持续性，要从附近地区到全球方面考虑，从城市团体的共同作用的观点出发。

目前，世界上的城市正遭受重大的来自以下方面的地方和全球可持续难题：城市组织形式、不合适的管理、不加控制的无意识的消费模式，特别是富裕地区的资源浪费、环境和城市化进程中的全球生态系统带来的压力日益增大。没有合适的控制政策存在，没有现有资本的改进和更新或已消耗的东西的替代，就会导致自然资本的流失。

专栏 6.2　匹兹堡：为经济恢复建立区域网络

在经济重建问题和旧的美国钢铁产业中心的工业下降问题方面，匹兹堡做得相当成功。虽然制造业迅速下降，还有全球竞争加剧带来的问题，匹兹堡能够开发新型兴旺的经济部门，把高技术发展和教育、健康服务方面的强势增长结合起来。这点主要是通过以下方式取得：公、私部门和非营利部门之间建立网络联结，这些公、私部门和非盈利性部门已对新经济改革提供支持，为参与经济发展的决策制定创造了新渠道。

经济轮回

匹兹堡历史上曾是美国钢铁工业中心，现在仍以此而闻名，坐落在富贵草河和莫农加希拉河（这两条河在西南半岛形成俄亥俄河）的汇合处，匹兹堡发展成为美国的玻璃制造和钢铁工业中心。19 世纪末，匹兹堡生产出国家坩埚钢的 75%，1950 年末，全部美国钢铁工业的 25%集中在匹兹堡。20 世纪 80 年代末，美国钢铁工业破产，匹兹堡地区受到的冲击尤甚，从 1980 年至 1985 年，匹兹堡的钢铁工业几乎下降一半，整个地区的钢铁企业关闭，整个制造部门遭重创。1983 年的失业率是 14.7%，许多居民走出去到其他地方寻求机会。

在此期间，匹兹堡全力避免这种“铁锈带”对其他地方造成巨大的城市萧条和贫穷。20 世纪 80 年代末，就业率开始上升，失业水平降到 6%，过去十年间，就业快速增长的部门有：健康检查（增长 95%）、特殊教育（增长 91%）、高科技（增长 74%）、高等教育（增长 50%）。如今，匹兹堡在国内的软件领域处于领先地位，有世界一流的体检中心，是世界最好的环境保护城市之一，是重要的先进制造业主，拟成为世界机器人研发中心。过去 15 年中，高科技公司的增长超过 100%，从 1979 年的 1 130 个增加到 1993 年的 2 374 个，使 84 000余人实现就业。根据共同技术信息服务机构（Corporate Technology Information Services）的说法，宾夕法尼亚州是第五个拥有高度集中的技术公司（前四名依次是加利福尼亚、马萨诸塞、纽约和得克萨斯），大部分集中在匹兹堡。教育成为区域经济发展的重要组成部分。例如，1988 年约有 11 000 人在 7 个顶级产业公司工作，37 000 人在主要大学工作。卡内基·梅隆（Carnegie Mellon）大学在 1979—1980 财政年度投入 2 900 百万美元，但在 1988—1989 财政年度几乎投入 12 100 万元。1985 年，大学赢得美国国防部软件工程协会的国家级比赛金奖，奖金是大约 100 百万美元的联合基金。1994 年，仅仅在匹兹堡市医院就业的人数就达 37 311 人。

1985 年，匹兹堡被兰德·麦克纳利公司[①]被誉为是最有生气的城市，1990 年被《工作母亲》杂志进行的最适合工作妈妈的城市评比中排名第二个。美国新闻和世界报道说，1992 年该市在最佳住房市场城市评比中排名第五（1994 年匹兹堡的平均住房费用是 8 万美元，低于当年的国家平均数 107 600美元）。1991 年，国家《就业评论》杂志认为匹兹堡是美国 10 个最好的工作和居住的地方之一。匹兹堡还是美国最安全的城区之一，人口超过 100 万。1994 年的犯罪率是每 10 万居民中有 17.8 桩杀人案，低于国家平均数 23.6。该市的三条河流流径 70 英里的土地。

成功因素

匹兹堡在经济重建方面的成功归因于以下三点：1. 地方政府致力于经济开发计划和公私合营的历史源远流长；2. 日益影响经济发展政策的邻近组织很强大；3. 在经济发展中处于战略地位的非营利组织的网络密度高。

公私合营的历史和经济发展中的地方政府

政治权利的分裂是美国地方政府的不适应的特征。例如，匹兹堡本身在广大的城区只有 18%的工作岗位，富贵草县包括 130 个不同自治地区，另有 149 个特别行政区或地方自治政府，因为政治权限和功能经济区不一致，所以，对 20 世纪 80 年代以前的美国地方政府来说，地方经济发展的努力是不连续的和特定的。然而，匹兹堡在经济发展的政策制定方面，却有相当久的经历。最初，推动经济发展活动的合作来自关于社区发展的富贵草县协会。该组织成立于 1946 年，代表本区的主要公司，并开始同地方和县政府发展合作关系，以引导本区的经济发展。振兴的第一阶段始于 20 世纪 40 年代末，涉及 5 亿美元的更新（清除贫困窟、公园、办公楼和文化礼节）和机构重建（为运输、停放、卫生、区域工业发展园和住房协会服务的市政服务当局）。第二大创举始于 20 世纪 70 年代末，24 亿美元的规划振兴内部城市附近地区，发展轻轨运输和地铁系统，优先基础设施更新。

公私合营是以上经济振兴活动的基础，从此成为整个美国的主要趋势，许多人认为公私合营是一种理性、灵活、自愿和合作的决策制定结构，能扩大地方政府和市场来恢复城市传统。匹兹堡有悠久的公私合营的历史，并已发展成自己的专长；然而，20 世纪 80 年代的重建经验也强调了只和私人部门合作的局限性，在适应全球竞争的公司战略和为此而承担的社会代价意味着，公司合伙的结构不能提供经济重建所需的领导身份。

---

① 美国出版商和印制地图、地图集、地球仪、旅客指南的公司，总部设在伊利诺伊州斯科基。——译者

邻近组织和社区组建

匹兹堡拥有居民从400人到16 000人不等的88个邻区,市政厅将其区域和社会规划已做了很好的界定,已形成良好的地方意识和赞助,同许多其他美国城市比起来,更加持续地支持了邻近组织和网络。这些邻近组织在20世纪七八十年代末已成为城市的政治和政策因素的中心部分。20世纪80年代末,邻近组织实践了对城市政府的真正影响,而不像其他城市那样,市中心利益支配经济发展中发生的一切。

除了具有邻近组织特征的悠久历史,20世纪80年代早期的经济下降刺激新一轮社区组建,传统上城市运动集中在消费事件如租金控制、申请住房和社会服务,然而,匹兹堡展示了一个强有力的榜样,即美国劳动社区联盟,在此,社区动员日益集中在产品上。20世纪80年代,三个主要的劳动社区开拓行动,挑战着公司精英独自决定匹兹堡地区经济命运这一特权。首先,为挽救俄亥俄山谷联盟的教会内政战略/网络(the Denominational Ministerial Strategy/Network)是个传统的阿林斯基型组织,该组织试图要求在经济决策中更多地考虑工作和社区福利(1985年因内部紧张局势而自毁)。其次,孟·俄亥俄山谷失业委员会,由工会地方分会创建于1982年,最终致力于社会救济,如取消抵押品赎回权、工作培训、食品银行和失业利益的扩张。第三,最重要的联合体是三州钢铁协会,1997年成立,作为对扬斯敦地区的钢厂倒闭的回应。这个联合体在1986年是钢谷权威部门(the Steel Valley Authority—SVA)创建背后的关键力量,把匹兹堡市和其他9个城市联合起来,包括离开原来位置的工人代表、宗教领导和本地商人。钢谷权威部门的最初行动就是通过一名技术工人再次打开杜昆森钢厂鼓风炉的关闭器,以防止其关闭。这些初步行动的重要意义不在于其取得的成就,而在于经济分析和它们提出的有关经济决策的基本问题。

服务中的非营利网络

匹兹堡已开发了非营利机构的密集网络,这些非营利机构在地区基础上与经济发展活动有关。许多权威分析家指出,这种网络是匹兹堡有能力调整经济重建的原因。本地区的主要机构包括:

- 区域工业发展公司(RIDC),系非营利经济发展组织,由富贵草县社区发展协会创建于1954年,主要致力于市中心区的再发展。20世纪80年代,在许多战略发展中起关键作用。1986年,与匹兹堡市城市发展许可组织、匹兹堡大学和卡内基·梅隆大学合作,区域工业发展公司在琼斯&翼钢厂驻地(50亩土地)上发展成为匹兹堡技术中心,离市中心有2英里。1988年,区域工业发展公司与富贵草县达成协议,协调杜昆森和麦基斯波特的两个倒闭钢铁厂的规划与再发展(占地共 400 亩);同时,通过谈判买下威斯丁豪斯电力公司的位于匹兹堡东和特特尔·科瑞克钢铁城镇中的倒闭工厂(450 万平方英尺)。

- 南宾夕法尼亚经济开发区(SPEDD),1965 年由 9 个县共同成立的非营利公司,管理许多对小本生意的低息贷款计划,对全区的小公司提供多种类型的管理服务。这些小公司目前管理着全区 17 家小商行的孵化器,其中最大的位于已关闭的铜焊钢工厂中。
- 西宾夕法尼亚先进技术中心,由匹兹堡大学和卡内基·梅隆大学主办,州政府出资,致力于技术转让,曾帮助过南宾夕法尼亚经济开发区的细菌培养器项目。
- 匹兹堡高新技术委员会于 1983 年建立,通过会议、教育节目、出版物支持本区的高新技术经济发展,通过和老公司建立联系来帮助新成立的公司解决难题。
- 孟·俄亥俄山谷开拓行动是全区 17 个镇的社区发展公司(CDCS)的联系网络。它们通过向本区的社区发展公司提供技术帮助来扩大地方领导的能力,以承担经济发展项目。

1990 年,工业竞争机构的指导员罗杰·阿尔布兰特(Roger Ahlbrandt)指出:

> 20 世纪 80 年代的匹兹堡地区的经济重建工作基于建立多样化的传递交流来适应起经济发展需要……虽然公私部门做出很大努力,但唯一起重要作用的因素是相对自主的非营利性。该区做出的反应来自于一种文化,这种文化支持非营利组织的建立,提出新近签订的问题和全体部门共同工作的意愿;所以,宾夕法尼亚西南部的浓厚的城市传统提供了这种系统产生和发展的基础。

向非营利部门社区输入的程度,特别是向公私合伙部门的输入程度,仍存在一定的争议。社区组织者认为,没有相当大的能力建设,社区组织就会在经济发展中的利益展示中面临艰苦的斗争。

但至少城市官员已不仅仅是支持私有部门,不仅仅是和私有部门商议,因为公私合伙在其他地方更加盛行,匹兹堡已认识到非营利组织是经济火车头,应引起公共部门的注意;非营利部门可以像私人部门一样是有战略性的,和许多美国城市相比,私有部门、公有部门和非营利性组织之间的合作和磋商水平是非常显著的。

来源:政府间关系建议委员会(1993);Ahlbrandt (1990);Fitzgerald and Simmons (1991);Giarratani and Houston (1989);Hathaway (1993);Jezierski (1990);Sbragia (1990);Schneider (1995);Singh and Borzutsky (1988)

虽然该难题的规模和尖锐性在发展中国家城市最明显，但北方国家的城市中心事实上在世界生态系统中影响最大；况且，它们的政策和技术强加给世界标准，这种世界标准再产生几乎不是可持续的组织形式和消费并使之永久存在。这些政策和技术考虑的是低密度的单一家庭住房，呈几何增长的流动性、快车道、越来越多的废物、高能量的消费等。这些模式在发展中国家城市得以复制，由于以下原因会加剧负面影响：缺乏政治民主、缺乏人口控制、缺乏城市化进度和大城市规模。

6.2.1 环境可持续性

城市的可居住性，尤其是近几十年来创建的街区，均以公共场所的普遍减少为特征，虽然在许多情况下做过整修。基本原因在于：设计的缺陷；通过更广阔地区的综合规划并入行政区的做法也有缺陷；城建过程没有邻近地区的合作；汽车的增加。

虽然城市为城市化创建或整修公共场所做了大量工作，但仍发现有巨大缺陷，这些缺陷集中在旧城区和工作阶层居住区。通讯基础设施的扩大已提出新的挑战和难题，挑战和难题也被列为缺陷。

汽车不断占用公共场所，除了使通信基础设施的表面不断发生变化。目前在欧洲的一些大城市，汽车占用地平均为10%—15%（里斯本、毕尔巴鄂等占到35%），还导致机动化薄弱的地区被排除出公共场所。公共场所在竞争、内聚、持续的城市建设中起着重要作用。城市建设在公共场所显示出来，如作为中心的地方，作为城区创建的地方或城市身份等等，公共场所必须具有便利性和安全性。对弱势群体来说尤其必要；公共场所必须有标志性特征，使居民能辨认出他们的居住地。由于缺乏保护，汽车的任意占用，居住者自己的需要缺乏整合等原因，公共场所开始减少。公共场所减少导致居民迁离，导致居民及其使用者在其工作、生活和消费的地方缺乏身份认同。

在当前城市条件下，城市环境显著下降。生活质量的下降在许多方面显示出来，如空气污染、噪音面积增加、环境舒适度下降、消耗和废物生产增加、出行日益不安全、存在严重的建筑障碍。

日益严重的空气污染

由于越来越多的经济活动，特别是车辆的增加，城市空气质量持续恶化。城市车辆增加是主要污染源，100%的一氧化碳和铅，60%的氮氧化物（形成酸雨）和50%的微尘是由车辆产生的。城市交通部门是继私人交通部门之后消耗能源最多的部门，因而对二氧化碳的产生负责。一般来说，仅欧洲共同体，二氧化碳自 20 世纪 70 年代起就增加了 63％。

噪音覆盖领域扩大

噪音是一种真正的城市污染，主要由机动化所致。正是由于这个原因，经关注人们健康和生产的世界卫生组织测定，估计有越来越多的人每天遭受超过 65 分贝的噪音。城市密度和活动的集中度促使环境噪音增加。近年来，小城市已采取新措施限制使用喇叭和汽笛，惩罚过大的汽车噪音，控制夜间噪音(如酒吧、迪厅等)。

日益增加的能耗和水耗

与越来越高的生活水平紧密相连的是日益增加的能源及水的消耗。在大多数发达国家，电、气、油消耗巨大，而发展中国家的城市消耗的是更多传统形式的能源(煤、木炭等)。

由植被隔离和通风法失当而导致的气候舒适度降低和气温上升

城区环境质量严重下降，危及生物圈的平衡。例如，二氧化碳和其他气体造成的温室效应导致气候变化，人口与经济的集中区域是产生二氧化碳等气体的主要来源地。气温变化使人们安装暖气和空调系统，从而导致能源消耗大增，所以，改进城市空间的环境条件是保护地球的基本前提(Rutelli，1996；Cohen et al，1991；Bilbao et al，1994；Serageldin et al，1994a and 1994b；Alguacil et al，1994；Martin，1995a)。

6.2.2 可持续性和流动性

日益重要的机械化运输流程，给市中心带来压力，也是城市环境的主要难题之一；上下班高峰期间的车流超过现有交通基础设施和服务的能力，公交运输的流动性增加，近几十年来的主角——私家车也日益增多。

家庭的日益机动化和可自由支配的收入增加很快，用于旅游的私家车持续增加，汽车和公交车平分的模式在大多数大城市向有利于私家车的方向变化。若考虑中心—边缘地区间的交通，汽车的份额仍很显著，直接后果是在主要道路上出现空前的交通拥挤；所以市中心空气质量显著下降，声音污染加剧，还有路程时间增加，并伴随着竞争性和生活质量的丧失，商业速度和管理的减少，对地面公交的依赖使这些网络的需求减少。

车辆增加是城市可居住性的主要障碍。在许多欧洲城市,汽车占到机动车交通的 80%,根据欧洲委员会城市环境专家组的最新报道,到 2000 年机动化在北欧需增加 70%,南欧增加 300%—500%,东欧 1 000%。

大多数大、中、小城市已出现车辆饱和及拥挤问题,原因是大量的汽车限制了空间和环境容量。以空间问题为例,汽车占据路面的 80%,尽管只有 20%的人每天开车上下班。在能源消耗方面,据统计,每天在高峰期的平均消耗比公交车多 6 倍。

使城市适应汽车的发展而采用的常规政策,加大道路基础设施投资,这些虽然有助于减轻交通拥挤,但也助长了道路上车辆的增加(Wachs and Crawford,1992; Ascher,1995; Figueroa et al; Ordóñez,1993; Martin,1995b)。

6.2.3 社会持续性:一个全球性概念

各城市的发展有重大差异。当一些城市在极大地改进了当地可持续性时,一些发展中国家的大城市正在退步,原因是高出生率,没有能力发展经济,政府无法解决财政赤字和满足新的需求。许多情况下,城市着手环境保护和恢复政策,努力增加内部可持续性。内部可持续性是改进了,但代价是边远地方的环境日益受影响,或本区的不必要的资源浪费。

城市领域的可持续发展对社会的生存很有必要,使城市发展涉及全球方法,城市发展涉及许多"绿色"方法。日益增加的排放标准,日益加重的空气污染、水和土壤污染,自然区消失,城市空间下降等反映了环境的不可持续性,这仅仅是部分难题。必须面对这样的挑战:人口教育,能创造就业的经济提升,提供参与和民主机制,重建地球社会,被排除在外的人的直接袭击等等。可持续性不仅仅是环境的,虽然寻求新方法解决传统难题是其中一大挑战,减少浪费,减低和节约能源消耗,保护自然空间,奋力防止环境恶化,是城市必须面对的突出问题。这些挑战不仅仅是技术难题,相反,必须有思维和习惯变化,包括人口教育、市民参与和参与环境保护等。

可持续性也涉及社会一体化。庞大的失业人口和贫困及大量被排除在外的人员不可能使城市可持续性发展。原因不但包括环境和健康危机,还有和平民主的社会环境的缺失。通过教育、就业、取得住房、控制人口、健康等指导人口一体化的社会政策，不能与取得可持续发展的过程分离开来。

发展中国家城市和发达国家城市都在很大或很小程度上遭受许多压力因素，这些因素决定城区的可持续发展，缺少工作机会，贫穷和健康不佳是可持续性的基本方面。贫穷是环境下降和健康恶化的原因之一，没有满足基本需求的收入，很难取得可持续发展。发达国家和发展中国家一样，因经济无力而无法提供稳定的工作，很难设计城市发展的社会可持续模式。缺少就业和贫困增加了取得住房的困难，因此，不应仅仅将之视为一个孤立的物质结构形式，而应将之置于公共空间的城市化背景中考虑，这些公共空间提供了城市服务，并促进了市民生活水平的提高。

有许多基本行动能确保城市发展的可持续性。这些行动对上面提到的压力因素有直接影响，虽然在发展中国家城市，有对这些行动的严厉而尖锐的表述，工业国家的集合城市也可应用这些行动。许多因素与环境可持续性有直接关系，主要包括供水、可再生性能源、废物收集与处理。社会可持续性意味着，所有城市人口必须确保有房住、有地种、有工作干，这是提高生活条件的基本因素。

6.2.4　经济可持续性和竞争性

最后，我们不能忽视把竞争性和生活质量联系起来的可持续性。新的生产条件、配给物、通信使城市生活质量成为吸引投资和高技术劳动力的重要因素。同样，一个积极的社会环境许可日益增加的人力资源生产，同时有助于形成积极的态度。城市在确保可持续发展中起重要作用，城市一方面给环境带来巨大困难，但又充当着解决环境问题的部分。

> 人类聚居地，特别是巨大的城市居民区，对环境恶化和资源消耗影响很大，同时人类居住地，不管大小，几乎很少是那些利用创造性、经济增长、通讯、有权取得具体转让、对废物和污染的有效消除等机遇的地区。
>
> 必须面对并转变这种不合乎需要的居住地增长的内涵，人类居住可采用一种有序的平等的方式进行管理，以参与管理和计划使用资源为基础。这种技术方法应用于所有城市功能，如土地使用、建设、水供应、卫生、废物管理、交通和休闲。
>
> 良好的管理和人类居住计划，包括取得和使用有利于环境的技术，减少机动车和交通需求可节约大量能源，从而帮助预防全球变暖和气候变化！（UNCHS 1991）

城市在可持续发展方面能力巨大，可持续发展是城市生存的必要条件（*Enviorment and Urbanization*，1993；Mitlin and Satterthwaite，1994；Sachs，1993 and 1995；Hardoy et al，1992；Sach，1990）。

专栏 6.3　经济改革：更好的巴塞罗那

伴随着 1992 年奥林匹克运动会和大范围经济危机的时代背景，巴塞罗那市决定维护和进一步提高其由于承办奥运会而获得的国际地位，其广泛的经济提升旨在吸引个体、公司和机构前来参观、建厂和投资，旨在改进基于个体、公司和机构的产品和服务的国际地位。以这些轴心为核心，巴塞罗那进行特殊化的国际提升，即"一致同意选出巴塞罗那经济区具有战略意义的产品"。提升运动可以是部门性的（具体经济部门的积极参与），也可以是混合性的，即公私部门合作。

巴塞罗那，经贸会展之城

巴塞罗那希望保持"经贸会展之城"的名声，为此，各种机构和组织努力维护其地位，努力成为第六个一流会展城市。1992 年，它已是世界上第七个举行过一流国际会议的城市；1993 年，前半年数字显示增长 100%，访问者从 41 235 人增加到 82 686 人，起主要作用的因素一方面是举办奥运会取得的国际形象及其提升（基础设施的创建和改进能承办重大事件，宾馆容量大增），另一方面，巴塞罗那会议局和贸易会展中心做了大量工作。

巴塞罗那新工程

其目标是在西班牙和国外提升城市的不动产范围和质量计划，如居住设施、商业设施、办公和文化设施、休闲设施等。1994 年运动在两个阶段采取具体形式：在法国的戛纳国际不动产职业市场（MIPIM）展示共同看台，将巴塞罗那新工程展览到欧洲、美国和日本等不同的地方。

巴塞罗那旅游协会

该公司由 40 个公司和机构组成，使巴塞罗那成为欧洲南部和整个中东主要的商品配送后勤中心，主要活动是抓住需求，同时改进城市服务范围和基础设施。

巴塞罗那大学中心

巴塞罗那的提升大学中心的运动受到五所大学和市政厅的支持，目的是吸引尽可能多的外国留学生、演讲家和研究者，也是为了增加巴塞罗那闻名欧洲的研究基础设备，这是许多欧洲城市中心所追求的。

巴塞罗那旅游业合作组织

本区商人、商会和市政厅于 1993 年建立巴塞罗那旅游业合作组织，目的是通过陈列旅游产品和开拓其市场，来促进城市旅游。

巴塞罗那欧洲金融中心

在加泰罗尼亚自治政府和巴塞罗那市政厅的活动中，40 个金融公司组成巴塞罗那欧洲金融中心协会。协会为巴塞罗那的未来、选择市场、金融项目培训的提升，建立芝加哥大学做了很大贡献。中心目标是学习和界定新的金融产品，使巴塞罗那在国际金融线路中一展风采。

巴塞罗那医疗中心

它由 20 余家私人诊所和诊断实验室创立。该中心数年来一直在改进设备，吸引来自西班牙及国外的客人，这种运动已开始显示成效，获得加泰罗尼亚自治政府和巴塞罗那市政厅及信用公司和航空公司的支持。

其他正在组织的运动

除了上述所说的提升，巴塞罗那正准备其他运动，如巴塞罗那设计赛，它将促进城市设计产生各种运动，其他提升工作正在特殊部门如巴塞罗那汽车制造和制药、食品部门筹划中。

资料来源：X Güell and M Ludevid 'La Promoción económica international de la ciudad: Barcelona More Than Ever' in Borja et al (1995).

专栏 6.4　可持续性指示器

英国 21 号地方议事日程

可持续性指示器研究项目

1995 年当地政府管理委员会

- 有效利用资源，废弃物通过封闭式循环减到最少。
- 污染限制在自然系统能没有损害地进行处理的水平。
- 珍惜和保护自然多样性。
- 只要有可能，本地需求，本地满足。
- 在多样化的经济中，人人有机会得到满意的工作，无偿工作的价值得到认可，工作报酬公平，分配也公平。
- 保护人们的健康，创造安全、洁净、欢乐的环境和健康服务，强调疾病预防，精心爱护患者。
- 对设施、服务、商品的享用以及与其他人的交际，不以环境为代价，也不以是否有车作为限制。
- 由于个人信仰、宗教、性别不同，人们在起居过程中免于对犯罪行为或谋害等个人暴力的恐惧。
- 个人能获得技术、知识和必要的信息，以便在社会中发挥最大作用。

- 授权所有社区部门参与决策。
- 人人都有机会享受文化、休闲、娱乐设施。
- 住所、空地、食物集意义、美观和实用于一身，住所在规模和形式上显示人性化，重视和保护多样性和地方特色。

西雅图：可持续的社区指示器

1993 年 6 月

环境

- 本地河流中有野生鳗鱼。
- 生态多样化。
- 像污染物标准指数报道那样，计算每年空气优良天数。
- 景县的上等土壤数量。
- 景县的湿地亩数。
- 满足“方便行人”标准的西雅图大街的比例。

污染和资源

- 景县的总人口(包括年出生率和增长率)。
- 人均消耗水的加仑数。
- 每年每人产生和回收利用固体垃圾的吨数。
- 每人驾车行驶的英里数和每人消耗的汽油数。
- 每人消耗的可再生和不可再生能源数量。
- 每人使用土地的亩数(居住、商业、空地、运输、原野)。
- 华盛顿生产的食品总数，食品出口，食品进口。
- 用于非紧急目的的急用房间。

经济

- 十大就业机构的就业百分比。
- 满足基本需要的平均工资的工作时间。
- 真正的失业，如有种族和性别差异的下岗工人。
- 由于种族和性别不同而反映的个人收入分配。
- 每个家庭的平均储蓄率。
- 经济对可再生或地方资源的依赖(具体指示器有待形成)。
- 贫困孩子百分比。
- 住房支付能力差别。
- 每人健康保障支出。

文化和社会

- 低体重婴儿出生百分比。
- 小学和初中学校教员的种族多样化。

- 小学和初中每周讲解艺术的小时数。
- 学校活动中涉及父母或监护人的百分比。
- 青少年的犯罪率。
- 青年人参加某种形式的社区活动的百分比。
- 高中毕业生百分比(由种族、性别、收入水平决定)。
- 奇数年初选中人口的投票百分比。
- 成人识字率。
- 能叫出名字的邻居人数。
- 司法系统中公平处理(具体指示器有待形成)。
- 用于预防毒品和酗酒的费用比率,对吸毒者和酗酒者而监禁的费用处理。
- 被监护人口的百分比。
- 图书馆和社区中心的使用率
- 公众对艺术的参与。
- 自愿服务于社区的成人百分比。
- 致富的个人意识。

资料来源:西雅图市政(1993)和 LGMB(1995)

6.3 全球化与城市住房政策

虽然本书的主题不是住房,但在某些方面,它与全球化有关。

6.3.1 住房政策和经济发展

在经济发展和市场关系密切的情况下,国家和城市承担住房建设,为低收入者(临时工、个体劳动者)提供城市住房,以通过公共企业开展起来。此举意义非常重大,几乎所有的经济发展国家,过去和现在一直在这样做。

为工薪阶层盖房,这种观点几乎没有发生改变。市场并没有解决对经济发展来说是关键因素的难题。之所以称其为关键因素,原因是:1. 它对经济总增长有贡献;2. 如果劳动力要完成任务,它满足社会的必要需求;3. 如果公共住房规划不力,将会使城市系统产生严重的不良障碍。

不论在内战时期,还是从 20 世纪 50 年代开始,发展中国家认为有必要为工薪阶层实施宏伟的住房计划,尤其最近,西亚和东亚的一些新兴工业国家已做了类似的工作，强度或大或小，其他发展中国家的大城市（如拉丁美洲），政治力量已经介入，虽然在住房供应和城市一体化方面效果不尽如人意。之所以没有提供充足的住房，原因在于结构因素（如缺少公共资金，建筑产业发展迟缓，严重收入分配不公，偿付能力低下，金融体制不健全等），还在于政府的政治意识不强，要房者的社会能力弱。

专栏6.5　巴塞罗那综合社会服务发展规划

巴塞罗那市政厅13家城市机构（政府部门、大学、行政学院、贸易团体、商人和社会组织）共同推动制定了未来社会服务发展规划，并对城市的社会诊断结果和主要行动方案达成一致。本规划来自高度参与经验，125个城市实体通过历时一年的参与，提供知识和经验，最后的目标是形成建立在居民积极团结基础上的城市一体化或一体化程度进一步提高。为达此目的，该规划在公众责任和公私合作的基础上，提出社会服务模式建设，促进城市行动，尽量完善社会资源管理。此种情形下，公共责任不仅包括公共服务，还延伸到由公共服务、私人的有偿和无偿服务组成的整个社会服务体系。公共部门的作用主要集中在计划、协调、质量控制和服务评估以及公私合作的联系上，私有部门（营利和非营利部门）参与计划和基本的服务运营。这种方案，产生许多包含多种措施的战略设计。

- 行动的第一种设计旨在促进社会内聚力和公平性，具体目标如下：
  ——对家庭和生活结构变化提供适宜的反应；
  ——在公私范围内寻求居民参与和责任的最大平衡；
  ——促进年轻人的社会参与，提高其团结和创造潜力；
  ——积极为老年人着想；
  ——对移民问题做出综合答复；
  ——最大限度地接纳残疾人以显示一个城市的团结。
- 面对社会不公和排他性，提高反应能力：
  ——保护孩子，保证未成年人文化教育和社会平等；
  ——提供便利条件，接纳吸毒人员，保证其一般的生活、文化、教育和就业的健康发展；
  ——解决贫穷问题有积极效果；
  ——提供住房，帮助特殊需要的群体；
  ——为某些团体提供综合资源。
- 促进居民和公私部门的反应作用：
  ——使城市社会服务支出合理化；
  ——为私人在社会服务方面投资创造新方案并加强宣传；

——提高人力资源培训，促进新技术开发；

——强化居民团结和参与行为方式；

——巩固辅助机构，加强和其他代理人之间的联系。

- 形成有利于公私合作的公共运营的地方性社会服务体系，以完善社会资源管理：

——明确经营公共服务的责任范围，分清私人创新的共同决策范围；

——通过私人积极性和促进新服务公司的建立来巩固和加强服务；

——把城市的公、私社会服务作为整体进行计划、协调、革新和对市政管理进行控制。

- 协调社会服务和其他社会福利体系（保健、住房、就业等）：

——加强市政区域性组织，将之作为社会服务协调体系和多种公私社会福利服务，尤其是教育和保健体系的基础；

——识别协调需求，提供来自不同社会福利政策的反应；

——和巴塞罗那集合城市的镇政厅一道，建立协调组织，以设计共同的行动政策。

资料来源：Ajuntament de Barcelona，1995.

发达国家和发展中国家一样，住房交易的社会一体化水平很低，原因是城市计划和住房建设计划分离，其他因素显然也有影响（如就业等经济因素，文化因素如移民的文化类型），但从城市政策观点看，关键的问题还是这种分离，另一种形式的分离也加入进来，它产生于行政管理工作的速度和过程中，产生于社会团体工业速度及其住房和行政区的形成中。不论是公共住房建设，还是独立的社会自主建房，工薪族群体的城市一体化主要依赖社会团体和公共政府代理人之间的相互关系。城市一体化是正确工作的基本因素，因而是城市的生产力。

专栏 6.6　中国香港和新加坡：住房和城市服务是经济发展的社会基础

中国香港和新加坡是过去 40 年中经济发展的两个范例，其原始出口产业能力，后来转变成先进的全球经济服务中心，使两个城市的人均收入高于西班牙，成为世界经济的中心点。虽然新加坡有 76%的中国人，香港有 99%是中国人，但它们的社会、政治和经济有很大不同。国际观察家们对此评价不多，但两个城市的共同点是：高效的住房和城市服务体系，在改进居民生活条件和劳动力素质培养方面意义重大。

香港所有的土地都是公有的，由政府根据城市计划目标租赁。例如：自由土地用于公共住房建设，但是昂贵的土地用于大的商业中心，为国库带来资金。新加坡有严格的城市计划体制控制土地使用，政府是主要的土地管理者，两市拥有世界上最宏大的公共住房规划，住房类型根据人口比例：香港47%，新加坡86%。大部分公共住房建成自给性郊区中心，有学校、保健中心、文化中心、幼儿园、社会服务、集体餐厅、购物中心和良好的公共交通系统。所有公共服务都给补助金。租金传统上占家庭收入的10%左右，新加坡的公共规划被私有化，因而大多数成为城市的主人，补助金很高。据计算，在80年代的香港，通过住房和城市服务补给香港家庭的公共津贴平均相当于其工资的127%。社会计划方案以许多方式对经济发展起决定作用：在生活、健康和教育的良好条件下创造劳动力，同时，由于政府间接补助津贴，工资增长就要限制；本方案对社会和平有积极贡献，城市和平在60年代的香港和新加坡两市曾受到威胁；它允许工业区和大工业区的发展，在大工业区，新加坡有跨国公司，香港有用于公共住房的公寓群；它允许有高储蓄率，大大促进了金融业的发展；它加强贫困和多种族家庭的稳定和社会一体化（新加坡），或组织近期农村移民（香港）；它为无确定法律章程而又未融入国际的城市创造了一种亲属意识；在香港，它允许一种商业精神的发展，即创立小公司的风险在充分就业情况下可以降低，并有保证生活的房屋和社会服务的支持。可以说，乐善好施的香港和新加坡政府为朝着全球体系发展的经济发展奠定了本地的社会和空间基础。公有住房是世界最重要出口经济不为人知的一面。

资料来源：Castells，Goh and Kwok (1990)

6.3.2　住房规划和社会内聚力

先是在英国，然后是在西欧等发达国家，贫穷人口和工人阶级大量涌现，其丑恶性显示出对大部分人口群体的社会、经济、文化、政治性排斥。这样，在排斥或社会规划和地区分离之间产生恶性循环，这些是少数民族的集中居住区。

这些少数民族居住区属于工人阶级或低收入群体，中产阶级和上层阶级居住区也大大增加，城市在社会地位上变得支离破碎，无法发挥作用，产生排他性，公共空地社会化减弱甚至消失。这种情况无论是在较发达国家的城市，还是发展中国家的城市均有发生。

贫穷群体的集中居住区往往是公共住房运作的结果，这种运作受城市概念的错误影响，原因来自一种假设：建房，往好里说是保证最小限度

的城市化和服务(交通、学校)就意味着一座城市的诞生,就可给予其居民以城市居民身份。这种错误包括三个方面:

1. 在社会底层产生单一功能和社会地位相似的居住区;

2. 没有把这种运作和经济及基础设施发展联系起来,而经济和基础设施发展对居住区人口的平等待遇产生贡献;

3. 没有让这些行政区具备城市特点:中心性、社会清晰度、有城市纪念物。

专栏 6.7　新加坡:住房在多元化背景下的社会综合政策

20 世纪 60 年代末以来,新加坡政府实行了居民种族综合政策来缓解内部的种族关系紧张局势。几年前,这种紧张局势曾威胁到国家的存在,主要的种族群落有中国人(76%)、马来西亚人(15%)、印度人(6%)(其中大部分是南亚的泰米尔人)、其他人种群(3%)。马来西亚人居社会底层,约 54%的人做无技术的工作和报酬很低的工作。况且,马来西亚妇女不像中国妇女那样出去工作,因此家庭收入大大减少。城市隔离显示了社会不公,中国人居住在市中心,而马来西亚人集中在城市东郊的地区和郊区。马来西亚人也是无规律居住地的主要居民。自独立以来就独掌大权的新加坡人民行动党(People's Action Party—PAP),提出在"非种族平等主义"和"多种族精英统治"的原则上,建立多种族、多宗教和多语言的国家。中国人和马来西亚人之间的强烈种族对峙,以及临近的马来西亚共和国的压力,使新加坡政府奋力控制马来西亚居住区。这种集中居住区可能会导致紧张局势的加剧。

新加坡的马来西亚自治政治组织,由于同样原因也非常困难,空间整合系统以自愿或强迫与公共住房系统的结合为基础,以对马来西亚人居住地的整修为基础,1970 年和 1982 年间,马来西亚人住公房的比例从 23%上升到 77%。统计指数显示,有关种族群体强烈要求取消种族隔离(马来西亚人被从中国人体系中分开)。然而,在公共住宅区内,可观察到种族性的重心组合:马来西亚人倾向于住在低矮的房子里,倾向于集中在所在街区都是马来西亚人的公寓内。因此,1989 年,政府干预私有化的公共住房的销售,以避免马来西亚人(曾经是房子的主人)再组成单独的居住区。每个街区设立了最大限度的种族限制:每个街区马来西亚人不多于 25%,中国人不多于 87%,印度人不多于 13%。国家发展部的记录中说:在分隔的外国领土上居住,社区领导若狭义地理解社会利益,这个地方会变成种族煽动的温床,自从独立以来我们认真建立的东西可能会遭到破坏。在新加坡,政府似乎已经发觉,抵制城市隔离是保护城市优越性和维持城市秩序的组成部分。

一些发展中国家，如拉丁美洲和亚洲的大城市，在重复发达国家所犯的错误。有时有最好的打算，国际资金支持的公共住房政策却以更扩展的形式，把目前的少数民族居住区复制成其他国家已经形成的建筑整体和相似的居住区。不同社会阶层的群体没有混合居住，没有本地的主要活动和服务，政策倾向于为低收入群体大量盖房，一点不注意他们，不注意他们零碎的需求；其结果是居住区的法则不起作用或打了水漂，住进去的人渐渐把其住所给更多被边缘化的人居住，这样，城市的综合部分不但无法形成，反而会变成“其他城市”，这是原来城市的倒退。不管如何不希望如此，但是在住房政策的影响和全球化产生的排斥及双重性动力之间，确有明显的关系。

6.3.3 公共政策和人们自主建房

在发展中国家，大部分住房都不是由市场或政府来完成，人们自主建房。房屋和居住区历史上更多的是社会建设，少有政府行为或经济运作。历史上最普遍的过程是：

- 容忍或不干涉主义。城市中的非法建设补充着合法建设，这种联合起来的城市在许多发展中国家的城市中继续存在，在大城市区域范围内日益增加。
- 压制。当权者从中心区或合并区进入以前通过自我构建而形成的动态城市组织。这种现象仅仅在很久之前出现过。
- 公共社会住房计划。自建房居住区内人们的需求很少能得到表达，公共住房计划也有相似的难题，这次是纵向难题。

后来，特别是过去二十年里，已在许多代理人（政府组织、雇主、与建设者—居民有关的社会团体）合作的基础上，尝试了许多弹性政策。这种行动类型使人们的具体需求得到满足，促进了合作，促进适当技术、材料和设计的运用。同样，它允许实行不同性质的运作，如城市化的收容机构建设、自建居住区或急需居住区的修整。

然而，在经济、社会和文化动态和全球化密切联系的环境中，这些特殊政策功效有限，有产生排他性的风险。正是由于这种原因，当今的一种趋势是实施更加综合的战略，它包括：教育和社会文化规划，就业创造积极性，支持社区自我组织，吸引经济活动和文化设施等。这是一种以不接受边缘化概念为基础的策略。

6.3.4 创新的城市工程和住房规划

下一章我们将讨论当今城市中伟大的城市工程，在此特指出城市规模变化和住房规划等最重要工程的重要性。我们仅介绍两种工程。

新、老城中心

老城中心在社会下降和第三级集合间摇摆不定，一些情况下，政策误导为根除经济活动或居住，而在另一种情况下，被全球经济开放驱使的市场把一些区域过于特殊化，另一些区域又被放弃，然而，老城中心被给予更大的价值，他们把一些政策（如改进了的城市化和基础服务，合格的文化设施，安全和新的公共空地，把处于中心地带的土地如港口、车站等恢复原状）和城市社会文化过程如旅游或贵族化结合起来。有些情况下，基于城市的“针刺疗法”，把住房政策加入到这些政策和过程中是可行的，或者通过改进现有设施，或者通过增加新的小规模运作。这些政策，在各种司法和财政安排下的公私合作的基础上，一般情况下能保持中心区的社会不均匀性。

这些新的中心常被断定为第三位的基础设施性的工作，但只有和住房规划联合起来时，它们才能产生足够的利润，才能首先转变为城市建设。

大的基础设施和设备操作

这些活动只限于那些具有全球化特征、有能力的城市。不过，这些运作可形成与城区组织有关的非综合和双重动力部分，如果它们创造了特殊空间（通讯中枢、后勤活动区、技术园、贸易会或国会中心等），也就是说，它们创造的空间不是有多种用途。在最大程度上，这些空间可与世界充分联系，形成城市的少数民族集中居住区；并入雄心勃勃的且由不同成分组成的住房规划这一巨大工程，是城市一体化的最好保证，也往往是中期操作中经济利益的很好保证。恰当的例子就是：港口或火车站恢复原状的经历（或高速火车站创建的新区，如法国的里尔）。另一方面，住房运作中若没有强烈的基础设施特色、大型设备和技术性的第三产业部门地区的吸引，这种住房运作作为建市创建者会失去很多潜力（此处我们可以对比奥林匹克村的许多事例）。

6.3.5 住房规划和普遍模式

城市化加速导致住房大规模需求，一些国际组织（联合国、世界银行、区域发展银行、超级国家工会）得到资金和技术的重要性、城市百姓和专家在信息时代彼此交流的减少、建设部门的利益，导致大规模房屋建设的标准模式的出台和执行。这种标准化体现在以下几方面：

- 家庭结构、收入类型以及和环境的关系有很大不同的地区，使用相同的社会经济指示器。
- 不顾民众的愿望和具体需要，不考虑人群和城市的内在文化形式就进行房屋设计。
- 在每个城市、街区，不是根据灵活利用有效资源的国际模式筹资，而是浪费（由于官僚和腐败）。
- 房屋建设不考虑环境、服务和就业。
- 居民的社会同化方便了人们的集中居住，但阻碍了设备的安装，也阻碍了把同化融入城市的各种活动。

我们相信房屋规划必须选择：

- 适合社会群体，适应他们的要求、资源和固有的生活水平；
- 正规差异，通过具体材料和技术的利用，通过产生鉴别的能力，并能被外界看到和理解；
- 居住在城市各个区域的、有着不同社会和文化的人们。

如果能满足这些要求，会产生两种积极效果：从经济和社会观点看，每个操作的效用得以最大化，反边缘化或双重动力的运作即创造城市的运作得以进行（Caldeira，1996；Jacquier，1992；Percq，1994；Leal and Cortés，1995；Polèse and Wolfe，1995；Ascher et al，1995；Topalov，1987；Délégation interministérielle à la ville，1995）。

第7章

战略规划与大都市项目

7.1 战略规划：从地区规划到城市项目

7.1.1 规划危机与项目的模糊性

自20世纪70年代始，对城市区域规划（或总体规划）的批评不断。这些相对而言效率较低的规划被广泛接受，它们不依赖于准许项目运转的经济与社会动力机制。然而，预算被极度夸大，尤其是我们应观察到的另一事实，由于没有城市将来的规划或蓝图，城市中将出现更严峻的灾难。可能应该考虑一下布莱希特（Brecht）的观点："按照规划发展的城市，若是一个可憎的城市，那是因为规划太烂而不是因为有城市规划。"

历史经验揭示了计划、规则及总体观念的重要性，他们反映了城市生产中建筑、活动行为与公共空间之间的关联性。无论对于通过像栅栏或小道和建筑模式（爱丁堡、里斯本的澎巴区，或巴黎的奥斯曼城区）的事先安排而形成的同质城市，还是更成功的"新城镇"或"新城市"政策，都反映了这一点。即使那些"城市产品"让我们明显感到是无序的或是自然而然形成的（生活区、休闲大道、市场、文化区等），它们更多利于政府的规划与法律管治。

如今，尽管私人机构常常参与到大型项目的执行与管理中，但是新的趋势是政府在大型项目规划制定中的规范作用，并应不断加强这两点以被再次认可。然而，20世纪80年代，那种认为个人创造力应得到加强并盲目信服的观点依然主导着许多政府。对项目的批判主要是认为其应承担公共责任而非仅谋求短期的私人财富（如伦敦的港口住宅区）。然而，"大型项目"这一概念本身存在模糊性，而它们指引并推动着城市的发展。

首先，有一点被遗忘了，那就是在每个大型项目的背后总或隐或现地存在着一个整体的城市规划或设计。这一规划或设计可能具有各种法律基础、或多或少的社会认可、选择平衡发展或严重的不平衡发展，但是，它在行动上表现为一种政治意愿或是被忽略。20世纪80年代，巴塞罗那与伦敦的城市项目的规划蓝图依旧十分不同。

其次，这些大型项目通常与项目发起机构关系密切，这些机构对保持整个规划的外部控制很感兴趣。这些机构可能是私人经济组织，但也有公共部门，尤其是那些工作范围界定清晰的部门（港口管理部门、铁路管理部门）。我们不能忽视城市项目设计者的那种“作者”文化，这些设计师们可能陷入单打独斗而非彼此合作的境地。

再次，特别规划项目即使它们本身或被假定为是复杂的运作，也必须由政府推动，并接受管理运营中的部门化或单角度特征。这是成为“城市制造者”的根本条件，处于改进中的政府开始仅仅考虑损害项目复合性的单一职能（如公路或住房）。

由于这些原因，我们感到我们不能被大型项目本身的神秘性所迷惑，不能假设它们是弹性或不需规则的（指总体规划与规则）而可以自主解决变动性与环境适应性，只有建立合作关系才能保证其潜在的复合性。传统地区规划的消亡，和可能是独立的大型项目的模糊性迫使我们推行与处于新型大都市或城市地区空间的工作本质相适应的设计（Ascher，1991；Borja et al，1995；Bohigas，1985；Bohigas et al，1994）。

7.1.2 战略规划的干涉范围与恰当程度

扩散的城市（或新的城市空间）为将使整个地区连接起来需要大规模的工作。这些工作通常被认为是特别的、职能化的管理过程，且几乎总是与交通系统或与全球经济相关的活动（电报、世界贸易中心、经贸会、议会辖区、工艺公园、后勤活动区等等）相关。这使全球化的地域影响力受到侵害的程度加剧，因为它使活动地区和社会群体全部的聚居区中的不平等、分片化及分裂现象加剧。

根据工作规模（大型、中型、小型）及其与规划的关系进行区分是有意义的，它将地区内经济社会战略与具体行动联系起来。近年来对区域的战略观点促成了大型项目。与其说承担的项目从外部看是多维的，还不如说保证其运营需满足三个条件：

1. 这一工作的目标具有未来性、经济性、社会性与文化性；
2. 项目与其他项目相关联，并处于其他地区的动力机制作用之下；
3. 项目对内地具有迁徙效应（metastatic effect），因此，这种影响产生的创造力使其潜在联系性不断加强。

因此，这是一个项目自身动力机制的内涵。多种联通和产生城市—地区中心或新型城市交通系统中的中心地带的复杂性问题，存在于地区或宏观地区范围内。

中等规模项目存在于现存的被称为集合城市，或城市中心及其封闭的外围地区中，具体包括城市中心更新、推动产生新的发展中心与新中心区。这种管理运营有时会关注孤立但高效地带的再造（港口、车站、营房、工厂等）；有时又会将注意力集中于基础设施建设，它们可以促进内部地区的发展并提供许多诱人的中心区优势（如使投资与高质量的公路或横跨中心道路联合起来，提供给“高质量区域”的日常活动需要）。这项工作并不是对城市发展战略远景的回应，或是与任何真正的动力机制无关的一种错误认识，而仅仅是一项并不惹人厌的工作，与其说是无效果的，还不如说是城市地区利用或模式的变更。它的战略价值在于：

- 与其他平等或补充性项目的联合是实现其可行性（便利性、财政或投资本身的公共决策、交通或环境措施等）的主要条件；
- 项目实施质量，根据物理标准和设施、服务、形象提升等方面的标准；
- 公共与私人创始者与资金的自主性，创造工作所需的社会习惯的能力。

小型项目是指那些特别安排的项目，它们虽然规模相对小些，但对城市发展也具有战略意义。我们根据以下几点区分小型项目：

- 一体性，即项目使用的具体多样性，且有正规明确的质量；
- 通过对挑战或问题的回应保证城市发展或使现存的动力机制得到明确的强化；
- 形成自身特性以促进城市具体地区发展。

这些项目有不同的本质，涉及纪念性建筑，商业设施或配套设施（宾馆、购物中心、休闲中心等），街道，由于其地理位置或具有的象征意义而被重新衡量的建筑群的翻修，创造高度的可视性与可用性等。但是，它们的战略价值并不存在于项目的具体功能或具体的工作形式之中，而反映于其对城市动力机制的影响力上。

7.1.3 战略规划

我们在其他章节中也会提到战略规划（尤其是第 5 章），但是，明确其基础性因素和与传统地区规划（我们将其称为“领导者规划”）不同的方式是有益的。

战略规划是一种方法，它在对具体情况充分分析的基础上，指出变化及其可能的发展，制定为关键地区提供稀缺资源的投资战略。环境（全球化）、地域（多维角度）、政府（或公共部门系统）应归于分析考虑范围之内。还应对动力机制、工作运行、社会需求、关键地区、阻力因素或瓶颈及潜力进行特别关注。

分析诊断书被用来确定可预见的状况、可能的情形和符合期望的情况，这是项目实施追求目标的第一步。工作内容包括目标、流程或补充战略，一些具体项目可以在短期内完成（基础设施项目、经济或社会项目、政府措施、公民运动等）。

战略规划的措施大体包括：

- 可用性与自主性；
- 社会平衡；
- 人力资源；
- 信息与电信系统；
- 生产服务设施；
- 政府资质；
- 公共服务质量；
- 文化；
- 经济配套设施。

地区战略规划的意义总的来讲包括：

- 短期行动；
- 使资源得到最合理使用；
- 利用机遇，定位城市；
- 确定并发展“冠军项目”；
- 未来远景；
- 集中能源；
- 获取远景规划；
- 目标导向；
- 区分现实与神话；
- 明确城市与建筑的一致性；
- 做重要的事。

最终的目的是传播战略思想，这一过程比结果本身还要重要。

社会参与和协商的不充分、目标和项目选择的错误定位，或超出能力范围之外对项目实施有效的管理与改进，会给战略规划带来风险。普遍的错误行为有：

- 产生比项目最终期望还高的期望；
- 过高的目标；
- 机构几乎不对项目执行进行控制；
- 规划存在政治目的；
- 规划得不到执行。

战略规划与地区性的领导者规划（或总体规划）之间的相似之处在于：

- 规划过程是长期的；
- 始于城市蓝图或模型的设计；
- 对经济发展、环境质量与社会平衡同样重要；
- 重视诊断分析与预测研究；
- 项目立即执行将影响未来发展；
- 洞察城市现状与未来远景；
- 对城市与中间的内部地区的关系重新定位；
- 注入改进力量。

专栏 7.1 列出了战略规划与领导者规划的不同点。

公共部门与私人部门的共同参与是战略规划不容忽视的特征之一，它使战略规划有别于其他各种形式的规划。这种共同参与的主要特征为：

- 发生在规划的各个阶段，从制定诊断设计书至项目的运营管理。
- 所有公共部门与私人部门都参与进来是理想的状况。但与逻辑相反的是，几乎所有参与者总是政府部门（规划指导部门除外），这是最令人为难的一点。
- 部分人口的组织、领导、社会公开性水平较低。然而，当他们置身于战略规划的框架之中时，我们几乎总是过于仓促地得出他们无法做出相应解释的结论。
- 通信系统针对城市市民，市场则针对战略规划具体流程中的外部形式。

- 战略性工作的协商协议，包括负责执行的部门间与负责改进或启动项目的部门间的协议，以及对这项战略工作达成的社会共识共同构成参与过程的根本要素。

如今，战略规划面临的最大风险可能是其平庸性。确切地说，这是因为它处于一种弹性结构、相对开放性的流程以及拥有“政治合同”而非法律方面的推力作用的全球化协议，这就需要极大的管理意愿。但是，由于大量的措施和项目仅仅存在于书面上，从而使它成为模糊观点和具有伪造的合法性。

专栏 7.1 战略规划与领导者规划的不同之处

地区性战略规划	领导者规划
规划整合多个区域目标	强行划分城市空间
优先考虑项目，但并不一定将之处于空间之中	土地利用规划整体设计，并且为总体制度体系与大量的公共工程制定精确的地理位置
各个阶段工作均建立在协商与参与的基础上	设计是政府的责任，且表现为“后”参与
利用质量分析与关键因素	地区利用实体与媒介研究
委托规划和部门间的协议目的是实现立即行动或短期行为	规范性规划对未来潜在的私人行动进行规治
行动规划	规范行动规划

战略规划的有效性通过项目指挥，特别安排项目参与委员对项目改进的努力，彼此相互负责的参与部门的承诺、目标的达成程度与影响力评价来进行测量。战略规划的结果证实了其自身的科学性，而且这一过程肯定会在短期实现（规划批准实施后的 2—5 年内）（Busquets，1992；Castro，1994；Henry，1992；De Fom et al，1991）。

7.1.4 从战略规划到大型城市项目

战略规划的等级或组织机构间的关系逐渐受到质疑。这些战略规划具有一些相似之处。这些项目并不是期望愿景经过逻辑发展的最终产品，它们具有下一步的目标，伴随着各种战略或系列行动，最终才是具体工作成果、项目或措施。现代战略规划更趋向于在诊断书的基础因素和进入主要公共与私人城市部门议事日程的大型项目中已明确提出。尽管这些项目将对确定规划目标和行动部署具有决定性的作用，但规划的推进会在项目间建立优先次序，并彼此相关联。

在对大型项目的主要特征进行分析之前，我们首先简要地描述一下战略规划对大型项目的意义以及由此产生的在规划表面层次内的定义过程。战略规划成为使大型城市项目合法化的一个过程。它使大多数项目与地区经济紧密相关，并保证通过服务使城市—地区空间成为一个整体。这些项目带来的影响或效果必须与经济竞争、环境可持续发展、社会内聚性间达成一种妥协。战略规划的共同参与本质必然将以上这些维度的因素整合入大型项目之中。因此规划将向作者说明管理大型项目需要保证其多维性（而不仅仅是其即时作用与最大收益），并将为促进其实现制定各种强制性措施。在项目的内容、形式与时间具体制定时，在规划层次上应在强势部门（政府部门、经济团体等）与弱势机构（市民团体、研究中心等）间协商重新达成一种平衡。只要规划管理动作公开直接，并获得广泛的社会认可，实行战略规划的大型项目所具有的这些品性被转变进入项目本身（常常被指责为浪费，甚至是反社会性的）。然而，这种颠覆过程不会发生，因为通常特别安排项目促使规划及其措施的合法化与传播。因而，战略规划/大型项目的辩证性可以成为公民自主教育的一个过程。项目内容充实、公开透明（使腐败变得更加困难），且产生动态效果。对于规划本身而言，其效率、信任度及传播速度得到提高。尽管这种效果可以在相对较短时期内实现（2—5 年之间），过程本身的复杂性与政治、选举或不同政府间产生矛盾。因此，规划与大型项目必须具有自己的运行周期，应独立于政治与行政体制循环圈之外。

在战略规划的框架内，对大型项目定义的过程并不仅仅是参与制定规划的机构的意志产生的结果。至少以下几个方面的因素应当被考虑到：

- 国家或地区规划的存在，议会法案或政府计划具有政府或法律基础。

- 主要机构（公共的与私人的）为促使其批准并执行可能在达成决策优先考虑工作的难易。
- 金融（如国家贷款）、政治（预先准备的大型活动）、实物（如当前废弃建筑的土地重新利用）方面项目的机遇。
- 指挥项目的筹资者或管理控制者的存在。
- 社会认可，包括公共认可与媒体认可。

尽管这些条件有一个缺失都可能被认为会对项目达成产生障碍，但它们并不一定必须同时存在。

在战略规划实施中，其定义过程通常经过若干不同的阶段。在最初的“预诊”阶段，一些已经“成熟”的项目可以首先提上日程，因为负责机构已经计划对它们进行补充，或是正规城市部门急于执行且已得到社会认可。更具活力的诊断阶段（使规划委员会通过广泛、复合的文本形式）指出某些行动是设定目标的象征。在这一基础上，管理体制本身开始激励对一些大型项目进行定义与改进，规划的制定过程也是同样效果。一旦期望的愿景、目标及行动部署选定，委员会制定出一系列的项目。这一阶段的委员会与前一阶段的委员会不同，是由致力于提升某个战略部署的公共和私人机构或组织的代表构成。规划（政治的和技术的）的主体对工作布置重新制定与选择，从而使其紧密联系性最大化，并为促进规划的执行建立优先秩序。在这些被批准的项目名单的基础上，建立一些小型团队或委员会为每个项目制定（或已制定）基础性设计（设计必须包括管理主体或机构、财务、时期等）。项目团队或委员会成员很少，且具政治（决策者、发起人）与技术（专家）主导性。预先设计（基础设计）的项目和由规划主体中心批准的项目（这是规划制定与批准的最后阶段）则委托特定委员会对其进行指挥、改进，并在适当的时机进行补充完善。这是规划完善的最后阶段。这些项目在2—4年内并不需要补充完善，而且没有迹象显示在短期内需要完善的项目是不可行的（Godet，1991；De Fom et al，1991；De Fom and Pascual，1995）。

7.2 大型都市项目

7.2.1 大都市：内部机制与城市项目

当代都市的形成具有经济、社会现实意义。都市的现实复杂性，包括复杂的制度，使在新式城市——城市—地区空间——中，大型项目比组织机构及其服务管理更为盛行。目前，大都市不再仅仅是毗连的中心、地区、社会或特定职能地区、连续的外围地带的密集地。目前都市很明显地需要制度协调（它需要多个市政部门与全体公共权威机构共同参与行动）和对某些服务（水、废弃物、交通运输等）的联合管理。但是，在更广泛的意义上，新型都市应被理解为一种制度体系或网络，具有呈多变人工几何布局的要塞、强大的中心区，根据其可接近性进行定位。这种新型的城市—地区化水平的高低取决于其内部要塞的密集度、要塞中心的多元职能以及通过一个保证其自主性的合适系统整合总体人口与地区的能力。

新型大都市是三个发展过程或三个截然不同却彼此相关的动力机制作用的结果，即全球化、集中化与通信交流。全球化要求大型城市或都市为其提供经济活动的竞争平台、人力资源的职业能力、覆盖面更广的良好的交流系统（包括大陆内部与全世界范围内），利用明确、稳定的规则或惯例有效提升其国际形象与内部职能。然而，在短期或长期内，全球化的地区面临着其整体凝聚力的挑战。全球化使城市—地区化的区域分割为不同地带，各个群体“出”、“入”其中，与此同时，大都市的产品及信息“普遍化”了。

尽管活动与职能的集中对于居民来说并不是必需的，但这意味着大都市区成为经济活动的自然媒介，其特征是人为的、呈多样的几何态分布市场、相互依赖的相关机构（制度设置机构、公司代表机构、专门机构等）开始合作。从实践与象征的意义上说，交通要塞的集中具有重大意义，如城市中心或多功能区。然而，这些要塞往往只有单一职能，而且它们表现为更趋向于区域与人口的凝聚而非上述的分片的动力机制。

通信交流立即成为大都市最主要的特征与挑战。全球化的竞争力以与外部世界发达的通信交流系统（港口、机场、通信设施、新的公路与铁路设施、会议中心、经贸会展等）为条件，在国内也一样，从而大都市成为由城市中心构成的一个系统机制。新型都市职能运作的首要条件是最优质的交通系统，作为一个前提，在更大范围内，它不但包括与内部地区（国家内部或大陆内部）的交通系统，还包括都市区内部自身（片状分布或边缘化的地区，呈不连续、多样化动态分布特征）的交通系统。

大都市事物的管理行动中出现了新的挑战。都市对竞争力、整合力与可持续发展力这三项需求有所回应，它们既是对目标的补充，同时又与部门化的或实际执行相矛盾。大都市带的大规模行动一般有两种类型，由公共部门规划推行，表现形式为像地区发展规划、部门规划（用于运输、通路、海岸发展、各种配套设施等）这样的文件，这些规划是由公共与私人部门共同制定，并直接推行，通常不再考虑计划过程（如出入口建设、道路连接、购物中心、建设等）。

近年来，战略规划被发展成为中间道路的选择。战略规划建立在三条原则的基础上：

1. 根据当前的动力机制确定城市目标；
2. 目标—项目—反馈间长期存在着辩证关系；
3. 公共与私人部门共同行动，负责各个阶段的准备与补充工作。

从城市—地区（不连续的、职能化的，且倾向于未来导向的行动）的意义上说，大都市空间是达到一般最优化的战略空间，战略性的空间是指其经济性。如今，城市—地区化的形式成为经济活动的“天然框架”，其作用大于对外部环境与对相互协作依赖较强的公司，还强于国家政府，它无法处理好全球化发展过程，并且不太适应于私人经济社会部门的广泛性的工作。大都市战略空间还实现了社会—文化的整合。如果城市试图在经济职能一体化普及过程中回避社会—文化的强化，城市将面临以下几个方面的挑战：城市化地区有被分化的风险，不平等与边缘化威胁着社会群体与地区，制度结构的复杂性使结构变得更加模糊。

在更广泛的意义上，新型都市是否能再次成为过去城市的模型？我们首先需要确定的是模型的特征。纵观 20 世纪的欧洲与美国文化，至少有七个方面的特征是得到认可的：

1. 人口与活动（工作活动与服务业）的聚集；
2. 社会群体的多样化与补充性本质使得社会关系密切；
3. 职能的多样化；
4. 是内部地区的中心；
5. 市民文化呈现出社会—文化凝聚力；
6. 自治的政治体制；
7. 城市形象清晰。

这些特征是否在新型都市中存在？至今许多人还认为它们是肯定的或期望的目标。或者它们是否是多变的？在新型大都市两个截然相反的景观的背后隐含着两个相互矛盾的动力机制。这两种景观（有时被区分为美国模式与欧洲模式）同时存在于现实社会中，作为其所在城市的动力机制，且常常共同存在于城市规划与城市项目中。一方面，城市化是流动的空间、多变的几何状地域、形成“弱点”的单职能要塞产生的结果。极端地理解，我们可以说是没有城市的城市化。另一方面，我们开始抵制把城市建成最具相似性、内部凝聚且具可控制性、具有产生文化认同的一系列“强势区”的这种意愿（政治的、精英的、社会的、专业人士的）。这两种情况的关键问题是保证城市系统连合的灵活性和便利性。另一关键在于中心区的意义，作为职能要塞或多元目标地，其真正意义在于地区的凝聚力从而使其作为一个整体发挥作用。

大型战略项目行动的主要目标是促使城市—地区空间的可接近性与自主性发生质的飞跃，并在作为一个整体的城市—地区区域内部产生或重建中心区。内部可接近性与自主性是实现城市作为“经济媒介”的竞争力和发挥城市社会整合职能的首要条件。这就是为什么大多数大型战略行为过程涉及大量公路及交通管理、逻辑行为活动区管理、通讯设施的建设或修复（车站、港口）等。因此，应当建设像技术园区、经贸展览会、会议中心、为其他公司提供服务的服务公司区等这些经济性的基础设施，并不断提升其管理水平。如今，有一种观点把文化旅游设施也作为经济性基础设施，并将其利用整合进入同一领域。

然而，大都市建设需要建立更多的具有高度自主性的中心区。目前的动力机制一方面总是使强有力的、多元目标的、一体化的中心区高度集中，另一方面，城市化扩散使行政部门投资者与私人部门生产者产生的负面影响在公共附属区内扩大化。事先假定为存在一个公共投资者的城市中心区的建设与修复（偏僻地带的重修、提高其可接近性的基础设施建设、强制征用地产、迷人或社会知名的公共休闲设施等）鼓励私人投资。中心区建设不仅是为使现存拥挤的中心区扩大化，恢复前述主要中心职能退化的中心区；它是一项致力于改变城市规模、明确并提升城市边缘区、建立区域高度现代化形象的工作。由于公共空间促进中心区产生，提高一体化的自主能力，因此成为建设大都市的核心目标。虽然交通基础设施系统是必需的，但它们并不能保证城市的自主性。高科技区聚集圈的兴建并不会自动形成中心区。只有公共空间及配套设施便利、安全、多样，并且具有美感、传达象征意义，如灿烂文化，才能创造新的中心。因为城市的集中性，即在城市聚集效应的意义上，与其说是促使各种都市空间流聚集在一起的枢纽，不如说是提供各种会面、身份认同、城市象征意义表达之地，是城市市场机制与爱国主义精神生长的深层土壤（Ministère de I'Équipement，1994；Arquitectura de la Ciudad，1992；Borja et al，1995；Meyer et al，1995；Ghorra-Gobin，1994；Secchi，1989；Virilio，1994；de Queiroz，1994；Eurocities，1994；Délégation Interministérielle à la ville，1995）。

7.2.2　城市项目：构建都市

如今，大型城市项目决定着都市建筑形式。基础设施项目的有效性与城市的自主性、扩大效应及产生集中效应相关，这由它们集中性的本质决定，如城市的多样性及其具体或部门职能之上的操作能力。这些项目必须成为这样一种表达过程的一部分，即一种形式的活动（如有助于提高自主能力的硬件基础设施）成为一个系统的构成元素，并通过其他形式的活动清晰地表达出来或是帮助其产生（如新的城市发展区域的集中性因素、与物质认同或象征意义上的认同相关的因素、社会再分配中的公共空间及生活福利设施因素、新的就业机会等）。最后，大型项目的战略价值在于其培育增强自身吸引力与凝聚力的地方—城市转换媒介的能力。在我们看来，评定大型战略项目多变性及城市影响力的本质有很多规则：

- 是城市项目的构成部分。它应是一个战略性规划，或是一个发展规划或区域发展规划，或是一个获得广泛认同的市政行动规划，或是国家政府协商形成的项目的一部分。另一种可能是作为全球总体城市规划框架的一部分，通过为一些重大事件或是一系列战略地区（港口、火车站等）、偏僻工业地区的重新振兴，或是一项宏伟计划的贯彻路径等提供公共工程。关键的问题在于，无论在何种情况下，全球化项目（虽然它们必须得到政治领导者的认可并享有广泛的资助，但或多或少地，仍是清晰可见的）与实物项目（physical project）间建立纽带关系，规划与投资及时。
- 机遇。采取行动的机遇可能是提前准备好的或是“创造的”。大城市中各种权威机构每天做出各种决策，这些决策可能是战略性的，如果事件是提前规划、筹划好的，它们则成为改革的指导者。一些私人部门（或公共企业）陈述战略并准备率先行动，从而在不事先考虑与整体的适应性的情况下促使其在将来形成反馈。废弃地带就是一个机遇，它们甚至可以成为中心区。最初“专业化”的行动（如环行道路或后勤活动区）就可以促成高水平的城市发展项目。经历一场重大的国际事件（世界博览会、奥林匹克运动会等）后，可能使一个城市（如巴塞罗那）的设施陷入无法充分利用的境地，否则，至少会使其中的一些基础设施闲置（塞维利亚）。

专栏 7.2 实现城市的适度发展

(送给城市发展管理者的十诫)

1. 城市应当拥有街道而不是道路。城市是公共场所。

城市建筑的目的应是为人们提供行走或见面的场所,即建设商场、广场、饭店、影院等。车辆通行的大型主干道仅作为次要考虑,大部分的社会公众应为考虑重点。私人利用应最后予以考虑。城市首先是一个充满建筑与树木的公共场所。

2. 公共工程的投入与竣工。

工程竣工应恰当合适。失误是由某些人造成的,他们必须对此负责。未完成合同的行为和任何对工程造成侵害的行为必须受到惩罚。任何通过侵害城市利益而获得钱财者必须受到刑法处置。地方权威部门工作人员只有抵制住经济团体的游说才能免受惩罚,并树立自身信誉。

3. 公共工程项目是城市发展的物质基础,然而,只有当这些工程是针对已知的、急需的且属于平衡发展的全球性项目而建设的,才能塑造出城市的将来。

可以将其称为战略规划。必须界定中心区——即地区的主要发展轴、出入通道及其他明显的特征。城市发展必须保证所有人的自主性,由此,它必须呈分散化。城市对于市民而言必须是可视化的,可以看到周围的邻居、明白出行路线、明确城市中心区位置。

4. 实现城市发展的行动呈合作性、战略性。

每一步行动都有补充性或持续性的行动,如配套设施建设、设计、社会或文化行动、环境改善行动、公共安全维护、提供新的就业机会。城市并不是一个单间,城市政策不能仅仅是某一部门的系列计划。城市是综合性的,而城市政策则是智慧与感性的综合成果。

5. 在城市中,最好能实现两地间路程最短。

城市美学使城市受人瞩目。每个项目都具有自己的建筑理由、文化特点及其满意的观点。不适合居住的大型主干道与公共场所不应当成为众人争论的焦点,特别是对那些城市的最大利用者而言——普通群众、妇女、老人、小孩。他们是最应受重视的多数。

6. 民主城市就是可视的,借助实体或象征元素使市民了解他们生活在什么样的场所。

基于城市用途与文化意义上,中心区必须交通便利且目标多元。借助最通常的方式将城市形象传达给城市主要居民:如果它们不受欢迎,人们也不会喜欢城市,同样也不会感到快乐。所有地区必须具有个性与社会价值——它们必须拥有具有自身特色的建筑,并塑造自身的引人之处。城市发展政策必将为每个城市的每个部分点亮真实或象征意义上的明灯。

7. 城市将来的建设是所有人的任务。然而,没有项目就不会有创造,而且项目必须是综合性、全球性的。使多数人需要的项目富有含义并易于接受是我们职业义务。这些含义必须与人们的文化机制相一致;地区模式及展览会、多元表达媒介、多种解释及升级运动。存在一些市民忽视它们的现象,但这些市民通常是那些权力或知识的独占者。

8. 城市的进步反映在城市公共空间的质和量的提高。

这是与它们相适应的优先权的问题:那些能够或已经合法且呈物质形态的事物。公共空间必须得到其他政府权威机构的认可(棚屋、港口、火车道、机场、政府各部及自主机构的独立建筑或未完全利用的空间)。还要符合私人机构、制度机构(像教堂)或商业建筑的要求(部分是废弃的工厂或社区——是投机者们的盘旋之地)。阻碍大多数人欣赏及利用城市的城墙必须推翻。

9. 不具有创造力和规划能力,城市不会主动发展。

地下空间应当被利用起来作为服务长廊、停车场,从而保证更高的城市利用率。道路与运输路线的重合为城市发展提供特权:公共空间及其便利设施必须具有集中性。将来的中心区必然是那些目前公共生活丰富的地区,公共生活包括管理、文化管理、高新技术区、交通要道。城市的明天是对城市过去的重塑,城市现状是城市设计的阻力。

10. 城市质的发展依赖于建筑文化的社会化与公共空间的美感,然而,它还依赖于政府部门与职业组织对城市文化的渗透、社会需求的整合及集体主义思想。

没有人可以掌握关于城市的全部知识,但每个人都具有建设城市的部分能力。并不是要把这些能力一个接一个地排起来,而是根据时间与空间存在的可能性将它们综合在一起。只有这样,城市才能由许多地方(重要的)而不是由区域(本质上是行政划分的)构成,城市是全体成员充分享受时间、空间自由的生活之处,而不是行走在拥挤、丑陋的道路之间。

必须了解城市才能对其进行改革。利用你的双脚便可了解城市。在计划实施主干道规划及交通设计规划前,应该走进城市及其居民之中。城市规划者不应在实验室而应走出来到街道上完成工作,不应乘车往返各地而应乘坐公交车走遍各个站点;他(她)们不应仅仅与同事或专家讨论,而应与生活在城市中的各种人群交流。某些时候,每个地区、每个工作点需要规划者四处走走,走进居民住房并与他们交谈。变革城市意味着一种生活方式的转变。

引自若·博尔哈,巴格达城市发展研究所,哥伦比亚,1995

"机遇"是对地方政府领导潜力的一次非常好的测试,或者说,为公共或公—私合营部门提供了发展机会。需要或是设定一个固定的时间范围(由像奥林匹克运动会或其他外部事件的日程决定所决定,这种决策由国际性的总部做出,或是根据某一规划制定,如 2000 年战略规划或 2010 年战略规划),为全球性的规划与系列大型项目创造了良好的合作条件,目的是使公共部门间(通常是最困难的部分)就公共部门与私人部门各自关心的合作细节达成一致意见,并激励产生一种互惠、参与的社会氛围。

- 整合:大型项目具有多元职能,或者称为内涵多样化。任何大型城市项目,无论是多么"专业化"或是相对集中而言是"边缘化"的,都能促进城市多样化的发展,提高大都市区的可接近性与自主性,形成公共空间并使地区具有"一种地方意义"。在任何项目运作之初就应当树立这种将利用与日常活动整合在一起的意愿,使各种各样的人们生活在一起,并在全球化发展进程中明确阐释专业化运营行为。即使是由具体部门负责最初的执行行动,其内涵必须是全球化的。多样化理念若根植于规划中,才有可能实现,进而决定着城市有机组织演变与变更的能力。必须充分考虑到庞大项目之后给我们的时代带来的退化性——如远距传物、通讯枢纽或技术园区。

有三个尤其重要的补充性职能需引起我们的注意:

——建立新的公共空间、集中的生活福利设施、增强个性象征意义的纪念碑;

——对就业的影响力;

——城市周边环境发展,时刻考虑有无可能建立新的中心区的想法,再分配的影响力(住房与服务),环境的可持续性,外形或美感,利用城市发展资助项目运营。

最近的经验表明,为提高城市自主性而实施的基础设施项目既有正面影响,也有负面影响,即使是在同一个城市中(如里约热内卢:1992 年实施的红线项目与 2004 年度目前的路线相比,存在正负两方面影响)。

- 城市结构的整合与转变。很多情况下,使新的运营措施与先前的机制间的那种正式的可持续性形成或得以保持相当重要,尤其是当这是一种优良机制时(如马蒂洛港—布宜诺斯艾利斯初步战略规划)。在某些情况下,建议实行具有有强大的整改能力与社会地位的措施，从而使这种持续性的产生或保持成为可能（如巴尔马塞达—智利首都圣地亚哥，或是奥林匹克村—巴塞罗那）。有些案例证明一个具有基础象征意义的项目对于形成持续性十分有效（如巴黎拉德芳斯拱门）。而在另一些案例中，需要一些能够打破与某些日常环境区间正式联系的强有力的行动措施，如衰败的地区，进而在城市与其中心区间建立一种具有物质性、社会性及象征性的关系，如衰败的历史地区的优秀文化设施（巴塞罗那老城区）。以下三个不同的城市发展进程对所有城市都适用：

——与当前环境的整合，然而，无论是能够培育其他强有力的行动的项目还是城市“转移”现象（通常不如城市“针灸”行动最初行动影响力大），改革效应也会发生外溢；

——保持变革活动、利用设施、人口及其供养的平衡，即使对整个地区自身机制和社会团体而言，仅仅是局部性的；

——对城市的硬件设施、经济及文化产生部分（或全面）的动态影响。

- 城市结构规模的变化：新的中心区。并不是所有的大型项目都能形成新中心。而且，新中心并不仅仅是某个项目的成果，而形成于一系列复合项目（虽然它们可能属于城市设计的基础性项目或是对主体工作的补充计划）。然而，所有大型项目必定与旧中心或新中心具有某种关联或联系性，如具有正效应。而且，在大多数情况下，它们会形成中心区所拥有的一些元素。例如，不应像里约热内卢中心区（地名包含中心一词！）行动计划一样，相对城市结构而言是如此的边缘化。另一方面，专业的行动措施能够使一个地区具有相对较强的中心区元素或联系性，如福道岛的一些主要的奥林匹克行动计划（里约热内卢 2004 年项目）。

新中心的特征如下：

——它们是一系列高水平的补充行动，集中于一些被认为应优先发展或多变的地区，几乎总是处于中心区与边缘区的交界处；

——正在进行的或规划中的行动首先是针对基础设施建设、通讯枢纽、对第三世界国家高素质人才具有吸引力的地区、有象征性或纪念性的项目；

——私人部门与公共部门的共同或联合行动已展开，对其进行激励也相对较易。

新的中心区产生的后果是：

专栏 7.3　略夫雷加特三角洲交通运输设施平台

在城市的都市区，西班牙最复杂的交通基础设施建设与重构的行动计划正在被补充实施。该行动涉及巴塞罗那港口与机场的扩建与重组及其出入的公路和铁路，从而使国家东北部地区可以到达具有逻辑性的交通运输设施平台，它可能是南欧最重要的一条交通线路。港口与机场类似，且都距巴塞罗那如此之近，这意味着整个行动可以利用单一地区单元布置方法：位于略夫雷加特河喉颈处的三角洲，在空间上属于巴塞罗那国际机场区与巴塞罗那市。加之三角洲富足的生态资源，这使得该项目具有了比仅仅建立一个交通逻辑平台更深刻的含义。这也是为什么计划目标中还包括一个广泛的环境计划，涉及在都市区建立一个最大的废水净化处理系统，使略夫雷加特河口改道，恢复并加固海岸线，以及其他保护或重建三角洲地区湿地与礁湖的措施。活动规模、基础设施规划的区域与环境影响力及生态区的保护要求需要所有权威机构达成共识与承诺。这种承诺来自三个制度层面：州、地区与市政府。然而，也包括相当多的公共制度部门与都市主要机构。

这项极富野心的协调性实验规划是西班牙从未有过的，这场练习所形成的规划将成为地区未来行动的指导方法。由 40 个机构、董事会的代表组成的执行委员会是州、地区、都市及市政权威机构互相让步的结果。该执行委员会最初的职能是对每个部门提出的规划或项目进行检查，发现与规划或项目其他方面因素间存在的矛盾。这项工作涉及确立每个项目在满足空间及职能限制下的规划指导方针，并制定包含于其中的正确措施。按照与每个项目相关的各级行政机构间形成地区规划规则及协议，委员会在部分程度上形成了一致意见。协议的制定与执行由各级行政权威机构负责，监控则由当前的委员会负责。

规划时间表中主要的行动计划可以从对地区及功能的分析展开，这同样适用于监控委员会。功能观点建立在以下基础上：港口—机场单元，水资源净化与开发新的海滩等改善海滨地区的工作，巴塞罗那国际机场区城市边界地区的重新规划，公路与铁路对其出入港口与机场的线路产生影响，沿海湿地的保护计划——这关系到河流改道工程。区域的观点则基于：对沿海地区的区分，需要扩建港口与机场过程中产生的规划问题，巴塞罗那国际机场地带，所有出入路线通过该区并延深进入略夫雷加特河，巴塞罗那市港口与河流界线的重新划定，利用略夫雷加特河向三角洲的渗透对公路与铁路基础设施路线的规划，对许多其他城市市政的影响。严格基于以上两个观点之上行动计划关键目标可概括为以下几点：

● 港口：重建工作的重点在巴塞罗那港口，使运输符合整体逻辑，并基于目标本身对基础设施重新界定。建立了一个运输活动体系区，占地接近

300 公顷，以吸引世界主要物流企业。该项行动计划使其成为地中海地区主要的物流中心，这意味着它向南部略夫雷加特河方向延伸，使城市旧港口成为可能，并使其转变为集休闲与商业为一体的大城市区。

● 机场：巴塞罗那机场在举办奥林匹克运动会期间使其区域及控制设施全面现代化。然而，两个相互交叉的跑道将其每年的运输能力限制在1 100万人。而且，其货运能力相当低。扩建规划计划建立与主跑道平行的第三个跑道，和一个大型的货运区，从而为空运公司及其他专业部门的运营者提供便利。

● 火车道：行动计划除了对港口与机场进行扩建、重构与整合之外，还包括对铁路系统的重建。按照欧洲测量标准使铁路与港口连接起来（西班牙铁路网络使用的测量标准与欧洲标准不同）是强化运输平台作用的重要组成部分，而且是地区铁路网络重建的一个机遇，它立刻使沿大都市区出入路线周边的行人与货物混为一体，动摇了杂乱无章的公共运输体系。再者，计划开通去巴塞罗那的高速火车，来自马德里和法国的火车经过同一长廊，其终点为机场。

● 公路网：除了对港口与机场出入路线进行扩建和调整之外，必须加强对环城道路这一巨型城市线型道路的建设，它也给该区域带来了冲击，它是奥林匹克运动会开始前要解决事项的外延行动。这是一个复杂的规划系统，新的车道沿略夫雷加特河右岸深入城市地带，使环城道路区更完整，改变了机场与港口的出入线路；此处高速公路超过 60 公里，都市基本网络中的一些大型枢纽被更改。

● 白克斯—略夫雷加特净化站：计划在略夫雷加特河口处，建设占地 45 公顷、加泰罗尼亚最大的废水净化处理站，处理都市 40%的人口产生的废水，一年处理流水量为 2.6 万立方米。由于项目所处位置与规模，因此技术上较为复杂，主要工作包括海水排放、部分水流的淤泥处理和地方处理配套设施，目的是为农业再利用和补给沿海湿地。

● 略夫雷加特河分流：分流并改变河口是港口扩建与建设出入通道的需要。由于该河流穿越于农业区与城市之间，结束于一个具有生态价值的海滨地带，因此规划必须考虑到一系列较为显著的变动性因素；其中，可能造成次级河口处补给网络变化的环境因素更为重要，巴塞罗那饮用水的存储，对前河床工业沉积物的清理，重新填充湿地，沿海形态的反射作用。

● 沿海区与湿地：略夫雷加特三角洲末端是拉里卡达与埃尔雷莫拉湿地，它们均为遍布鸟巢的湖泊地带，针对加泰罗尼亚的自然空间利益及其拉丁美洲经济委员会（Comisión Económica Para América Latina—CEPAL）的欧洲地位，利用规划对其进行保护。前述所有的行动规划均给这些地区带来影响，目前正打算利用这些规划保护周边环境并增强它们的生存能力，正考虑把它们当作自然公园由公共部门管理。而且，这一地带以一个四公里长的沙丘为界，由于巴塞罗那港口沟渠的影响，目前使之受到严重的侵蚀；该项目的设想是通过对沿海地区的加固与重新开发使之成为一个人类接触海洋/自然的空间，使海滩能够直接用于都市休闲活动。

整个行动计划的公共预算为 40 亿美元，规划实施期限达 15 年。欧洲地区带来挑战的同时也带来了经济机遇，为了不错失这些机遇意味着成本最高的行动规划目前极可能面临着立即实施的巨大压力。

资料来源：与曼纽尔·赫斯(Manuel Herce)的私人交流，
略夫雷加特三角洲规划管理委员会成员，
巴塞罗那

——城市规模的改变，如城市—地区的边缘地带扩张；

——由于服务范围的扩大与服务内涵的丰富，越来越多的城市长住或非长住居民的出行效率大大提高。但仍有一些城市，新中心的机构与城市结合较差，城市质量需进一步提高。

——有越来越多的可持续发展项目，它们可使新中心的拥挤现象得到缓解，减少目前中心的成本、花费。

- 城市设计(正规的)是都市项目实体内容与经济多样性的构成元素。正如在意大利提出的，首先是设计，然后是模型、影像……然后是规则、计划、规划。这就是所谓的“前期工程”。致力于中心区重构或在无人区建立新城的行动计划首先必须是可视的。否则，公共和私人部门似乎不会对这样一个复杂、长期的项目做出完全的承诺。而且，获得制度、社会及媒介的支持将更加困难。设计需要界定如下所述的一整套模式，即能够保证多样性与可接近性、鼓励大规模利用及其发展、使整体质量较高。行动计划的美学意义是经济多样性与社会生活质量的组成部分。
- 大型项目的管理模型在行动计划开始时就已确定。一个大型项目(很多项目)需要复杂的管理，至少需要以下几个方面的管理措施：

——行动计划表；

——项目设计；

——行动预算；

——部门间协调；

——补充工作；

——产品营销；

——整体维护。

每个措施的主要内容必须在开始时实施，才能使它们具有结构上的联系性。例如，计划表时间决定着预算设计；项目建筑与城市周边地区环境发展的设计可以计算出最后收益，从而有助于预算设计；产品的营销与设计和所有部门的参与程度相关；成本与项目维护规划必须在开始时确立，因为它们影响着行动计划的效率等等。确定这一复杂的管理模型的根本在于规范公—私部门的合作。大型城市项目需要一个前期领导者，通常为一些公共权威人士。该领导者确保对整体管理运营的监督。在项目运作过程中，主要部门与相关自治机构的协调对于项目发展的意义越来越大。然而，协调者保证了整体一致性——或在某种程度上应该如此。

专栏 7.4　科隆：地区物流规划

科隆位于欧洲的中心地带，因此，拥有高密度的通讯基础设施网络。自20世纪90年代，科隆市就已制定了一项力图使其达到“形式国际化”的区域航空运输规划。该项计划试图将已开发的战略变动整合使其一致。该项开发规划基于一系列机构的主要代表及其部分顾客与公共行政人员间的协商。规划最初开发相当一大批项目，其中一些在短期内便被充分完善。最引人注目的当属联合运输与“城市逻辑”终点站的起动。科隆—艾菲尔门形式国际化集散站是整个莱茵河地区的战略枢纽。1967年开始启动，至今仍在重建和扩建中。该项目使科隆市在高科技开发上与德国联邦铁路公司(Deutsche Bahn)一起，彼此间密切协商合作。铁路公司与邮政系统将拥有自己的分配平台，面向欧洲的基础设施正在被巩固加强，这得益于邮政服务公司已经与欧洲的其他四个邮政系统及一个澳大利亚的邮政公司建立了合作关系。这些相互联系的有机集散站是运输公司的财政收入来源地，对于技术公司、社会性企业、商业及其他服务业公司也一样。一个有机的城市航空集散站建立起来，并为区域内公司提供运输服务，实现了所有必需的空间服务。这些有机站点必须与德国机动车道系统实现充分的内外结合。

使运输系统具有一些环保意义，是这些项目所显示出的组织意愿，进而使整个规划具有了极高的生态本质内涵。因此，项目试图通过改进铁路运输部门的服务将相当一部分公路运输转移到铁路运输部门，其中，科隆市是主要的利益相关者。

地区规划也对区域规划与重型货运工具间的关系进行了分析，希望今后几年内，利用城市外围建起大量的产业园及中小型公司，开拓更大的物流市场。由于科隆位于欧洲三大港口与欧洲中心之间，是卡车货运的重要路线，以上仅仅是一个构想。该区每天卡车的流通量为 110 000 辆，其中 25 000 辆为过路车。考虑到交通、污染、噪音的增长，并通过改善装卸系统从而控制运输量，科隆制定了以下两个合作计划：

1. 运输公司的部分产品合作：它们共享卡车，以为它们共同的顾客提供运输服务。

2. 建立一个有机的城市航空集散站，在这些地方，货物被分配到城市特定的地区；然后，这些货物分装进较小的卡车。这一计划带来的额外成本招致了一系列的反对之声。

1995 年 12 月，莱茵兰[①]至威斯特伐利亚的地区组织宣布科隆是城市有机化的典范。这一成绩得益于行政部门与工业部门的密切合作，从而使高效的运输组织行动得到贯彻。同时，在具有高度的操作性的具体项目的基础上整合所有战略的意愿也发挥了巨大作用，它使得在长期内政策管理的高效化成为可能。

来源：*Cologne City Hall*，published in Eurocities(1995)，Working Document，Brussels，"Best Practices."

如今，公—私部门的合作不再沿袭传统的两阶段路线——公共行动面向无利润的领域(如何进行预算设计呢?)，而私人部门致力于有利可图的生产活动。公—私部门的预算必须在项目最初设计好，无论这种预算是基于项目最终收益(明确的一点是：城市征税制度不合适)，还是依据投资的再收益或城市发展余额(Urbanisme，1995；Nello，1995；Herce，1983，1993，1995a，1995b；Esteban and Ferrer，1995；Busquets，1988，1989，1991，1995；Acebillo，1995；Garcia and Villalante，1995；Koolhaus，1995；Mignaqui，1995；Fernández，1995；Fernández De Luco，1995；Leira，1987，1990，1991，1992，1995，1996；Portas，1985；Alfoz，1985；AU，1991；Maragall et al，1995；Barcelona Metrópolis

① 德国沿莱茵河的区域，它包括著名的葡萄园及波恩和科隆以北的高度工业化地区。——译者

Mediterránea, 1990; Rassegna, 1989; Solà Morales, 1988, 1993; de Cáceres et al, 1992; Dupuy et al, 1994; Monde des Debats, 1994; Singer et al, 1993)。

7.3 结论

本章我们试图强调以下几个核心思想观点：

- 如今，城市政策的主要目标形成了城市的内涵。
- 目前城市政府的存在形式是能够在城市项目的界定或实施中发挥领导作用的机构、团体或个人。
- 之所以将其称为一整套的大型项目，是因为首先将其视为部门化或专业化的，然而，它仍是或者试图实现多样性，并实现整体转换及表达的有机联系性——如战略化的。

如今赋予城市新内涵的思想导致了一个重大问题，即大型城市项目必须回答：确定性与自主性的语义差别。或者是通过项目重建(将割裂的项目恢复或重新开始建设)，使都市资源完善，从而使城市成为资本、人才、荣誉的象征成为可能。这些实体项目是一个物质资源流动的过程，初步行动具有经济性、社会性、文化性、政治性及理想化的特征。该项目是政治决策者、专业公司管理者、文化机构及社会代表间协商让步的结果。城市政府陷入似非而是的境地。一方面，全球化使地方政府(就近原则)的作用强化，大型复杂的行动计划也被高度地方化，这就需要具体的机构及政治实体与它们的领域保持密切的联系。另一方面，地方政府极少或几乎从不在国际上露面；它们(一般由法律规章管理)服从于法律规章，资源上依赖国家政府(有时也是地方政府)；相对于公共或私人经济团体，它们作用较小；大型战略行动规划并不属于它们的责任范围(或仅仅是部分负责)；而且，它们与在机构上相分离的都市相协调。

处于这种环境下，开发并提高领导力更多地依赖于政治行动而非任何其他的权威机构。这种倡导行为构成了大型战略项目包，(对与其一致的)回应共同规划的全球性项目。因此，必须建立确定优先权的逻辑可变模型，对社会而言，它必须是合法、可视的，而且，仍要为促成与更高级别政府及经济部门的协商与达成一致协议建立新的互惠框架。大型战略行动不能是单一向度的，如它们拥有一个服务目标，而与其他目标相矛盾。若我们承认建设概念城市政策的目的是提高经济竞争力，促进社会融和

专栏 7.5 鹿特丹：瑞蒙德空间规划和环境部项目

鹿特丹拥有世界上最大的港口，是一个复杂、动态的城市。许多年来为改善环境做出了巨大的努力，然而，总体来看，由于交通堵塞与重工业，需要做的工作还很多。关于环境问题，提高生活质量的意愿与重建大型港口以维持城市的竞争力和国家地区及地方权威地位，使之与工业及金融部门关系密切，为人们提供一个巨大的产业复合体从而创造新的就业机会、提高环境质量、社会环境达到所需，计划将于 2010 年开始实施。项目的目标是在加强城市港口活动的同时提高瑞吉蒙德地区的生活、住房条件。大多数行动计划中都含有改善环境、抵制目前污染问题的部分，这显示了推动经济发展的行动——港口重建——可以与可持续发展保持一致，即保护环境、提高生活质量等等。

瑞蒙德计划形成的工作方法体系为计划的成功实现打下了基础。首先必须提到的是一体化的方法，如客体——它包括社会经济元素、运输、住房等，再如改善行动——公共与私人部门将共同参与。评估也是一体化的，使所有相关方参与评估过程。方法是渐进和不断调整的。它频繁地评估并进行控制，与周围变化的环境保持一致，并总是经过广泛同意，在这一过程中，民主得到了加强。通过的计划制定了港口的发展战略，其目标是国家规划中提到的环境目标。一些行动在这些发展计划中被强调为优先的：港口的扩建，改善港口与工业区间的交通，发展公共运输，利用铁路、船及输油管道进行货运，采取措施改善环境以控制目前问题，巩固城市空间，扩大自然空间与休闲区，鼓励机构间合作以达成这些目标。这些目标被细化为 47 个不同的项目。

尽管存在批判之声，在地方层面存在一些不可控制的因素，目前它建立了一个执行这些项目的结构模式，以调整这些不同的项目使其相和谐。财务方面，行动的整体管理费用达 50 亿美元，1993—1997 年间的费用占五分之一，其余费用使用至 2010 年。2000 年，私人投资可能为 150 亿美元左右。最初迹象显示规划对地区极具正面意义：港口创造了 15 000 个工作机会，新增了1 200公顷工业区，绿色休闲区面积增加 1 750 公顷，受工业污染侵害的人显著减少，居住在像鹿特丹这样的港口附近的居民风险显著降低。

来源：Rottedam City Hall, pubished in Eurocities(1995), Working Document, Brussels, "Best Practices".

及可持续发展能力，那么在所有大型城市项目中，这些必定或多或少地有所显现。例如，当一些具体的基础设施管理运营行动甚至是一些战略规划被指责为仅考虑竞争力这一目标时，这些指责可能无效——此时这些

专栏 7.6　布宜诺斯艾利斯—马蒂洛港

马蒂洛港重建项目反映了恢复布宜诺斯艾利斯的重要历史及战略价值的改革意愿。马蒂洛港位于普拉特河与城市传统中心区之间，是一个具有巨大的聚集潜力的较大地区(130 公顷土地和四个总计 40 公顷水面的港口)。马蒂洛港计划实施的主要目的是恢复港口使其为商业、居民及市民所用。基于这一理念，重建旧港口使其成为市民服务体系中一个河界边的基本城市构成元素的企图显然是有意义的。因此，有必要开发一个新的大型绿色休闲区，并使之与城市规划中的其他部分紧密相连。马蒂洛港地区由于其具有的聚集功能将被重建为一个新的中心，从而为布宜诺斯艾利斯的经济腾飞提供第三级别的居住空间。马蒂洛港能够提供一个打破土地外部动态利用机制的机会，通过建筑设计中的绿色地带培育具有新水平的居住区。

开展所有这些行为计划需要确立一个强有力且具有可接近性的系统从而使马蒂洛港与布宜诺斯艾利斯的结构体系连为一体。马蒂洛港北部与南部的两个大型道路出入口使其与地方相连。同样，也提供了公共运输道路。需要特别注意的是大型基础设施工程不应将旧中心与新中心隔离开(拉普拉塔至布宜诺斯艾利斯的双车道公路)。

马蒂洛港计划开展之初成立了一个公共机构——马蒂洛港组织(国家政府机构/市政机构)，由一个综合性的专家团队(布宜诺斯艾利斯市议会规划办主任阿尔弗莱德·盖利、巴塞罗那咨询机构的欧洲顾问附属部门主管乔·布斯琼特与乔·艾利莫尼)。在此基础上(见 1990 年马蒂洛港成熟战略规划)，开发规划面向地方专业机构招标。公司在综合高层各方意见的基础上执行规划，实施范围自基本城市工程到为私人公司提供个人发展设施(最初是那些已存的棚屋)。

以下是马蒂洛港规划在 1991 战略规划中的具体目标。

规划的具体目标：

马蒂洛港，城市河流方面

数十年来，使城市与河流通过港口建立新的联系的尝试逐渐被放弃了。将旧的被遗弃的港口转变为城市的构成元素形成了新的城市面貌，马蒂洛港自身就是一个障碍。港口外延水面的特征同样使该区具有了极少数城市才有的历史及网络中心的独特地位。虽然目前重建的目的是为了市民及其活动服务，但城市新的利用价值由于这些港口的存在得以维持。

科斯特内若，再次成为城市主要绿色地带

此项变革行动必将为科斯特内若(码头)提供了成为城市绿色系统组成单元的机会。为此，它将不得不与已存的城市模式——绿树区、开放式咖啡厅或饭店、比赛场(自行车赛、滑冰)——清晰相连，简而言之，要像过去几十年一样为港口居民提供一个自由空间。强化科斯特内若地区的功能还将使这一生态区更具可视性、单一性的吸引力，它将被视为自己集中利用而存在的一个保护区。

马蒂洛港成为新型中心的机遇

马蒂洛港的特权地位使其通过采取新的聚集活动实现其作为首都城市中心区的现代化，这些活动在不久的将来都是必需的。这有助于城市的经济腾飞，并提升其在国际首都城市体系中的地位。这还能间接地避免布宜诺斯艾利斯传统中心的负面变革效应，自由竞争/办公室与传统街区/高楼区使生物形态及其活动转变，且这些变化的发生无需预先勾画图景。

集中定居新选择

在新模式的中心区，集中的居民楼根据街区间社区服务与空间分布，这一选择实现了质的飞跃，改变目前中心区工作部门的单一模式（拥有花园的房屋位于城市边缘）。优先向科斯特内若开放还将使部分人口能够持续利用这一大型开放型式空间。

可作为城市第三级空间

毫无疑问，这是未来十年城市中心区最强烈的潜在需求。新的工作形式寻求具有一定规模的群体组织形式，规模要大于布宜诺斯艾利斯的二十个街区。因此，伴随新需求而来的是必须确立新的空间与聚集模式。码头东部第一区为新中心提供了绝好的发展机遇，它靠近目前的机构中轴线，沿街道朝向码头。

码头再利用与建筑遗产

马蒂洛港码头的特权地位及其作为港口的有利位置使之尤其适于市民居住与福利设施享用。高质量的建筑使之暂时被重复利用，并逐渐变为一个具有吸引力的城市枢纽，成为该区生活集体化的发动机。

同样，港口区的一些高塔成为建筑标志，并开发一些具有特殊活动目的房屋。鹤、保护桩、石路及周围的绿植都有利于空气保持清洁，并对这一象征地区开发新的使用功能有利。

新型的中等密度聚居区

该项行动的规模使开发一个中等密度的居民区成为可能，从而满足周边环境对高质量较大房屋的需求。建筑物旁的小公园将提升该区的居住功能。处于第三级居住区结合处的地理位置使之成为地区主要活动带。

自身交通系统

开发上述规模的个体单元需要确立一个强有力的出入系统，使之与布宜诺斯艾利斯结构体系密切相连。新港北部和南部的两个公路入口使其与地区系统连接起来。几个中心船坞的通路使它们与目前的城市网格保持联系。地下运输系统延伸到这一体系中，陆上运输系统也可利用这些主要的循环圈。无论如何，实现目前城市交通的可持续性，尤其关注拉普拉塔市—布宜诺斯艾利斯市双车道公路或高速公路——位于城市与码头间——的路线设置，从而避免在目前的中心区与新中心间形成断裂，这都是很重要的。国际经验显示这部分内容对于整个地区的合理发展很关键。

主要的中轴线："历史中心—生态保护区—河流"

两个中心区间的上述两个地方与河流必然成为沿梅奥大道指向的主要的绿色屋脊，划定出了第一项指令所要求的空间形式。该轴线将使整治中心与新港新中心相连，并建议在生态保护区修建一条运河，从而能在哥伦布公园广场就可以看到河流。该轴线的意义在于通过类比基础空间的重要性与河流的当前功能，从而维持城市的正统形象，这些功能是以前由海关与第一座桥梁的建设树立起来的，该形象的维持是基于码头或港口这一模式下。

专注于转变的规模

变革的规模意味着这样一种实施路径，在实施中不能放弃大规模带来的形象与创新方面的好处，一方面避免形成投机机制，这可能会使城市失去控制，另一方面避免不和谐的建筑，这将使城市陷入混乱中。因此，形成一种全球视角下的行动过程很重要，它可以一部分一部分地发展，确保该层次上一定的自由，使之可发展其自身具体的行动计划，从而使该计划与城区的总体结构相一致，进而该区才有成为一个真正的城市单元的希望。类似地，在中等规模区开发中，必须有一些机动房屋以供实施项目所需。

初步的公共行动与私人投资的发展

如同欧洲与美洲主要城市中许多废弃区的发展历程，新港的变革路径必然发源于城市公众的初步行动，私人投资仍会起到补充作用。基于这种意义上的变革确保了对中心区的再评估，同时也实现了其他部分城市化的合理进程，从而使市民可以开放、集中地利用城市资源。

马蒂洛港，布宜诺斯艾利斯的著名城区

简而言之，上述目标共同体现了这样一种意愿，在保持其紧密联系性的同时实现变革，使其作为城市的有机组成部分，其意义在于它在形成布宜诺斯艾利斯现代化中的历史性地位与作为中心区的战略价值。首先，地理位置使其具有水域和其他优势因素是其独树旗帜的财富。因此，管理机制必将成为保证规划成功的逻辑因素。最佳方式为培育一个公共性的初步行动组织为变革开路，这项变革对于市民和现实中的投资者都是富有野心的，投资者将负责物资供给并在中期使用。

来源：Busquets et al，1990

专栏 7.7 墨尔本南岸：一个废弃工业区的重建

重建南岸的核心目标是建设一个新的中心区，南岸是一个老工业区，受到经济萧条与废弃工业的影响，与中心区联系很少。该项目的大量行动力图使南岸与墨尔本城市中心融为一体。行动计划的重点如下：

- 建设大型街道以形成城市中两条大规模东西交通轴线，从而提高交通能力；
- 将沿河的街道改造为行人专用道，并直接通向主要大街与中心区；
- 建设房屋区以实现土地的复合利用；
- 建设集商业、金融、休闲为一体的综合建筑群，成为新中心的轴心；
- 开发金融基础设施建设；
- 开发大型开放空间。

特别需要强调指出的是此次南岸重建计划的实施得到了各种社会及经济机构的一致支持。联邦政府与州政府也付出了努力，州政府是大部分土地的所有者并负责基础设施的规划与投资。同时，地方权威部门在房屋开发中也发挥了必要作用，而大部分投资则出自私人机构之手。南岸重建的补充行动包括一些需要详细考虑的因素。首先，项目的开展缺少一个具体的行政权威机构。开发机制的一致性与和谐性使项目通过日常行政程序得以实施。行动计划的另一个显著特点是弹性。规划在未放弃原有一致同意的战略原则的情况下，吸收了改变经济及社会条件的建议。最后，必须强调的是市民的支持，若没有他们的支持，许多项目不会有目前已取得的成就。

资料来源：Mireia Bell(1996)，Working Document，Barcelona

行动或规划并不存在以上问题——也可能有效，换句话说，它们更多的是基于公正理念的考虑而非建立在对项目熟悉了解的基础上。大型基础设施建设，如环形公路或铁路的修复或制造业区建设，如果它们能够保证新中心可为大多数人利用且能够改善周边地区的福利设施与服务，也能够作为收入再分配的一种手段。再看另一个例子，当这项修复工作在一个衰落的边缘地区展开，耗资限制生产性投资，若行动计划适时达成将使主要资金置于以下语义之中：安全、水污染等等，没人会考虑这一事实。而且，这项行动计划还可以提高人力资源素质。更深层次的一个例子是文化设施的覆盖面。该投资既有利于社会整合也有利于竞争力的提高。在某种程度，它使市民文化得到发展，并对城市可持续发展能力产生正面影响。

这样的例子我们可以一直列举很多。不管是哪个案例，我们的挑战是：我们假设任何大型城市项目行动总是沿这些具有正面意义的向度发展；若不是的话，我们会争辩说只是一个偶然，若并非这样的话，指责便会接踵而至了。最后但重要的一点是，不管大型城市项目是否具有多维度的本质，它都依赖于民主体制的效能，这一机制建立在国家分权、地方自治、城市政府及透明度、参与交流机制多元化的基础上。

第8章 都市政府

8.1 现代都市

经济与人口的增长导致了城市的聚集，从而使人口聚集在一起，使活动与财富最大化，如城市中，尤其是大城市，然而，这样也产生了地区与社会的不平衡性这一严重问题。在发达国家，人口增长已呈平稳态势，这些问题并不严重，作为国家发展的中心区，对大城市的需求还在持续增长。

城市聚集或大都市化已成为一个州际问题，它集最强劲的增长潜力与最沉重的社会压力等问题于一身，它追求最具动态性与创新性的活动，但也发现这些活动是最边缘化的问题，即伴随着最大的不平等与不平衡左右下的财富与福利问题。社会、经济、文化问题超越了城市，而且时常外溢出边界——国家、州等——成为一个区域问题，从而与法律系统不能吻合。中心城市的决策影响着城市边缘地区的居民，而边缘地区的居民在利用城市时并不能参与进城市决策制定机构。

现实中，这种城市缺少一种表达机制，它也被置于世界的外部，被视为一个独立的单元，同时作为一个独立单元与其他聚集体建立联系，自我编织一个世界级的合作竞争网络。

虽然这是一种世界范围的现象，由于城市或都市聚集体的多元性与复杂性，它们不会采取一致措施。城市聚集的物理因素很难把握。例如，欧洲城市与像纽约或东京这样的全球化城市模型不能一概而论。在欧洲，任何一个城市体系都包含着 40 个大型系统与相当数量的具有主要聚集功能的极具动态性的中等城市，它们间不仅是竞争的关系，还相互补充。发展中国家的大城市增长迅速且无节制，还不能与前述这些城市相比。全球各地的历史遗产、文化传统及社会政治组织形式相差甚远，对于已达到的社会经济发展水平而言，所有城市都会采取限制发展及解决措施以实现大都市现象制度化。

在分析该问题时，发现各聚集体间存在的一个显著区别是，一些都市政府没有协调机制但却通过更高层次进行协调、沟通，而另一些都市政府则不存在任何形式的协调沟通。这两种类型的聚集体在一个都市政府中明显区别开来。首先，都市结构以法定形式凌驾于市政之上，并强制市政府行使一系列已预先界定出的职能。这是我们遇到的一种组织形式，例如，巴西或加拿大的大城市、法国的城市社区通常是在中心单元行政控制聚集体发展的结果。这种发展形式在所谓的“都市自治区”中也存在，虽然其中不存在有差异性的中心单元行政体制。虽然在一些情况下，都市自治区是不同城市平行发展的结果，但在有些案例中，它们形成于一个明确的历史性核心区。在这两种情况中，法律正使集合城市转变为都市自治区。这种现象在亚洲大陆普遍存在，东京是一个例外，主要存在于民主传统匮乏的发展中国家，这些地方城市迅速且无节制的增长使城市形成了一种独特的体制。这些聚集体通常是或曾经是省会城市，无论怎样在这些个别的国家中都是经济、政治、社会、文化的主要发展中心，因此，它们时常受到特殊的行政待遇。例如以下地方：安卡拉、伊斯坦布尔、孟买、卡拉奇、北京、上海。像新加坡、香港、首尔、越南、巴西利亚这些具有特殊地位的城市，比如说是城市国家或地区，其功能也是一样的。

政府结构通常分为两个层级，覆盖整个聚集体的都市层，与更小层级的地区或较小的单元体。由于它们是拥有自主权力的地方政府，很多都市自治区除了具有通常的竞争力与都市结构的权威地区的地位之外，还拥有财政、城市规划、经济与社会政策立法方面的特权。即使没有都市权威机构，得益于已存的更高层级的行政单位如省或地区，城市聚集体的制度形式使其纳入国家的组织结构之中。在这些案例中，聚集体的市政府与一个或更高级别的行政机构共享地方权威，这通常涉及若干越位的行政层级在一个及其相同地区之上的竞争。事实上，都市问题“区域化”的解决有助于协调功能的发挥与在更高的行政层级上管理聚集体。例如，法兰西省、马德里自治区，美国城市洛杉矶与迈阿密，北非城市拉巴特与卡萨布兰卡。由于行动计划与财政计划的超位与聚集体市政表达机制的缺失，极易导致竞争加剧。

另一种协调为功能性协调，如建立为地区提供服务或具体功能的机制或机构，服务与功能根据目前情况所需确定。这种情况在像伦敦、巴塞罗那这些都市政府已被废除的城市非常普遍。我们在一些澳大利亚城市如布里斯班、珀斯(佩思)、悉尼，也碰到这种情况，州一级的协调机制是由于地方政府认可程度较弱而产生的，或是像纽约、芝加哥，聚集体的扩张速度远远超出州或国家的行政权限。最后，一些聚集体不存在任何形式的超市政的协调机制。世界各地都可看到这种合作关系,如阿姆斯特丹、华盛顿、蒙得维的亚。值得一提的是,如同功能性协调,它也是在都市体消亡后产生的(伦敦、巴塞罗那)。

都市区域组织结构是影响各层级行政体制间竞争性分布的多种因素之一,不同级行政共同进入都市组织结构体系内。总而言之,拥有竞争力界定完善的体制与保证其实现的充足资源的都市地区数目很少。

尽管组织形式多样,一个共同的特征是全球性或战略规划的较高级职能与服务的实施需要一个大型区域,这是效率或自我反应机制(运输、房屋、环境、废弃物、水供应及其他反应机制)的需求。更体现地方化的较低级别的行政管理需要更接近市民。尽管如此,不同都市体间共享的竞争力汇集于都市地区是一个复杂的问题,它同时依赖于都市现行的组织形式,州的总体结构、各级行政间的关系、地方权威的自治程度等等。

广义上讲,这些都市地区不同级别行政间的区别是国家全球化体系中的一部分,无论是治理还是协调,它们是具体的都市实体。当都市区的行政是国家总体组织结构中的一部分时,其由法律确定的竞争力就与这样的行政单位相联系,包括:地区(法兰西省)、郡(洛杉矶)、自治区(马里兰)。虽然都市区地方实体间不同的竞争力必然意味着矛盾的产生,但原则上是明确清晰的。例如,巴黎的地方与州之间在运输控制政策上存在争执。

当存在一个都市政府或这样一个结构时,通常其竞争力很少被清晰地界定且资源也不充足。总之,都市实体的竞争力不是排他的,州与地方实体可以共享,然而在同一区域采取不同行政管理会产生矛盾与纷争。尤其是当一些个别的实体在执行一些具体的服务或依赖中心政府的实体,其复杂性往往会增加。再者,大城市对国家发展的重要作用,促使州政府开始它们的大量行动进行干预,如大型国家项目需要巨额投资,而且这种情况在州中心的职能在地方发展中逐步萎缩这一背景下,愈来愈多——这曾经被认为是呈反方向发展的。

最后一点是,竞争力与金融财政密切相关,因为显然若没有充足的财政资源,竞争力是无法实现的。传统上都市收入有三个基本来源:地方税收、服务业收费、来自其他地方或州的转移收入或补助。财政模式建立于对以上来源的广泛综合之上。一些都市的大部分收入来自国家转移支付(巴西),一些则主要来源于服务业收费(哥本哈根的运输业),还有一些都市的大量收入来自市政税收(蒙特利尔),以及一系列其他收入的综合。关于来自税收的资金,一部分可能是都市市政的税收收益,如加拿大或英国的各州，尽管有些也是都市本身的直接收益，如法国城市社区。

无论如何，每个国家的都市财政来源都依赖于地方财政体系，而且当大都市的需求不断增长——财政需要同时增长——时，政府越来越不愿意转移财政及其资源，主要手段是限制公共消费。而且，国家转移支付与具体需求的配套性正在提高。所有这些导致出现大型聚集体中广泛尝试各种新的财政管理模式的趋势，传统上被视为私人部门理念，尤其是通过组成混合企业引入私人资本。在一些城市，公共服务被直接私有化，如伦敦，尽管私有化可能也有利于国际间援助支付，这直接或间接地推动着具体组织模式的形成。总体而言，都市体面临着许多严格的财政限制。它们的自主性与收益集中能力不充分，同时依赖着中央或地方政府与建构都市的市政府，资源配置对竞争力而言是不充足的。

然而，几乎每个国家都存在一种现象，一方面它对于国家的发展起关键作用，同时也是许多严重问题的关键原因，而另一方面还没有任何充分有效的解决措施。问题复杂化与扩大化以及由它的制度来承担各种问题也就不足为奇了。在分析都市区时，我们发现最普遍的问题是：

- 市政部门在构建城市聚集体中不愿失去它们在更高层次上的自主性。它们的抵制是可以理解的，并且无处不在。尽管最佳的解决方案无疑是建立一个强大、民主的都市权威，但看起来仍是很难避免的。
- 高层行政部门抵制具有广泛、地域性目标的都市体的出现，是来自高层的反对力量，尤其是当相关权威属于不同的政治阵营时。显然，有两个都市政府已被废除的例子，一个是伦敦的中央政府，另一个是巴塞罗那的地方政府。
- 可以看到，行政机构本身膨胀——这是必然的——变得更官僚化，以及日益增长的公共支出。其中，服务业的良好管理使资源配置与竞争力清晰明确。这正是为什么尽量避免在已存的体制形式上形成新的体制相当重要，意大利选择了颁布新的法律管理都市区。
- 民主缺失。都市问题的解决与否没有来自市民的压力。超市政的机构，由于不是直接选举成立，对市民而言，距离较远且无法控制。
- 都市形象的恰当定位。定位不应与都市自然竞争力与功能相矛盾。总体来看，存在两个相互补充的层面：广义上，与战略性、地域性规划和高层机构（国家或地方政府）的协调相一致；狭义上，聚集体或城市群应能够实现市政间合作，并提供多种具体服务。
- 恢复服务管理的效率原则，并使之最大限度地贴近市民。

- 需要使都市中活动的多数公共与私人部门的利益相和谐。一个强有力的都市权威是必要的,但就其本身而言是不够的。为了有效实现最大限度的一致与参与,且这种参与应是建立于选举制度下的持续过程,因此都市权威必须与基层机制相吻合。
- 财政资源不充足。这是影响大多数都市体的另一个问题,如前面所指出的,问题之一就是使这些都市试图采用新的财政管理模式。除此之外,大城市无疑还需要一个能够保证其实现良好治理与运营的合适体制。我们生活在一个日新月异、竞争越来越激烈的时代,在这个内部联系不断加强的世界,用于合作与交流的市政网络系统越来越复杂。都市权威部门必须是强有力且具有高度的合法性,能够在与外部世界谈判时具有显著优势,从而使其更具竞争力。国际市场的影响带给它们新的竞争。竞争不再仅存在于个体公司之间,大型公司同样面临这一问题,它还发生在生产系统中,他们可能会发现在他们建立公司的地域或组织体系的质量选择战略滞后或被削弱——服务与配套设施的质量、环境、公司服务、通讯系统等。所有对都市内部职能无害的措施,如其在实现居民融合中发挥的作用,都会带来这种后果。

8.1.1 超越都市

20 世纪 60 年代,都市与包括若干城市中心的高度城市化地区相连的观点盛行。代表模式为美国东北部。在欧洲,超越聚集体建立城市区域的努力促成了“地区—城市”这一概念。然而,尽管这些理念表面上被视为是实现区域规划的保证,但并未被转化为制度形式。都市持续不断的发展总是有两个前提。其一是外部特征,一般是都市在城市规划、服务管理(水、污水、交通、废物处理、警察、住房计划等)方面等都市制度方面的浅层次问题,第二个前提的基础是城市已具有的核心区。之后恰好产生了都市政府的矛盾现象,即城市中心的力量与地方权威相冲突。这就阻碍了新的统治结构的创立,恰恰是当他们在最需要与广泛的初步行动建立联系时,这些初步行动由大量公共与私人部门推动。

20 世纪 80 年代,全球经济竞争与通信媒介的进步共同影响确定了新的城市——地区区域,这些区域几何模式多样且制度相当复杂。这使得城市试图形成一种新的制度形式,利用中间机构使彼此相区分(省、部及其他类似机构)。这是一些欧洲国家目前改革的内涵所在,如意大利与荷兰。然而,新的地区经济现实超越了这些实体,正外溢出地方及国家边界。新的战略空间出现，即宏观地区与城市轴心。

宏观地区是多极化的城市系统，围绕其周围的都市是其优势。尽管总是会有一个城市较强，宏观地区城市系统中的中心之间会有某种平衡。我们发现在更高级别的区域层面上，一些城市轴线或宏观系统制定的目标是相同的，它们间的关联性更强。在欧洲，“香蕉带”变得众人皆知——自伦敦到意大利北部的城市经济轴线。补充“香蕉带”的是欧洲的“太阳地带”，它将巴塞罗那（西班牙东北部）与另一个“香蕉带”的南部终点相连。另一些轴线，在一些地方已得到巩固（如罗讷河—莱茵河轴线），或是正在形成（如欧洲亚特兰大弓形区）并显示出具有培育共同项目的能力。在所有地方，治理能力并不依赖于是否建立一个新的机构，在当前的国家结构下是不可能实现的——而且由于城市——区域地带结构的动态多变，这种合成的体制是极不稳定的。更确切地说，治理能力依赖于制定并执行大型项目的能力，这些项目设计的目的在于使这些地带成为具有竞争力且内部联系密切的区域。这是最近所谓的大都会（Metapolis）所面临的挑战（Ascher，1995；Pumain et al，1991；Delfau，1994；Berry，1976；Belil，1988；Chesire，1994；Sallez，1993；Hall，1993；Lawton，1989；Martinotti，1993；Lenoir，1992；Consoni et al，1995；Ajuntament de Barcelona，1991；Ascher et al，1992；Borja and De Form，1991；Borja，1988；Alemany and Borja，1986）。

8.2 治理城市

地区—城市区域的治理能力包括三个层次：

1. 战略层：公共与私人部门共同执行、管理大规模基础及配套设施建设工作。这是大城市面临的新困难，但它通常也是一个多中心的地区。

2. 都市层：保证现实城市管理及其提升或活动人口日常生活领域的合作机制。其发展趋势为分散的高度自治区。

3. 都市地区城市自治区或城市中心层面。在严格意义上，这属于政治领域，不仅因为它是由一个具有广泛权力的代表机构（通常由直接选举产生）统治，而且由于它对区域整体而言意义非凡。该层次是对当今城市平均统治能力的政治测量，尽管看起来似乎与关于地方—城市空间重要性的观点相矛盾。一个强有力的政府，它贴近社会及经济部门，并能够与其公共行政部门协商。几乎拥有全面的竞争力，并被期待着走在最前沿。或有或无的首创精神标志着都市区域作为一个整体及其结构上——或者结构上达不到——是一个战略空间。这并不是像前面所说的中心城市有发展、管理和整合的责任那样,为城市中心管治其腹地提供一个理论。不论如何,恰当的做法是促使其政治模式能够最好地履行这一职责。

8.2.1 城市的政治机遇

这是一个极其依赖媒体以及政治代表个人化的时代。市长常常是直接选举产生(或者至少是获胜政党的代表)。在大城市,地方分权促使主席(有时是若干议员)直接选举。利用公开的参与名单或选出一些地方议会议员进行实验,通过在一个混合体系中运用合适比例的城市名单,将能够弥补大多数体系中的代表扭曲现象。总而言之,选举法律应严格限定为一些具体的基本原则(广泛的投票权、频率等),确认每个自治区根据其特征及其市民的政治意愿创新及尝试各种模式方法的权力(每个自治区的选举系统是选民协商的目标所在)。

政党在国家选举中的运作并不一定与其在地方选举中的运作模式相同。城市政治并不仅仅是按比例减少的国家政治形式或政党传统文化的复制品。一些国家(如美国加利福尼亚及其他州和加拿大),在法律与传统上,政党极少援助选举人或某个具体的选举人。在市政选举中,仅有选举人团队与个人参选者运作,他们可能得到一个或多个党派、城市体及其他各种类型的团体的资助。

投票是强制的、程序化的、广泛的。市民在拥有权利的同时也有政治义务。他们可以上交空白或是被损坏的选票,但是他们不能拒绝投票后仍坚持向市政府要求他们的法定权利。候选人必须对程序负责,若不能履行规定程序,就像一些极少数选举人揭发的那样,将不能进行接下来的选举(也由来自法官、市政议会及市民社会的特种法庭代表们决定)。任何能证明他们在城市居住一年以上的市民,不管国籍为哪里,都是选举人,居住两年以上的外国人有权成为候选人。

参与的信息对所有人而言是相同的,选举时期所有候选人都是口惠而实不至。然而,我们相信对于大多数市民而言,这是他们使日常生活与公共权威机构建立联系的一种特权。我们建议镇议会(或大城市的一些地区及邻近机构)应联合起来为整个行政区提供一个唯一的接待处或热线电话。无论如何权威机构都不能要求市民提供另一部门甚至另一个分离的公共机构的文件或数据。很多情况下,将口头协议作为公共记录中的办公文件是无效的。市政府部门也可以成为市民在与其他公共行政机构及服务提供企业进行交涉时的法律顾问。为了保护市民,应当建立这样一种制度，创立或批准成立仲裁、法庭调解、财政议会、使用者信息、保护机构、个体权力章程、环境、城市维护及相近服务业中的就业水平、年轻人住房等这一切不损害市政公平（基于地区和平的正义原则，应直接选举）的部门，以解决邻里争端，惩罚城市小型犯罪行为，保护环境、公共空间和福利设施，附带地保护市民权力，在参与者一致同意的基础上，通过仲裁协调程序赋予他们在其他情况中行动的权力。

虽然热线使与行政部门的交流活动扩大了，但与其说是一条准则还不如说只是一种例外。地方商店能做的事而镇议会却无法做到是荒谬的。市民被赋予与在理论上接近于他们的行政部门广泛交流的权力。如今，保证城市电报系统疏通以方便内部交流活动是地方政府的一项义务。似乎有必要通过授权并激励镇议会利用由社会团体及职能部门管理的地方电视及电台，从而形成视听的民主化。但不能忽视同时为社团、协会、公民投票、在城市配套设施及相近服务的管理中发展公私合作的举措提供资料信息。

8.2.2　城市分权

大城市及都市区组织机构在政治与行政上的分权化——尤其是聚集体、城市群或“现实城市”——不可避免地是两个相关联的过程，或者彼此间呈辩证关系，如“城市化”程度越高，“分权化”的程度也越高，反之亦然。分权化应基于具有不同历史地理或社会文化特征的地域单位（地区单位）展开，也就是说，使之存在或建构具有一种集体性。它们也应尽可能地形成一个清晰的物质形象（若主要动脉已定位了各区，最好联合而不是将它们分离开），并希望它们的社会职能能够成为多目标的。各区必须足够大（指居住人口与地区），才可能实现服务及功能的管理与运营。

区政府可能会是一个城市选举代表（议员）——作为市长的直接代表——与一个政治技术团队一起，指导这个区的行政机构。无论是由区选举议会或是由区主要政治团体（打破了市政府的一体原则）设计的首长直接选举制度，若该区是分权化的、法制化程度高且市民能够公开参与，或是市民分权化建立在前文所指的“城市化”进程中更全球化的过程中，其实施将会更容易。早期最普遍的做法可能是建立一个与城市多数统治者一致的区或邻近执行机构。

虽然总体上来说，区议会几乎没有决策权（除非那里有都市政府），但它承担着激励、领导、控制、信息、协商、建议的职能。邻区候选人、个体候选人等像政党候选人一样参与选举，在这种模式下，区议会直接选举实验是有趣的。例如：为了保证少数派的参与，每位选举人只能对三分之二的席位进行投票。还应当考虑在区内所有机构团体的基础上形成议会的可能性，人口整体的代表性较低的现象也将结束，但同时应鼓励居民联合，它将会使其合作性更强。

竞争力功能及服务业的分散化在技术与政治意义上是一个相对复杂的过程，不能够以临时抱佛脚的态度处理。必须小心研究竞争力转移"包"的补充计划，并使其应用中不会导致成本与功能失效现象螺旋上升。以下几项也必须铭记于心：

- 功能与服务间的竞赛转移了，需要技术、财政、物质及人力资源去实现。
- 分权或分散的功能服务与管理基本规则、整个计划、执行或管理协调机制的中心部门间的联系为结果提供技术支持，并对其进行评估。
- 由于新的行政部门不能单纯地成为前身的复制品，应对行政部门重组，并引入新的管理技术。

通过以上论述可推断，我们不应把注意力集中于对分权与分散化的争论上。显然，功能与服务的主要分权已提上议事日程，但是就这些功能与服务在区域内与政治领导体制整合的程度而言，依赖于配套代表机制的控制与相关群体参与的广度，我们认为我们应当讨论一下分权问题。

8.2.3 相关人群

如今，市民社会在城市统治与管理中的参与再一次被提上议事日程。除了那些与历史上其他时代一致的原因(政治民主、城市发展导致某些部门利益受损而产生的需求、集体身份的需要)，目前，还存在其他一些暂时性的原因，如：

- 城市发展及其活动行为使生活质量问题成倍增长，城市居民及使用者对社会福利的需求增加。涉及不同种类群体及其相应需求所带来的问题更加具体化。公共供给必须多样化，且其需求应清晰地表达从而使其得到满足。需求供给的调整在很多方面可能是矛盾的，需要一定范围内的参与机制，包括规划研究阶段和管理实施阶段。如今，地方民主是相关群体的根本需要。
- 行政管理领域的服务功能的范围及多样性产生的成本越来越难以满足，而且会产生官僚机制，从而使其在经济社会中更加低效。公共团体与私人团体以很多形式在不同领域的合作(从主要经济社会部门参与战略规划到一般群众团体或个人的合作——自愿或有偿的——提供像照顾老年人这样的社会服务),如今是公共管理领域的一项根本制度,参与管理是功能的必然需要。

- 在地方层次上,民主代表存在的明显危机能够至少部分地得到弥补,选举人与被选举人、统治者与被统治者之间建立了直接、持续的关系,即个人交流、通信及对政治代表的控制。
- 社会中常常存在的边缘化与排外过程——通常清晰可见且贴近我们的生活,大城市中往往更严重——对于地方领域的影响力更大,可能会实现整体行动、社会相近性与直接一致性的整合。

上述所有原因使我们认识到,加强人们参与是政治与法律发展领域极其迫切的需求,是实现整体效率的前提。参与的公正本质即是控制强者,帮助弱者。若授权保证或评价与政府及行政机关往来的群体或协会的代表地位,人民参与产生的问题很难解决。一些情况中需要全面的规定——如开展一次投票必须具有可操作性,并同时适合可能出现的特殊情况——如为某一项特殊规划或社会计划而组建的监察团。以上这些是由它们的直接吸引力与承担部位工作的能力决定的。无论是社区参与还是市政参与,都需要建立具体的部门机构,如经济事务议会、福利协会、公共安全协会、交通运输协会等。这些部门在所在组织机制中的代表地位更多地由它们的初步行动决定,而非参加的人数。

参与的主要目的是:

- 加强项目与计划制定、执行及市政服务管理中的公共参与:四年计划的听证会、城区或社区投票设施的完善、尝试在大型市政服务公司中开展新形式的市民参与,总之,全面利用新技术增加与公民的交流途径——如,在城区间进行远程信息处理协议试验。
- 通过一些专业化活动计划培育开创性、自愿性工作,从而鼓励并使社会能源致力于公众所争论的集体利益这一目标。
- 通过建立一些支援机构这一政策,使其提高自身的技术与行政管理能力,在意见表达、活动实施、更广义的服务管理或成员服务方面更具竞争力,进而加强各协会间的网络联系(Borja et al, 1990; Ajuntament de Barcelona, 1990; Roncaylo, 1990; Curti and Diappi, 1992; Vourg'h and Marcus, 1993; Charte Européenne de femmes dans la Cité, 1994; Alape, 1995; Polèse and Wolfe, 1995; Consejo Territorial de Planeación Santafé de Bogotá,

1995；Ziccardi，1995；Carrión，1994；Concha et al，1994；Sivaramakrishnan，1996；Ducci，1995；*International Social Science Journal*，1996；Rodríguez and Winchester，1996；Borja，1996c，1987；Sachs，1996；Alemany and Borja，1986；Castillo et al，1990；Inchieste，1994）。

8.3 结论

最后得出以下七条原则以促使地方民主化与市民权利的更新，这些原则是笔者为第二届人类居住环境会议（Habitat Ⅱ）中一个西班牙代表委员会所做报告的一部分内容（Borja，1995）。城市及其市民的权力随着世界范围内的全球化与国家地方的城市化过程而演变。

1. 参与国际生活的权力。地方政府由于其在国家附属地区间经济文化关系中的重要作用、在移民潮中承担的角色、全球需要它们共同承担在经济增长与环境可持续发展间做出妥协让步的责任，及其在社会文化整合与政治参与中的现实或潜在的影响，如今正成为国际生活中的代言者。因此，明确城市的权力，使城市政府与市民社会建立联系，无需中央政府这一中介与国际协会建立联系网络并参与国际事务，通过代表机构加入联合国体系之中是必要的。

2. 政治创新的权力，包括在基本原则框架内（如普遍的投票权），制定选举组织机制、服务管理模式、财政体制。

3. 承担一部分传统上与中央行政或私人部门相关的职权——城市安全与公正、经济发展、提供就业机会，尤其是发展具有新的内涵或技术的通讯系统。

4. 地方政府从其自身角度而言，必须保证所有市民的政治法律平等，而不管市民的国籍与宗教信仰如何。

5. 各级地方政府及相关运动中，必须保证性别平等。

6. 地方政府应培养集体生活，在社会各种群体中形成协会组织，尤其那些城市社会整合度差的地方，更需要引起公众的关注。

7. 最后，大城市政府及其市民社会必须承担其在地方与国家领域的集中功能，这既是受到国家及国际组织特别对待的一项权利，也是保证国家及地方城镇利用城市的一项义务（都市全体人口的权利）。

城市的形成更多地来自于人民而非市场或行政部门。

专栏 8.1 市民参与：市民权和参与机制

下面是对巴塞罗那市作为项目特权者建立的主要参与机制的总结经验（市政信件项目，1991年）。权利得到基本法律的认可，并且与拥有行使该权利的市民紧密相连。而且，必须关注一系列正被发现的城市社会权利中的创新性，它们与生活质量密切相关，目的是保护市民不受城市发展带来的新问题的伤害，或是一些未引起地方充分关注的问题。在对城市问题全盘考虑之外，应当讨论一下隐私、公共安全、相当于大型服务公司的那些极易受伤的小企业的特权问题，由于无法信任地方行政部门，与市民一起，无论他们是组织起来的还是分散的，是实施具体措施的最佳模式。

信息交流

为了使市民获得市政活动更多信息的权力成为可能，宪章成立的国家行政机构应保护市电台及电视台建设中所必需的市级权威及特权地位，这样才能开展力所能及的活动，并假设市民拥有利用这些媒体的权利。

公共信息个体化

根据市议会之前实行的一些类似的实验，设想了公共信息个体化的一种模式。通过该系统，在不损害办公性公共信息使用渠道的情况下，广大市民或相关群体被告知市政行动计划，并同时表达他们同意或反对的意见，及其他们可能会有的一些建议。因此，公共信息个体化是通过非正式团体或具有正式结构的组织实施个体或集体参与的一种制度。

- 通过向全体市民或个别群体发布公告、开通热线及公共信箱的形式使公共信息个体化。
- 通过对具有特殊特征或自我利益有差异的群体（非正式群体）调查以实现信息的集中。
- 通过公共参与议会与各种群体建立联系。
- 地域化，即明确不同城区的不同意见及需求。

市民协商

由于意识到每个市民都拥有被咨询的权利，宪章假设能够安排这种类型的协商。这是目前法律体系中最显著的进步，并且这种形式已被尝试过，建议全体议会的模式应立法规定，且协商应在城区范围内，参与协商人数应占城区目前居民人数的1%。

建议、要求及抱怨的权利

这些权利已得到认可和实施（每个城区都有一本手册对此进行了规定），被收纳入市政宪章，通过提供给城市议会的交流媒体使其广为人知。

听证会

城市议会每年应召开一场关于行动计划或者行动计划的回顾、市政预算、税收法令的听证会，而这可能正是市民个体（签名薄）或集体（由一定数量的成员构成的群体或组织）参与市政范围内事务的要求。

市民先导者

开创型市民通过从事有利于市政的活动，进而为经济资源、商品、权利维护及个人工作作出贡献，为此，城区将不得不每年为此分配一部分预算。

法律创新

市民创新内涵的外延包括建议通过法律的能力，渠道为城区或部门议会，或是选举人名单即 16 岁以上市民，其中 1% 的选举人组成团体以推动创新。

城市基础设施及配套便利设施的管理

市政行动规划并未对市民创新的一系列行动做出设想，公民管理是市民参与市政管理的一种新形式。近几年，市民直接管理便利设施的实验结果令人振奋，这以往属于市政部门的职权。这一模式主要在市政中心、体育配套设施及青年中心开展。现在的目标是深化城市角色，市政宪章指出公民本质的组织及部门应参与、管理归其他公共行政部门所有的基础设施、配套设施及服务（如港口与机场），像贸易团体、商会及消费者协会这些组织使其更具动态性与创新性，而城市则通过城市议会及其机构发挥着更显著的作用。

市民运动与市政合作

为解决主要社会问题（毒品、公共安全、边缘化等），采取措施改善（或阻止继续衰败）城市生活质量（交通、环境、建筑遗产、卫生及清洁等）及推动市民社会文化建设（基于普遍的意义或通过广泛的社会群体）的能力，要求开展一系列运动而使市民内开展合作——如对个体创新的公共资助（“巴塞罗那城市美化项目”的目的是改善城市形象），或在一些复合体系间建立联盟（城区间的市民安全议会）或是将一些具有社会性的服务外包给私人团体（家政合作），或改善服务及配套设施的发起运动（改善体育设施的运动包括：通往海滩的道路建设、海滩清洁、组织游览城市博物馆及其作品等）。这些活动是通讯合作机制的创新，并为城市创新者提供了支持。

协商及参与机构

为使市政成员可以对上述问题讨论协商并达成合作意见，市政宪章规定成立区域协商议会。目前，除了区级议会，其他一些部门议会已经插手市政管理，如关于社会福利、年轻人、学生、体育等领域的议会。而且为某一目的专门成立协商议会成为可能，如针对战略规划的制定与市政宪章本身的讨论。上述过程中，与该领域直接相关的市民个体或组织能够出席。市政公正、税收与社会福利是最近形成的协会的三个主要特征，尤其引人注意的是其具有的创新性。

隐私权

信息具有两面性。正像我们所说的市民有被告知的权利，但我们不能忽视权威部门为了达到目标收集了越来越多的关于市民的信息。在宪章中，巴塞罗那议会承诺保护市民的隐私，对注册、居民记录及其他一些公共文件的使用做出法律约束，并使之应用于市政管理的每一项新技术的运用中。

市民参与行政与行政程序的透明

为进一步提高行政的透明性与接近性，市民行政关系已得到显著改善，城市宪章中介绍了一些创新性的支持措施。因此，城市议会不可以从市民中收集那些已在行政部门保有记录的数据；关于个人环境的口头声明无需更多的证据即被承认；服务的权威机构及运用的规则是"单一接待点"(single reception point)，目前已在水、气、电这些服务业中运用。除了市政宪章提出的建议，目前的服务正在改进，如"010，巴塞罗那信息"及城区信息办公室，正在尝试新的试验，如处理具体行政事务的"900 电话"。

环境权利宪章

像任何一个大城市一样，巴塞罗那体制复杂且内部关系呈多元化。这种体制带来功能失调——无一城市例外。能源及其他一些东西成为废品并污染着环境，运输导致噪音污染，大量形式的广告带来视觉污染等等。这些功能失调共同侵害着城市环境。因此，市政宪章联合行政部门制定了一项环境权利宪章，从而保证巴塞罗那全体市民的这些权利。该宪章在制定战略规划时考虑到了环境因素；确保谨慎、理性地利用原材料，是保存、保护及提高环境质量的主要手段；而且，由于建立在对环境保护与生活质量达成一致意见的基础上，它有助于保护市民以免受到各种空气污染、噪音及水污染的伤害；简而言之，它保护了城市环境、确保了城市中所有行动的生态环境敏感性。除此之外，城市议会被授权建立公共私人组织及市民个体的联合、协商系统，以保证环境政策与城市需求保持一致。这种合作可能具有经济效果，而且可能会影响全部市民的税负，因此影响环境的行动应得到物质奖励或惩罚。

保护使用者与消费者

另一个新特征是确认市政权威保护市民及大型公司利益的能力，无论这些公司是公共的或私人的，它们提供公共服务。宪章也明确应对作为消费者的市民的广泛保护，承担着价格商标广告等方面的调查及惩罚行为，以及推动各部门机构间合作的职权。城市议会将负责处理建筑及公共服务公司中市民的保护事宜，并参与到一些公司管理层，这些公司与公共服务(水、气、电力、电信)达成一定妥协。执行该项职能的机构之一是消费者仲裁法庭，为保护消费者及利用者提供了法律依据。仲裁机构设置的目的是依据其职权或受政党鼓动来处理与产品服务相关赔偿与纠纷。仲裁系统消费者与公司在自愿同意让步的基础上解决纠纷，并基于平等、一致的原则。顾客与公司代表将出席仲裁法庭。仲裁结果直接执行，没有更高级别的执行机构。

城市高级法院

以往我们所说的部门议会是针对地方管理，然而，由于它们具有一些具体特征及创新内涵，需要特别提及一下城市高级法院，它的主要目的是监督市政审查法庭。这种情况下，议会将对市政法官的任命及变更提前做出书面报告。它还将对自身职能运转情况及市政审查团做出年度报告，这些审查团为城市议会与高级法院总院服务。宪章规定城市高级法院由市长负责管理，其构成成员包括加泰罗尼亚高级法院法官、加泰罗尼亚高级法院检察官、市政审查团主席、司法总议会、国家及加泰罗尼亚自治区政府公共安全部门、贸易团体、社区组织与专业组织各派出的一名代表。

公共安全

为巩固市民公共安全模型，不仅包括强制行动，还有预防性行动，并促进市民参与及其团结，宪章假设市政议会的组建是为了公共安全与预防犯罪，由市长领导，是该领域实现公共参与的一个部门。该议会由公共安全与预防犯罪两部分混合构成，就像在前面市政法庭中所提到的那样，将来二者将融为一体。目前，贸易团体、雇员、行会组织及社区与职业协会和来自市议会、省政府办公室、警局及法院的代表共同参与议会。若相关城镇议会与集合城市群的超市政部门一致同意，议会则覆盖都市区。

税收议会

税收议会是附属于财政部门的一个特别机构。它由一些掌握丰富税收方面技术知识的专家组成。其职能是针对市民在税收方面的需求及抱怨提出解决办法。议会有权提出解决措施，尽管不是与市议会联合做出，但应得到市议会决策机构的准许，这是议会运作之始的规则。

战略规划

宪章为城市勾画出一个一体化的远景，是解决大城市诸多问题的参考框架，讨论了一些涉及区域管理的新问题。战略规划是根据区域内资源要素的分布，以对城市所需活动的形式及水平的预测制定的，且在分配中密切联系其经济及社会功能——作为对系统内物理要素布局的手段，区域规划的目的与城市规划并不矛盾。此外，战略规划系统还是为其他行政管理部门活动提供特权及协调的高效工具，并奠定了联合行动计划中公私合作的基础。战略规划的结构保证了大城市项目的透明度以及公众对于界定和处理优先权的争论。

公共参与的市政渠道

通过已形成或新成立的（展览会、讲座等）公开机制，保持必要的分权化理念，从而使规划部门的公共信息的内容尽可能最大程度地为市民所熟悉。通过以上提及机制的扩展，领导委员的理念将在必要时被重新阐释。城镇规划及工程项目必须出具城市报告，详述这些规划及项目的使用及需求，并通过参与机构与居民共同编撰。大多数传统媒体(如模板)和新技术手段(光碟、电缆)会用到这些。

社会服务

市政部门基于社会服务为所有市民的权利这一原则,组织一系列的社会服务,其出发点是促进市民机会平等,改善市民的经济、社会安全。在政治意义上,为保证最小化社会目标的实现,城市议会帮助了那些弱势群体及个人,尽管明确标榜一种自立文化。城市议会还开发了城市群体或个体已掌握资源,并促使他们积极参与市政生活。为实现这一参与目标,有必要做到:

- 基础与专业服务都应区域化,并与其他个人服务密切联系,以实现个体群体或社区服务一体化;
- 开展高质量服务与公私间必要合作以实现一种合作网络,这对于这种参与很重要。

特别社会关注——人口方面

人们由于具有个体与社会性,在维持城市生活中正常水平上的内部联系与融合时,尤其会面临一些困难。这些群体是一些专门计划或社区计划的直接或潜在使用者,这些计划组成了市政社会服务网络,这需要引起社会特别关注。

少数民族、外国人、外来移民及难民

不应将外国人视为一种否定因素、一种威胁,或是社会紧张的一个根源,而更应把他们当作实现对话交流的一种真实存在的可能,城市自身实现国际合作、丰富社会文化的表现。为保证外国移民及少数民族的权利得到尊重与保护,杜绝任何形式的歧视,城市议会打算尽一切努力尊重并保证这些权利得到尊重。因此,市政宪章与欧洲议会种族恐怖主义研究委员会、市政社会福利议会外国人及难民工作部的工作保持一致,规定所有正式注册机构注册为正式居民的外国人有权参与市政选举投票。直到这一权利能够有效实施时,西班牙宪法得到补充完善,按宪章规定,城市议会自己承担着为外围人参与代表提供程序及手段支持的责任。城市议会除了致力于维护外国移民及少数民族利益的社会政策外,宪章中赋予他们真实的投票权是城市种族、文化融合的最大保证。

游牧人口

游牧人口的存在并不是一个新现象。然而,最近他们在整个欧洲越来越受到关注。已经制定并执行了一些措施以管治这部分人口。在法国(游牧人口达 250 000),一项部长法令强制要求所有居民超过 5 000 的城镇应为他们划定特别空间。在西班牙,塞维尔不是这种模式。尽管该现象不是目前巴塞罗那的主要问题,但宪章还是对此制定了扶持措施。由于城市空间十分有限，宪章计划保存市政所有土地，在不阻碍规划执行的情况下，对于人口的迁移，城市议会将做出一些暂时使用安排。

严重的贫困

在社会服务方面，宪章的出发点是平等原则，预防并减轻各种形式的社会、经济边缘化现象。严重贫困是城市的一个重大问题，在有些城市中（如纽约无家可归者）已发展成为社会危机。由于这是城市的一个重在议题，正如规范其他领域的社会服务，宪章计划在这一具体案例中广泛接受各种权力，在不产生福利赤字的情况下，树立参与社会重建过程的目标，这可能会使以上问题在世界范围内呈动态并不断消亡的发展过程。

相关提示

还有一部分人口极易受到伤害或遭受各种歧视，即老年人、儿童、长期失业者、家庭主妇、残疾人、吸毒者等等。虽然需要建立与影响他们的公共计划相关的一些具体机制，还应通过将这些群体列入或将列入总体参与机制的主要名单中以确定其重要性。

来源：Borja et al，1991

专栏 8.2　外国人的投票权

外国人的投票权如今是引起大家讨论的一个新问题。作为生活、工作在城市中的重要的一部分人口，缺乏政治权会加剧他们对民主道德的厌恶之情这一事实正被证实，从而阻碍着移民社会文化融合的进程，这一过程原本就很艰难，这些移民无论是因何种原因离开祖国（政治、社会经济原因、宗教信仰原因）都可能发觉他们自己被边缘化了。另一方面，地方政治及社会权利的认可对一些主要的政治及法律障碍发起反击，并能导致相反的社会反应，从而杜绝相反结果的产生。而且，单方政策会使城市间产生巨大分歧，并使整合政策困难加剧。尽管如此，我们还是相信一定能够找到保证在城市中居住一年以上的外国人能够参与政治社会生活，包括在地方选举中的投票权。移民融合政策应在全球范围内展开，因为这并不是存在于某一个城市的问题，而是存在于所有城市中的普遍问题。然而，建议不同的国家或城市运用不同的处理方法：

- 一些国家在未获得它们所属国同等待遇的情况下，承认外国居民的投票权，或者这种认可并没有成为他们原属国政治经济领域的普遍规则（如许多拉丁美洲国家）。

- 另一些创新性的城市，鼓励进入市政代表机构的外籍人士代表参与选举(尽管无正式的投票权)。
- 最近一种形式是在外籍及少数民族社区中形成支持组织，以帮助他们参与社会、教育及文化部门活动。但是，不像在世界范围内，在国家或地区范围内，存在着许多不同的情况及全球性的解决途径。世界上最发达地区多元文化城市的问题与欠发达地区的城市问题存在巨大差异，前者民主危机问题逐渐退居幕后，而后者则共存着常住人口与由于战争或灾害带来的大量移民间的隔离问题(目前，非洲城市中一半的人口来自战争或灾害)。

第9章

城市与世界

9.1 国际化城市：城市系统、流动网络

20世纪80年代，世界形势开始建立在一些新的平衡与流的基础上。最引人注目的特征之一是，经济日益国际化的同时，文化、信息、流行及行为习惯也趋于国际化。这种国际化很可能是得益于通讯系统的发展与传播，它使得任何地区间可以迅速并长久地联系。电话、传真、飞机等等成为世界的全部，并建立在单一的联系方式上。但是，这种空间形式越来越多地集中于城市地带。流动产生的根源与目的地即是人口、活动及权力的集中地——城市。国际化的发展趋势使新的地区加入到原有巩固的经济、政治系统，而同时，收到和未收到这些流的地区间产生了新的不平衡化。

政治、社会、文化生活的日益国际化也对城市生产、交换的关键枢纽产生影响。全球化的过程并不是发生在城市边缘地区，在城市受到影响的同时也主动参与其中。传统城市系统建立在国家等级结构基础之上——首都、地方中心、乡村中心——在城市核心嵌入世界生产、交流及交换系统，这一机制的发展使其失去了存在的合理性。城市成为城市系统的一部分，它不是沿着理性的连续区域分布，而是由周围一些功能枢纽（城市中心）与轴线（商品、人口、资金及信息流）构成。区域本身成为一个内部相关联的网络空间，城市枢纽是其制高点，脱离了国家首都到省会管辖的传统城市等级结构。

在国际化与全球化的背景中进行管理的一项必要工作是，与其他城市中心建立关系，以使在更广泛的框架内的运营成为可能。中等大小城市中心的独立性与补充地位日益增强，反映出这样一个事实，与一个地区或几个地区的各个城市中心间的联系的重要程度相比，城市—地区间的关系开始变得不再那么紧密，构建城市网络的根本要求是在国家层级上形成一个更加巩固、平衡的空间结构，在地区内形成一些巩固且具补充性

的中心区。

国际化使行动框架的规模发生了变化。在国际化背景下，城市需要完善的自身生产能力、关系网和居民条件，从而巩固自身地位，以保证在比传统地区或州更广大的空间中的吸引力与竞争力。城市吸引力建立在一系列复合因素上，包括人力资源质量及其创新能力（职业培训、技术及商业现代化）、基础设施水平（可出入性、通讯、工业用地、办公用地等）、社会环境质量（地理位置、住房、社会环境文化等）。新环境的特点是：

- 生活普遍国际化，生产明显全球化。
- 同时，鉴于20世纪70年代的经济危机，城市在全球化发展中扮演着一个新角色，成为恢复地区经济的必要一员。
- 以上两个特征应附加上信息的重要性，信息是城市决策及在国际层次定位中的关键因素。
- 最后，尽管对此仍然重要，在某种程度上是以上所述因素所致，近年来，区域间尤其是城市间的竞争日益加剧。

经济、政治、社会及文化生活日益国际化，引发了区域间合作机制的发展，并与竞争过程混合在一起。城市正经历着经济与通讯的全球化。国际化在使区域间竞争加剧的同时，城市间的合作也不断加强。合作—竞争这两个概念是世界城市系统内部关系的标志性特征之一。与优势城市合作以增强自身竞争力。这是指当合作产生时会形成一种内部均衡模式，即竞争状态下的收益大于目前比较利益可能的损失，且行动规模的变化使合作成为巩固当前状况的工具。城市地区的竞争一般产生于专业化程度相似或地理位置相近的地区。城市鼓励它们认为会带来比较利益的专业化产业，可能会是一个或者更多，并且会为此实施外部推动政策。然而，像巴黎、法兰克福与伦敦三者之间仍在竞争，是为了巩固自身作为欧洲金融市场的地位，而另一些城市，如斯特拉斯堡、卢森堡与布鲁塞尔间为欧洲议会中的席位而竞争。

地理位置的接近性（geographical proximity）使城市间产生了另一种类型的竞争。城市成为中心枢纽，日益受到大型地区的影响。邻近城市间相互竞争，以巩固自身作为整个地区内经济、文化及政治中心的地位。若这些邻近城市间能够达成一致，实施对整个地区有意义的某些具体项目，这种竞争就转化为合作。例如，欧洲城市为保护区域内共同利益而开展联合项目。竞争的动力机制对巩固世界城市系统发挥着重要作用。公共手段以促使再次实现良好的均衡状态，从而实现经济发展中多节点布局状态，对此，渐进的观点是经济空间模式的巩固过程更趋于多样化而非集中化。

由于城市政府与主要发展部门积极参与国际生活，城市的国际化清晰地反映于制度层面，主要通过三个机制：参与城市联盟、城市市场发展及其网络关系、国际事务的积极参与机制（Belil et al，1992；Veltz，1995；Ascher，1995；Borja，1996b；Belil and Borja，1988；Soldatos，1995；Campagni，1993；Savitch，1996；Hall，1996；La Terra，1995）。

9.1.1 城市网络发展

自 1985 年，城市网络就经历了大规模发展，20 世纪 90 年代得到了巩固，成为一些主要的大、中城市必不可少的战略手段。城市网络发展的主要目标是：

- 为第三方建立游说系统；
- 加强面积较小、人口较少、政治经济实力较弱地区的建设，以使规模经济与聚集体效应普及化，同时建设前沿基础设施，并加强此类活动；
- 在国际系统中寻找这样一个地方，即使不断增长的信息与技术经验交流得到利用；
- 实现领导功能；
- 通过网络，使城市在更宽阔的空间开展行动。

在城市地区，公司及其他形态部门形成的网络中，一些国际化组织的利益与承诺使网络的利用价值增强，成为它们加入国际金融系统的工具。简而言之，城市网络通过使城市中心区与各地区间联系更广泛、更密切，进而成为其发展的工具及机制。城市、地区网络的划分方式有很多种，主要标准是合作范围、行动空间、游说功能、技术及经验的转化、地方经济发展的催化作用、促进国际经济合作、围绕正式关系建立了初级网络、成员特征等等。

9.1.2 网络的利与弊

参与网络对于城市来说，是其成为国际生活的成员，提高自身竞争力的一项战略。然而，对于所有网络及其所有成员而言，利弊都不是绝对的。城市网络有利的方面主要有：

- 使其成员建立了更高一级的联络。

- 使获取大量信息成为可能。
- 成为实施外部政策、提升城市形象的巩固机制。
- 领导与规划的功能在网络战略中得到最好的结合。
- 同时激励生活质量与内部竞争力的发展。
- 世界变化速度愈来愈快，网络及时保证一系列工作能够具体、持续地开展，而外部承诺则能够克服了那些突发事件。

网络打破了地方、国家资助形成的严格模式，开始认可不同地区的不同利益，城市或地区积极参与国际化空间建设中的身份，采取逻辑网络模式而非金字塔结构。在区域范围内，网络促使一种新式区域组织形成，它由城市基本功能（管理、金融、政治等）必备的等级部门构成，并形成新的组织规则。因此，地区间建立联络，城市核心确立了地方空间，并使其之间不存在行政边界。网络具有重叠性，因此空间关系使新型组织更趋于复杂。新涌现的区域组织建立在各种流的基础上，并由行为者定位——在这里是指城市。

城市网络使城市建设直接参与系统得到巩固，而这是传统国际规则系统无法实现的。网络还有利于加强国际稳定与实施再分配政策的辅助系统建设（虽然实践中这项工作还相当匮乏），因为使资助范围扩大，高科技与熟练技术从最富活力与发达的城市中心向那些存在许多发展问题或经济社会危机的地方扩散。

尽管参与网络有很多优点，我们还是应指出这一模式运作中引发的一些问题或难题。所处状态、组织形式及城市本身的多样化，有时会产生利益纷争，进而侵害城市间合作的连续性及合作成果。尤其是环境多样的问题阻碍着同一项目的实施。该框架本身就充满了矛盾，暗示着网络的受益者是那些最活跃、权力最大的成员，这就导致了内部关系的扭曲。简而言之，网络提高了其内部城市的竞争性，为构成该空间的主要因素或部门提供了一个联系系统。事实上，它们是加入系统的最恰当的工具，其作为一个整体使自身充分发挥一个网络的功能。

9.1.3 网络与正式代表机构

城市网络是目前国际正式代表机构的补充，而不是替代系统，也不是竞争者。它们与正式机构有很多不同。专栏 9.1 简要地列出了这些不同点。

巩固一些城市或地区网络使其成为主动的、充满活力的群体，会造成它们与强大的正式组织产生摩擦。必须建立一种框架，即正式部门与代表网络系统能够相结合，彼此间通过民主渠道沟通并表达意见（Bursink，

1994; Dunford and Kafkalas, 1992; Dupuy, 1991; Camangi and Gibelli, 1994; Cohen et al, 1991; Cohen, 1996a, 1996b; Belil et al, 1992; Morandi, 1994; de Queriroz, 1994; Curti and Diappi, 1992; L'Éévnement Européen, 1993; Landáburu, 1993; Neuschwader, 1993; Cohen, Ruble, Tulchin and Garland, 1996)。

专栏 9.1 城市网络与正式部门

正式部门	网络
有机结构	联合结构
基于区域的	基于执行者/代理人
基于国家代表的	多国家的、不基于国家
全球化的视角	具体目标
代表	出席
官僚组织	为专门目的成立的组织(较大的弹性)
成员同质化	成员构成复杂
稳定但适应性差	变化的/适应性强
生命力强	高度不稳定
等级制(2—3 层)	网络

9.2 城市联盟与国家联盟

9.2.1 引言

经济全球化、新信息技术带来的多部门管理,以及世界范围内存在的大量个体因素,这一新形势要求建立起"规制"回应机制,从而实现一次政治飞跃。联合国与大量国际会议(政治、军事,关于国家、人民及边境问题,或经济性的,尤其是对贸易的规范)对于经济竞争的动态矛盾性、可持续发展、生活质量及区域治理能力的运营而言,其构成机制并不充分。其中一个巨大的挑战是,目前,国际社团的卷入使地方政府(即相似的政治机构)、市民社会组织受到来自大陆、世界体系的规范。特别是联合国,由于其严格的政府构成,远远满足不了经济、社会、文化新关系对规制机制的需求,尽管从其名称及其宣布的原则(成员国参考执行)看起来已足够。

9.2.2 联合国会议与全球化

联合国首次会议于1992年在里约热内卢举行，会议围绕环境与发展问题展开，开始整体考虑人类面临的问题，三个因素共同作用使之成为可能：

1. 通信革命导致的经济全球化。国家及地方经济开放，世界各地相对于其他地方独立了——不管是契约关系还是彼此忽视。问题不能独立解决，或只考虑某方面因素（如只考虑环境因素）或地方因素（如仅考虑地中海这一地区）。

2. 冷战的结束与权力障碍使国家间形成一种新的关系。若说全球化一方面弱化了国家政府的角色地位，另一方面，使他们在处理世界经济、政治秩序的问题中扮演更重要的角色（和平会议、关贸总协定等）。政府是人类团体在国际机构及国际会议中的代表。

3. 备受赞誉的“全球信息村”为树立全球价值观提供了有利条件。人权、环境保护、抵制贫困及暴力行为的价值观如今被普遍接受。“全球化思考与地方化行事”是不够的。我们可以从以下几个方面列举出国际化的重要性，如特赦国际组织、绿色和平组织、医生协会及其他“无边界”的非政府组织、居民地联盟、大量从事城市房屋开发的非政府组织、可变通信网络如最早的因特网，推动地方发展的群体网络及创造就业机会（经济全球化的一个效应）等等。市民社会中越传统的部门越容易在国际舞台上发挥作用，如商会、行业协会等。由于市民社会的国际行动具有的独特性（如非政府组织行为的国际化导向）及其公共性（如行业协会的世界代表性大会：国际建筑师联盟及其举办的1996年城市建筑会议），是使国际事务明了化的根本因素。

基于以上三个因素的作用，联合国会议除了其专门目的外，试图采用联合手段解决人类问题，如1992年里约热内卢会议（环境与发展）、1993年维也纳会议（人权）、1995年哥本哈根会议、1995年北京会议（女性问题）、1995年伊斯坦布尔会议（居住地及城市）。而且，这些正式的国际会议超越了准备过程中的政府间不同个性，会议本身及其后来的补充措施（如出版的21条日程表）运作良好。一方面，筹备委员会、国家委员会代表、机动的公共论坛、领导委员会及会议等非政府组织的参与和介入使其重要性进一步提高；另一方面，联合国会议成为事件传播的巨大媒介，对公共观念产生巨大影响，进而对于问题、建议及协议的传播及规范拥有不可忽视的权力。

专栏 9.2　城市信息：城市排名

城市是社会关注的中心。关于城市世界的新观点充斥于报纸、杂志、会议、电视报道及电台评论中。鉴于对城市及城市事物的关注，城市排名成为流行。具有较高声誉的研究中心与畅销杂志为评价城市等级竞相收集、制造城市信息。城市中心被排列成一个长长的名单，利用各种指标、数据计算和评价它们的优劣。

毫无疑问，城市信息在全球性规划的增长与发展中的重要性日益增加。然而，同时，目前城市信息处理的缺陷也愈来愈明显。城市信息的数量，尤其是质量和竞争力，在某些基础工作的开发方面明显滞后，这些基础工作是为城市这一当前社会的基本组织形式的规划与运作服务的。基于以上考虑，城市排名有助于补充缺失的信息，但也因此（显然是不可避免的）陷入平淡无趣与墨守成规的模式中。不应忽视的一些排名是进行投资决策、产业布局、城市中心评估等行为的有效工具。大多数城市排名对城市按顺序分类，依据是生活质量及在新社会经济秩序中的可持续发展能力，因此，这有助于推测判断哪个城市中心最具发展潜力。尽管研究方法与领域存在差别，所有城市排名的目的都是为了建立一系列充分的评价指标，从而对排名靠后的城市进行批判，展示排名靠前城市的卓越之处。这场城市实验委托记者与研究人员根据一些基本指标（社会、经济、文化等）测试我们所研究的城市或城市区的优劣。

由于城市间的地理位置、自然环境、历史传统、经济发展及社会、行政与政治组织存在很大差异，研究范围必须首先限定于一个共同的特征，将其作为最终测定城市强势或弱势的主要价值标准。想象在此几乎不起什么作用，显然城市最基本的形成因素是：人口的集中。大多数情况下，尽管不是全部，区分城市的首要因素是人口规模（超过 100 000；200 000；500 000 居民等），在此基础上制定一系列其他指标，从而得出某具体城市中心的生活水平与质量。

目前大多数城市排名对以下四个领域的研究有益：城市的相对重要性（财富、增长能力、就业机会这些普遍指标的比较）、生活质量、城市核心的国际主义与吸引力的等级、经济动力机制。

排名分析：目录概要

重要性排名	生活质量	国际主义	吸引力
财富	经济动力机制	环境 —地理环境 —人类、文化及娱乐 —教育 —社会政治 —经济	生活质量 —地理环境 —人口流动性 —交通成本

续 表

重要性排名	生活质量	国际主义	吸引力
增长	生活水平	国际性的 —国际功能 —交换 —世界主义 —接待服务	城市形象
就业机会	环境	社会经济性支持 —新技术 —研究(伙伴关系) —通信交流	制度激励
	社会因素	人口统计行为	经济环境 —商业动态性/新企业的产生 —就业 —经济结构的年龄 —劳动力成本 —劳动关系 —第三级别之上 —生产力 —劳动力质量
	运输		
	文化与教育		
	安全		

各种分类都试图将其评估集中于经济环境与生活质量，为每个因素选择不同的评估指标。

排名：城市市场运营

城市为了吸引公司、投资及各种形式的文化体育活动而全面进入国际市场，其推动工具不少：通信、直接或通过大型事件进入市场、创立公共或私人或混合的机构、开发新技术、对企业进行财政资助等。排名更多的是城市的一个外部推动工具。它们有助于确立一个城市区相对于其他城市在国际市场中的竞争力。排名不仅宣传了所述的城市吸引力，还降低了其潜在竞争者的地位。排名使用的指标与变量总体上是武断的，评价各种指标的范围与进行分类的城市区的广度也存在这一问题。城市的吸引力可根据销售目标采用不同方法进行测定。若想把城市作为一个旅游中心出售的话，若位于南部则强调其舒适的气候环境，或没有充沛的阳光则强调宣传其博物馆及其他引人入胜之处等等。城市区的分类有助于展示这些地区作为一个整体及其各自的补充作用。而且，根据对这些选定的具体指标的比较，揭示在一个地区不同城市的同质性。同时，其他一些指标有助于宣传它们其他具体本质所决定的补充地位。排名揭示了城市许多重要现实。因此通过分析评估，我们发现深入研究确定城市指标，以精确定位 20 世纪末城市的主要问题并帮助政策、措施的实施是十分必要的。

尽管事实是到 2000 年世界大部分人口都将生活在城市，这并不存在一个明确的城市信息比较系统。排名是收集城市信息的一个工具，但是其营销发展成分过于直观地将其定位为一种工具，而对于政策措施的下达及比较分析并不是那么有效。再者，城市指标本身令人困惑，且充满文化偏见。城市环境中发生的每个事件或现象应加以报道、评估、测量，并利用不同指标，它们在最终或全球或普遍意义上都不是毫无用处的。还有一个应当考虑到的事实是，对所有措施的评价显然受到主流城市观念的影响。例如，1990 年末，生活质量成为发展水平的重要评价指标，生活质量的评价依据为开放空间、空间质量、噪音等。在其他时期或在另一些社会中，工业活动比率或私人汽车的拥有率被视为主要的发展价值之一。尽管排名比较专断，且存在观念或文化上的偏离，但无论如何它是激励城市及其信息收集的工具。

地方全球化

问题的全球化、解决手段的融合性及彼此间的独立性、普遍价值需要有一个起落的轨道，或者像大型机场那样，至少有两个跑道。一个跑道显然是由政府或由政府代表的国家构成，它们是公共政策的主要框架，同时是国际关系中达成广泛一致的唯一代表机构。然而，这还不够。联合国会议与世界及地方国际组织的经历（世界银行、欧盟等）使地方具有了两种新价值：联合政策的实施（如环境、经济发展及社会一体化）；并为政府部门与私人机构间的一致行动提供了一个框架。公共行政的附属或相近原则及市民社会的参与或合作被附加了巨大的价值意义。

如今，地方辐射力与城市化联系紧密。不仅大多数城市居民，而且世界各个地方（尤其欧洲，还有美洲及亚洲的一部分地区）居民的生活方式、居住方式都被打上城市化的烙印。因此，联合国会议，尤其是补充协议的第 21 条，赋予地方政府一个重要角色，特别是在推动城市发展的政策制定方面。这就是地方全球化，即将地方与全球联系起来。如今，这种联系包括经济（城市工业优化经济合作的极好媒介）与文化（地方认同及信息普遍主义媒介中形成的辩证关系）。这种地方全球化意味着加强地方政府在城市建设与管理—协调发展中的作用，在实施政策中考虑全球因素并采纳相关经验。总之，全球化还带来彼此间的趋近性。

专栏9.3　城市网络：网络运营的关键性因素

并不是所有的网络都能发挥作用，或者都有成功的潜质。大量关键性因素使它们的成功成为可能，并使之效益最大化。在这些关键性因素中，我们应当强调的是：

1. 领导力：作为一个复杂的组织，网络对领导力的要求是能够：

——组织复杂的项目；
——管理纠纷与异常事件；
——在世界范围内处理、传播信息。

2. 利润：当由网络获得的产品或服务的成本—收益率要优于个体活动，网络很有可能成功。若网络的成本—收益率并不比个体行动高，那么任何困难都将动摇该网络存在的根本前提。城市加入网络的附加价值必然是清晰可见的。

3. 共同的项目：网络必须是基于同一个而非相反的项目的需要形成。这一共同的项目必须对每一个城市的多样性及具体本质无害。由于这一原因，从一开始就必须明确，网络不能为具体问题提供全球化的解决方案。

4. 一个目标和一项明确的产品或服务：网络中的所有城市必须有一个明确的目标，它们都在为达到目标尽力，而且为所有成员需求的产品或服务的形式必须具体。最终产品——无论是有形的还是无形的——其外部结构必然明确。目标与/或产品的模糊会导致利益冲突，削弱网络试图成为欧洲金融系统的一部分或仅仅作为压力集团存在的能力。

5. 专一性：大多数持续存在的网络都经历了专业化的过程，该过程确立了它们在欧洲城市系统中要扮演的角色。普遍性与全球性通常带来发散效应。

6. 范围：网络不能是无边界的。共享的同一个目标必然要求网络大小应限制在一定范围之内。处理国际事务经验的有限性意味着范围必须在可管理与可控制的范围之内。网络最合适的大小将由产品及其成本收益曲线决定。

7. 控制系统：各种各样的成员及工作方法等意味着所有网络成员拥有同一套明确且严格的方法，且领导者保证它们必须运用于网络运营，从而，任何时间都能了解到工作的进展、各方关系及消耗成本。

8. 评价：网络并不仅仅是不同城市间商讨事务的论坛。因此，必须建立对部分或最终结果的评价机制，以对工作的阶段成就、各个成员需求或期望的满意度、参与者承诺情况进行分析。

9. 政治力量：各城市中拥有决策权的政治元素或代理人的卷入，对于保证城市的需求得到满足是必要的，政治力量将一直存在，而城市需求一直能得到满足。

10. 国际比赛的规则：地方组织平时行动的框架在地方空间内。国际间行动涉及行动范围的变化，且行动的外观也是新面孔。若处于组织与工作文化多样化的环境中，且几乎没有国际工作的经验，会导致很多冲突。这些网络必须作为通过所有成员国一致协商以解决它们之间冲突的基本手段。

11. 确保自身组织与其他城市代表机构的政治与技术交流。一个网络是否成功运营在很大程度上依赖于它参与组织、规划、管理的能力。我们将简要地描述一下一个理性运营的网络具备的几个特征。然而，首先，我们必须看到：

——网络并不能解决地方发展与区域不平衡性中所有的问题或问题的所有方面。对于某些产品或服务而言，双边合作是一个更有效的解决方法(如技术交流)。

——服务产品的内在逻辑是网络组织结构的限定条件。

——网络几乎不会在短期带来明确的经济效应。

——参与网络的一个必要但是非充分条件是，城市的人口、经济与/或技术资源必须过剩。

然而，一些自相矛盾的因素的产生阻碍着地方全球化过程。首先，联合国会议是政府间的。地方权威处于缺位，或是仅仅试验性地在某些宣言或具体“专门”事件中出面。自然地，它们能在一些论坛中从事边缘性的活动也就足够了。

地方权威在国际机构及会议处于一种“法定资格降低”(capitis diminutio)的地位，即使在解决地方竞争力问题时也一样。其次，国际与地方组织针对计划的制定与执行所达成的三方一致协议的实践非常缺乏，同样缺乏的还有中央与地方政府为项目实施或提供服务建立的合同关系。最近欧洲在这一领域的经验特别具有借鉴性，可能会引起世界其他地方的关注。再次，地方经济、社会、人口、文化及环境问题与国家政府的行政惰性间存在矛盾，并伴随着法制部门垂直监管及地方分权化。目前，已建立的区域是一些在一系列地方机构及其自身(甚至是排外的)竞争力作用下的城市——地方地带，却没有合适的法律、区域及金融工具指导它们运作。在这种情况下，最有趣的现象是这些城市(美洲、欧洲还有太平洋圈)制定的战略规划或全球联合城市项目，或是在承担一系列具有一体化或多目标性质的大型项目，伴随着一些富有野心的发展政策(有时通过举办一些特别事件)。第四个似非而是的现象是地方政府政治地位的薄弱，既无助于其在城市发展中的领导地位，也无助于与市民社会的合作关系。

同样，在这种情况下，欧洲的经验令人感兴趣，这是由于它们具有地方自治的悠久传统，最近一些富有野心而又得以成功的发展措施带给我们不少成功经验（尽管欧洲外部，美洲、亚洲及澳大利亚也同样或者更引人注目）。最后，社会合作与市民参与的加强通常与距离较远的政治机构间产生矛盾，这种距离来自于市民与政府的官僚主义传统。不过，还是存在一些正面因素，如地方权威的声誉正在提升，即那些来自市民社会、集体开拓者（通常真正建设城市的不是政府或市场，尤其是在发展中国家）更深层的权力，由于地方问题的复杂性与独立性（如市民安全、城镇规划及就业）而使得合作模式多样化。

专栏 9.4　欧洲远程信息处理系统与城市网络

在新的全球经济中，电信设施建设对于城市生产力与竞争力是必要的。然而，电信过去常常被用来吸引其他城市的公司来本市投资。对不同背景下无线运输效果的评价依旧显示，巨额投资很难对工作选址造成显著影响。若一个城市对投资者有吸引力，电信运营者将会自己找到市场。另一方面，综合利用电信与计算机系统及数据库对于城市网络间的合作具有重要意义，尤其在西欧已投入实践。城市间的网络，依赖于其电信设施，具有三个主要职能：作为交换市政管理中的问题及政策相关信息的一种手段；作为城市间文化与经济合作的桥梁；作为影响国家政府与欧盟为城市争取资金的一个渠道。20 世纪 80 年代，法国城市首先开始这种试验，依赖于中央政府与电话公司的支持。“网络平均城市”（Reseau Villes Moyennes）是其中的第一个项目，建立在可视图文小型终端数据库服务的基础上。一些城市利用光纤与城市中心保持联系，通过一个无线运输器与周边地区相连。如鲁贝，与里尔和瓦龙工业地带相联系，蒙彼利埃在其“技术极”的周围。在英国，格拉斯哥与爱丁堡建立了同一个远程信息处理系统，曼彻斯特、伦敦与哈德斯菲尔德创立了一个信息交流网络，通过电脑“主机”相连，并对其他潜在的市政用户开放。远程信息处理系统也逐渐成为促进欧洲市政间初期合作发展的有力工具。例如，拥有 60 个成员的欧洲城市网络建立了一个“电信城市”团体（领导城市为昂贝斯、巴塞罗那、博洛尼亚、海牙与尼斯），为市政间战略合作建立了一个真正的交流系统，被称为地理网。

另一个利用计算机进行市政间合作的例子是“欧洲城市瞭望台”（European Urban Observatory），传播那些在具体环境中产生一定影响的市政管理方法。地方权威利用技术进行合作的第三个例子是“欧洲地方”网络，目的是“运用通信技术”，在这一网络中，英国、爱尔兰、丹麦、荷兰与比利时几个地方为信息技术的利用开展培训与资格认证项目，利用地方政府部分地促进经济发展。总之,以上经历显示市政部门在远程信息处理系统中的初步行动,并不是通过引导电讯运营设备投资方向而产生更大的收益,而是当它们集中自身服务系统的能力开展城市间合作,若地方或区域政府不发挥推动作用的话,这些服务将不会存在。建立市政间的远程信息处理系统结构是实施合作战略的一个不可避免的因素,该战略是充满竞争力的。

总之,如今的事实是地方全球化缺乏制度保证,尽管制度并不像地方全球化本身那么重要。只有通过国家政府这一具有正式法律意义的唯一协调者的行动对其进行规范。

住房权及城市居住权:国际认可

1976 年在范库弗峰召开的第一届人类居住环境大会(Habitat Ⅰ),宣布住房权,或更确切地说,所有人都有权拥有一套与社会适应且得到法律认可的住房。坚持这一原则或者说将住房权视为一项人权,与教育、健康、就业、女性平等及个人安全(防止暴力及独裁行为)同样重要。然而,在此,我们将从至少三个方面进一步全面审视这项权利。

专栏 9.5 联合国与国际城市组织间的关系

1994 年 8 月,联合国总部在纽约召开了世界及区域内主要城市组织会议。会议达成一致意见成立一个城市沟通协调委员会(the G4+),由四个世界组织(世界地方自治联盟(IULA)、普通城市世界联盟—姊妹市团体联盟(FMCU-UTO)、大都会、城市峰会)与六个区域组织(亚洲城市网络、欧洲城市联盟、阿拉伯城市联盟、拉丁美洲市长与市政组织协调组织、北美城市)构成。世界城市及地方权威机构会议(AMCAL)也于 1996 年召开,借着召开人类居住环境会议的机会举办,目的是作为联合行动与代表联合组织向国际组织发言的基础。纽约会议讨论并通过了一份文件(由 J. Borja 代表四个世界组织提交);该文件分析了目前城市在国际生活中扮演的角色,勾画了以地方机构的形式存在的世界及区域组织目前的规模,并对城市联盟与联合国间的关系提出了建议。

以下是对那些建议的总结:

- 联合国承担多种角色。最直观的结论是,虽然它几乎不具什么优势,还是扮演着一个非政府组织(NGO)协商者的角色。城市与地方权威机构的代表组织不能被当作非政府组织,尤其是若已建立了一个联合的或世界性的协调结构。如世界地方自治联盟(IULA)与普通城市世界联盟(FMCU)这些当前被认可的各种城市组织,若 AMCAL 去做将不会取得任何进展。

- 世界城市及地方权威机构会议及其名誉议会授予社会经济协会为城市联盟组织永久特别观察员。伊斯兰会议、红十字协会等与之达成了合作协议。它也将成为欧盟的行为准则。如果存在这样一个合作协议,世界城市及地方权威机构会议(AMCAL)将能够参与联合国组织、运营项目等。原则上,观察员角色为政府间机构或通过国际规则处于相似层级上的机构保留。
- 保持与联合国组织及中心的合作协议及备忘录,坚持向秘书总处汇报。一些城市组织,或一些城市由于自身的原因已经与人类居住环境协会、人口基金会、联合国教科文组织(UNESCO)、国际劳工组织(ILO)、联合国儿童基金会(UNICEF)、世界卫生组织(WHO)等建立了这种联系。
- AMCAL 的另一个选择是成为社会经济议会中的人类居住委员会的补充协商机构,构成了地方层级的代表。技术、经济及行政基础将作为联合国中心判断人类居住环境的考虑因素,人类居住环境委员会使政府间建立联系。概括而言,这一选择意味着社会经济议会规范委员会机构形式的能力减弱,目的是为了批准某些非政府组织参与,特别是那些保证作为全体成员的代表或在一些特定地区具有最重要地位的代表,从而使他们能全方位地参与联合国组织的具体活动。
- 在国际会议的准备委员会中确立非政府组织参与的总体指导原则面临着地方层面的问题,如其关系到人口、房屋、社会发展等等。虽然这些组织只能作为咨询机构,但这仍将是近期一次普遍性的实践,就像城市组织那样。
- 检查与非政府组织保持协商的行动安排,目的是建立一个新的框架,即包括各种城市组织,并使它们进入一个具体的法制体系。联合国目前正对城市与非政府组织间关系的规范系统进行检查,并与非政府组织协商达成一个混合协议。将特别成立一个专门团队对城市、地方权威组织的关系及世界城市及地方权威机构会议的未来进行检查。
- 把政府间合作的本质赋予世界城市及地方权威机构会议或者城市或地方权威的代表者。此时,组织不再仅是由国家政府成立的,而是由国家签署协议承认的城市或地方权威的组织。各种组织——成立时是非政府性质的或由非政府组织促成的——都具有这一特征,如国际警察组织、国际旅游组织、拉丁美洲社会科学学会(Latin American Federation of Associations of Relatives of Disappeared Detainees—

FLACSO)、拉丁美洲议会联盟等等。从外部来看,这一解决方法具有一定困难与风险,因为在某些情况下会导致国家政府任命市政公仆,但它依旧是过程积累达到的成果。

- 在联合国组织会议召开前,允许国家代表团由地方权力代表组成,会议由这些国家代表团资助。这是一个普遍的特征或仅局限于某些组织会议。除了政府间决策,还需要建立内部法律机制。甚至每个国家都能遵从。
- 给联合国总秘书处的建议方组成了一个包括城市组织代表的团体。一些政府(如法国)、城市组织及会议基于以下这种意义上提出建议,即建议形成一个由分散的地方或大陆组成,受一个混合组织体领导的代理机构——像国际劳工组织,且有国家政府、城市协会、地方权威及非政府组织代表(从事地域、城市及住房问题的社会经济及职业组织)的参与。
- 作为一个国际政府组织,AMCAL 在权利、义务方面带来的贡献。这个贡献始于联合国宣言是由各个国家制定的,因而具有政治价值,尽管它并不具备法律强制效果。该宣言包括针对前述问题提出的建议中的很多内容,它们的实施将使 AMCAL 产生一个动力推动机制,它找到了自己在联合国体系中的一席之位,并得到各国越来越多的认可。在这一基础上,AMCAL 的政府性(或者说是政府间的平等地位),这一本质由于国家政府签署或加入一项国际协议而变得正式。

城市化并不一定必然会形成一个城市,它是不同种族或种类(社会、文化、经济、职业)的人们平等地(正式权利、自主性、就业机会、文化地位等)聚集在一起。没有城市的城市化也意味着其存在空间由各种流、边界模糊或超越边界之上的地域、缺乏贡献并因此缺乏整合能力的地方构成。在这些地区,国家几乎总是极少参与管理,法律缺失、城市公正与公共服务缺失且不平等。因此,目前,住房权必须作为一项城市权利。所以,"城市峰会"上布特罗斯—加利的宣言(日内瓦,1994 年),从根本上说是一个准确的预言。

21 世纪初,90%的人口将居住在城市,住宅必须满足以下条件:是全部基础服务设施体系(水、卫生、能源供给等)的一部分,保证地区内交通自主便利,培训就业"技能"并使其得到社会认可,当然,还包括土地的法律所有权及地区作为城市的组成部分得到司法及文化认可。城市住宅必须包含以上全部因素,缺一不可。在城市社会中,法律为此提供保证。如果国家代表作用薄弱(包括警方),城市郊区人口受到不公正对待,社会供

给(尤其是针对歧视的措施)不能惠及所有人,城市聚居区不符合提供安全、基础的设施并使人们和平共处这一最小的前提。因此:

- 城市这项权利与"制造城市"中城市政策的强制推行,即促进集中,使城市各部分与整体相连,并提高各地区间的联系性及使用的多元化;
- 一套住宅应被法律认可,具有社会价值、配套设施,交通便利并能接受教育;
- 安全与恰当对待的权利要求法律原则必须真正可行;

  这些权利是城市以及每个城市地区居民应有的权利。

欧洲与美国是人权及城市大陆产生的摇篮,在1996年的伊斯坦布尔会议上,它们作出了主要贡献。为使大家对此有所了解,我们认为相关措施必须与普遍主义原则联系起来。

专栏9.6　关于国际城市组织

近年来,国际城市发展得越来越快。世界或地方以及部门的或主题性的城市组织,十年前还不为人知,现在纷纷涌至国际化的背景之下。有三个因素促成这一现象:

1. 国际会议(尤其是联合国会议)以及由非政府组织首先赢得的空间,接着成为城市或地方权威发言的空间。里约热内卢会议(1992年)目睹了20个国际城市组织联合行动之初,新成立了一个协调团体(G4),后来(纽约,1994年—G4+)扩大为世界城市或地方权威会议(伊斯坦布尔,1996年)。"地方全球化"促使城市参与到世界规则完善的进程,而冷战的结束与严峻的政治军事障碍为其提供了便利条件。

2. 国家间政治与经济联盟(欧盟、北美自由贸易协定、南方共同市场等)的成立与制度的不断巩固,为地方或区域权力提供了干预国际事务的机会。一方面是保护及更新自我规范能力(政府本身、地方自治体)的反应,另一方面,希望影响超国家政策,这些政策对地方区域及人口(通信基础设施、界定具有优先行动权的地区、社会计划等)具有重大影响。

3. 大城市与大多数重要地方的领导者需要的政治意义,是因为他们外部相似性与关联性增强了,而且这些领导者在国家或国际间开展初步行动。全球化的影响之一是市镇与其他主要地方权威被纳入国际组织,而且大多数动态发展的城市都会促进组织、网络与会议的繁荣。

然而，国际城市仍具有一些重要的弱点，如：

- 面对全球化的挑战，缺乏目标与初步行动。国际贸易、移民运动、国际犯罪等事务的规范协商缺乏城市组织。
- 几乎得不到国际组织或会议的承认，总是仅具有政府间这一特征。我们距离联合国的联邦城市还很远。
- 世界联合组织及其分支在组织上的弱点（它们大多数不能就同一个城市的代表地位及相似的目标达成一致）。

尽管如此，我们还是应强调一下已取得的显著成就：

- 对不同组织存在的差别的协调作用。
- 使组织的目标与行动流程距离彼此更近。
- 被国家政府与政府间国际组织承认或接受的程度提高。

下面我们描述的一个城市组织被称为 G4＋，它们在世界范围内相互沟通协调。这四个组织都是世界性的，其中两个是处理公共事务的组织，世界地方自治联盟（IULA）和普通城市世界联盟—姊妹市团体联盟（FMCU-UTO），另两个是大型城市组织（大都会联盟与城市峰会）。就规模看，其他六个组织是地方性（大陆性）的。借联合国会议召开及准备之际，举办了一些会议，许多组织基于地方或某些具体事务的原因，加入了该联合组织。组织的地方性使其可能会与一个世界组织相关联。例如，欧洲市政与地方协会（CMRE）是世界地方自治联盟的欧洲部分，但是它拥有自己的历史和具体的目标，即超越严格的市政主义，参与建设一个联合、民主的欧洲。作为国家联合组织，CMRE 由 100 000 多个地方团体组成。还有一些组织超越了地方范围，因为它们将更广泛的政治—文化地区作为行动的范围，如拉丁美洲、法语城市、联邦城市。大城市更具主动发展自己与建立自己的新组织的潜力，如欧洲城市与城市网络（G4＋的成员）。但还有其他一些城市，如拉丁美洲首都联盟（UCCI，拉丁美洲城市）或地中海城市联盟（Ciudades Mediterráneas，该团体在地中海召开的国际政府会议期间成立，该会议于 1995 年在巴塞罗那召开）。

为了开发城市间合作，成立了以事务为导向的组织，它们通常不仅仅关注是否适于促进经验交流，有时还会制定共同的目标，从而满足了某些联合事务、行动及其他一些行动的需要。这些以世界事务为导向的联合组织有：市民安全论坛、健康城市、城市教育等等。近年来的一个趋势是，由于承担工作种类存在极大差别而形成网络，具体工作包括数据库（如欧洲城市观察员）建设及减少城市汽车使用运动（无汽车城市）等等。见专栏 9.3 中的网络种类。

一些超国家的政治经济联盟的成立，如欧盟、南方共同市场，对针对地方事务成立的联合组织或网络推动其具体政策有利。欧洲城市与欧洲大都市（具有大学与商会的城市）就是基于这一目的成立的。一些针对组织的更直接的事物也产生了（如城市纺织、汽车、地方危机、伊莱恩（Elaine）移民人口的社会整合网络），或是基于地域的事物（亚特兰大前线，法国南部与西班牙北部城市组成的 C6 集团等等）。在拉丁美洲，借南方共同市场成立之际，一些关键城市组成了南方共同市场城市网络（亚松森的、里约热内卢、波尔图·阿尔格雷、蒙得维的亚，科尔多瓦、罗萨里奥等）。

G4＋的部分组织

● 世界城市协调员在纽约成立（1994 年 8 月），背景是为了准备联合国社会高峰会议（哥本哈根，1995 年）与城市峰会或称为第二届人类居住环境会议（伊斯坦布尔，1996 年）。

● 世界地方自治联盟（IULA）于 1913 年成立，是世界上最古老、规模最大的地方权威国际组织。它的直属成员有 250 多个组织，覆盖 90 个国家，它们大多数为地方权威在国家或地方间的联合组织，进而对于那些若在本国政府不处于主要地位的地方权威而言，显示出其重要性。IULA 的间接成员为数众多，包括各种层次与规模的地方权威，城市的或乡村的，遍及世界。IULA 是一个分权的组织，其大部分活动及项目的协调通过它的六个地方机构进行，这使得有更多的地方为成员代表提供具体又直接的支持。这六个地方机构是：IULA—非洲、IULA—亚太、IULA—地中海东部与中东地区、IULA—拉丁美洲、IULA—北美洲。IULA 还有一些附属组织，它们处理市政中一些极为具体的地区事务。作为成员，它们自主运营，但是只要可能，它们就会近距离交换日常信息，采取联合行动。它们是：

——国际地方环境初步行动协会（The International Council for Local Environment Initiatives—ICLEI）

——国际子公司网络（The International Daughter Companies Network—IDCN）

——市政保险团体（The Municipal Insurance Group—MI）

——城镇发展组织（Towns and Development—T&D）

——地方政府民主化的世界学院（The World Academy for Local Government and Demorcracy—WALD）

——世界批发市场联盟（The World Union of Wholesale Markets—WUWM）

● 姊妹市团体联盟（UTO）于 1957 年成立，是一个国际性组织，活跃着 100 多个国家的地方或区域权威机构。它的活动建立在一个构筑永久和平的基础上，致力于通过国际间城镇与城镇间的合作活动促进地方自治与民主的发展，同样还包括经济、社会、技术与文化的发展。1989 年，UTO 成立了一个专门的分权合作代理机构——城镇联合发展部门(UTOA)，以配合地方与国际分权合作项目的新模式。UTOA 也很活跃地在一系列专门或地方网络中代表地方权威的利益。

● 世界主要大都市联合组织(METROPOLIS)于 1985 年在蒙特利尔成立。该组织活跃着世界上 39 个国家的 55 个主要城市与都市区(人口超过 100 万)和大量网络相关成员，代表着地方责任权威、学术研究机构及专门利益集团这些具体的团体。它的目的是使世界主要都市的领导者、参与者与市民一起分享或探讨经验、城市战略，鼓励社会或技术创新，实施合作计划。

● 世界主要城市峰会是一个包括 27 个成员城市的世界主要城市网络，它们的人口均超过 100 万。它限制每个国家只能有一个城市加入，网络致力于实现世界不同地方的平衡，从而可以代表全球各个不同的种族与文化。峰会的目的是将这些城市行政部门的关键决策者，如市长或政府首长，聚集在一起，交流关于主要城市管理的观点与经验。目前，该会议每三年举办一次。

地方代表

● 非洲

非洲城市联盟(UAT)

非洲城市联盟于 1989 年设在摩洛哥的拉巴特，最早于 1975 年在开罗成立。它是一个非政府组织，活动范围为非洲大陆，包括地方政府的所有方面。非洲城市联盟的成员包括近 200 个地方权威，从小村庄到首都与大城市(人口超过 100 万)，如开罗。有两种成员，都很活跃，即来自 36 个非洲国家的地方权威与准会员，它们是社团、基金会，及任何促进地方权威发展的具有地方、国家或国际性角色的机构。非洲城市联盟在国际合作领域活动的目的是，辅助政府及国际政府组织直接处理人口与地方资源的行动，具体包括经验交流项目的开发、城市规划战略、非洲城镇市政组织的不同系统的检测与比较。

● 阿拉伯国家

阿拉伯城镇组织(ATO)

阿拉伯城镇组织于 1967 年成立，总部设在科威特城。其成员由阿拉伯城镇地方权威构成，目前有 400 个左右。阿拉伯城镇组织的目标是鼓励阿拉伯城镇间的合作与专家交流，以提高市政服务与利用水准，辅助规划与文化保护项目，发展市政或地方政府机构及立法体系，并使其现代化。阿拉伯城镇组织也有两个联合机构，阿拉伯城镇发展基金(ATDF)，通过发放中期低息贷款为成员城镇的市政项目提供财政资助；另一个为阿拉伯城市发展协会(AUDI)，它是阿拉伯城镇组织的科学文献部门，也从事培训、咨询工作。

● 亚洲与太平洋

城市网络

城市网络是一个由亚洲—太平洋地区的城市地方政府、发展权威机构及非政府组织组成的行为者多元化的网络。1987 年在 ESCAP(联合国亚太地区经济社会委员会)的帮助下由官方成立,最初有 12 个成员,现已增加到 85 个。其中 39 个正式成员是亚太地区的地方权威,46 个准会员是亚太地区之外与之相关的非政府组织、发展权威及城市。城市网络的目的是增强地方政府有效管理城市发展过程的能力,促进地方层级上各种行为者的伙伴关系,尤其是地方权威与非政府组织之间。

● 欧洲

欧洲城市

欧洲城市是一个至少拥有 25 万人口的欧洲城市联合组织,是具有国际影响的一些重要的地区中心。成员包括 55 个欧盟成员国,其余 11 个准会员为其他欧洲国家。它通过游说确保主要城市决策时考虑到欧洲发展,鼓励城市政府在欧洲大陆内相互交换知识、经验及最好的实践经验,为像远程信息处理系统、可持续运输政策及环境方面合作实践项目提供便利条件。

● 拉丁美洲

拉丁美洲地方政府联合网络

拉丁美洲网络(Red Latinamericana)致力于加强地方政府自身能力,推动并激励形成拉丁美洲地区的地方权威国家级联合组织。这个相对的新网络至今已召开了 5 次会议,分别在基多、特木科、科尔多瓦、波哥大、里约热内卢与圣地亚哥,它成立于 1995 年 11 月 13—14 日,即第二届地区居住地准备会议召开之际。网络成员包括来自 16 个拉丁美洲国家的 17 个联合组织,但会议也面向 UCCI(来自拉美的市长们)开放,一些 UCCI 的成员出席了会议(26 个成员)。

● 北美洲

北美主要地方政府联合组织

该组织包括北美四个主要地方政府联合组织,即加拿大市政联邦(FCM)、国际城市联盟(NLC)、国际州郡联盟、美国市长会议,其他成员包括北美大量重要的地方权威,并且与地方权威的国家联合组织、某些专业网络及与具有地方权威背景的公司如公共技术公司(PTI)保持密切联系。加拿大市政联邦这个非正式的网络正发挥着其协调者的作用。

来源:Borja and IULA Secretary, working document, 1996

- 会议文件与协议必须明确世界各地这一过程的具体本质及人类居住模式。
- 城市化并不是不可避免的，在所有文化背景中，城市的社会组织形式是最复杂，也是最令人满意的。城市不管是否城市化，不管是大是小，都是紧凑、密切相连、多目标且通信便捷的。
- 城市并不仅仅是历史决定主义、抽象的市场主义或是统治政治意愿的产物，它们仅仅是其中的一部分原因。但是(通常很大程度上)城市的形成得益于市民的劳作及其劳作的希望。在有些地方，像美国，一些城市由于过度建设，使它们几乎处于法律与市场的边缘地带。而在另一些地方，如欧洲，城市社会生活，这可能是城市最大的财富，则是市民日常协作的成果。
- 然而，这一认识并不证明可以忽略国际组织与国家政府在城市建设中发挥的作用。相反的是，如今的城市是多元市政所在地，是地区—城市，它们的未来与城市潜在的中轴线，或是它们所处的系统，或是它们为了实现外部发展而加入的系统相关联，这就需要制定富有远见的政策。构建城市化主要规范形式的过程是进行谨慎选择的过程，它从各个角度及层级影响着政策。
- 每个国家的政治组织形式都具有它们各自的特征。但是，民主作为我们这个时代的普遍价值，国家政治系统的分权化受到广泛关注。这是经济全球化、超国家结构的创立、经济—社会复杂性及增加公—私合作机制的需要所导致的必然结果。
- 因此，对促进市民参与发展的民主地方自治体与长期创新、所有居民的政治司法平等及联合制定城市项目的呼声似乎成为实现人类居住地良好运营的基本前提。

像人类居住环境大会这样的国际会议使地方政府与市民组织在国际生活的参与中前进了关键的一步，原因有三：

1. 因为它是对会议协议及措施的补充建议。这一点对于促进联合国建议的实施很重要，它是地方政府在国家委员会及谈判团的代表一次意义非凡的发言机会，是所包含的国际城市组织代表们的一场专业谈判。

2. 还有一个更普遍的原因是，全球化要求创立新的规范机构。全球化过程的特征，如移民运动及环境保护与经济增长间的矛盾，要求政策应建立在地方委员会一致同意的基础上。现在，只有地方政府与市民组织多元合作交流并出席国际论坛，这些政策才能得到推进。也就是说它们要彼此相互促进。

专栏 9.7 《里约热内卢—巴塞罗那 1992 年宣言》

我们感到我们所撰写的下面这篇文章确实反映出市长与地方组织在试图登上世界时的"政治文化"。本文的撰写基于其中一位作者博尔哈的一份报告和 1992 年末里约热内卢与巴塞罗那市长间的一次公开电话会议。

1992 年 12 月 22 日，里约热内卢与巴塞罗那市长马斯罗·艾林卡(Marcelo Alencar)与帕斯求尔·迈若高尔(Pasqual Maragall)签订了《里约热内卢—巴塞罗那 1992 年宣言》。1992 年间，由于在里约热内卢举办的联合国环境与发展会议和在巴塞罗那举办的奥运会使这两个城市成为世界关注的焦点。因此，两个城市的市长签署了包括七个要点的宣言，以利用两个城市所处的优势地位为这个日益联合一体化的世界提供服务。1993 年 5 月 15 日，里约热内卢最高行政长官与巴塞罗那市长办公室签订了一项协议，西萨·密尔(César Maia)市长与帕斯求尔·迈若高尔市长"同意批准《里约热内卢—巴塞罗那 1992 年宣言》，并通过各种行动让这种精神传播到世界各地"。宣言几乎得到了世界上所有大城市的支持，除了世界性的联盟(UTO，CMRE，IULA 等)，1993 年 12 月，还递交给了联合国秘书长布特罗斯·布特罗斯—加利。鉴于宣言的巨大影响力与涉及的双边技术协定，我们复制了下面的文章初稿。

1992 年间，由于联合国环境与发展会议和奥运会的召开，使里约热内卢市与巴塞罗那市成为世界的关注的首都。这一特殊地位意味着我们每天都有义务利用自己的力量，促进世界的一体化(里约热内卢)，人们之间和平友好共处(巴塞罗那)。但是这个世界尽管是唯一的，却充满冷漠与危险，人类渴望的兄弟关系无时不受到战争、暴力、恐怖事件、贫困、琐事与距离的猛烈冲击。两个城市，一个位于北半球，另一个位于南半球，宣布它们确信城市能够在世界中发挥越来越大的积极作用。

第一点

目睹了世界政治—军事霸权格局的结束，城市与其他公共私人机构包括国家政府间的国际行动有了新的自由。

有建设一个沟通更好、更互助的世界的可能，同时也存在冲突、地方战争、排外的国家主义及自利性特权加剧的风险；我们正在或将要运用一切我们认为必要的行动给暴力冲突地区带来和平，帮助受伤害者，重建被破坏的地区。我们这些城市批准和平的承诺，主动为那些遭受战争之基或其他各种形式的分裂(这种分裂最终会带来战争)的城市和人们提供有力的资助。我们承认国际组织协议的合法性，联合国组织处于第一位，并将我们政府的政策纳入考虑范围，我们还要宣布希望在国际领域开展行动。

由于反对边缘性、排外性的政策，我们希望制定一个全球一致同意的政策，从而使发展的成本与收益分配均等，同样世界上的人们也可以按照他们的自己意愿自由分布。对我们而言，国内与国外的差别远不及将市民置于同一个世界中讨论有意义。尽管我们的理念一致，但我们依旧明白城市自己不能解决由于不平等与发展不平衡性的冲突与问题。但是这些问题重返我们的城市为我们所感知，我们希望整个社会是开放、慷慨的。这种开放伴随着一种宽容精神，是最佳城市具有最优秀的品德。

第二点

发展与环境不可能存在于不同的世界。如今这个世界是一个由城市构成的世界。在这个唯一的世界中，对某些人/地方而言的发展，对其他地方/人而言意味着贫困；增长可能意味着破坏。但是若没有增长，贫困将降临于一半以上的人口。

虽然城市应当自己行动处理环境与发展问题，但对此的承诺必须在世界范围内达成。必须在发达城市中与浪费行为作斗争，在欠发达地方以聚集体的形式建设城市。

承诺应得到地区协定认可，目的在于：

- 减轻污染，即阶段性降低二氧化碳排放量（如在城市中逐步使用无污染车辆及能源）。
- 通过向使用石油这一不可再生资源的国家和地区征税，以抑制资源消耗，从而起到保护作用，对大城市基础设施及运输工业耗资巨大的修复提供经费；
- 在一定时期内，制定计划以保证所有市民的饮水，建立污水和垃圾倾倒系统，另一方面，鼓励市民节约用水与能源利用；
- 优先利用可再生性资源，支持自给的可持续发展战略；
- 详细描述复合的城市—地区发展计划，以保证增长与自然资源的再生之间的平衡，成为全球补偿系统的一部分，以缓解大型贫困地区现状。

我们只有联合起来努力抵制浪费与贫困，并把此当作一个共同的责任，才能拯救我们的城市与地球。

再者，城市被设计为发展其交流与集中的功能，尤其是南部国家，它们将继续发展：因此，应为建设新的城市服务基础设施付出更大努力，同时兼顾通讯、水与能源。

第三点

如今的挑战是使规模越来越大、种类越来越多的城市成为既具多样性又彼此相融合，且相互交流。假如我们失败了，我们的城市文明将发生严重的倒退。城市是人们居住的地方，是自由与进步之地，但同时也是排外的、暴力的。

居住在城市中的人们并不存在本国与外国之人。他们就是市民。多样性是我们的财富，宽容是我们的美德。只有这样，我们才能在城市中自由地生活，城市进步才有可能。城市完全有责任制定积极政策以分析种族主义与恐怖主义的成因，并进行制止与抵制。由于这一原因，受以上限制，每个城市都应明白其容纳多样性、确保宽容与团结的立场的能力有限，这种立场不仅是对其自身而言，实际操作中也不应存在例外。

世界愈来愈相互依赖，同时，还面临着分裂的加剧与群体内特征一致，城市首先成为文化交汇地，若我们不能和平地生活在一起，自由对我们而言是不可能的。

城市政策（建筑城市规划、文化、社会行动、教育与就业）应能维持群体个性，但是，它们也应促进城市社会多元文化的融合。

第四点

各个城市根据自己国家或地区的传统，应有被认可的真正的地理边界，包括大多数居民休闲工作之地。

富裕的商业中心或高收入的城市中心的资源不应返回到附近大多数人们工作生活的地方，这并不是绝对的。

这是严重缺乏团结所致。

借助于各国及地区实行的市政间合作与社区程序，但并不是置地方个性于不顾，极其有利于激发市民对社会的支持度与共同利益，通过对大都市区的共同管理，自主空间专业化问题得到解决。

区域新中心的形成必定是一个复杂的过程，需要进行规划而不能建设成为一个临床实验室；相反，它们可能将在居民协会、城市发展者及城市政府的合作行动中产生。我们明白这样一个事实，如今在大城市，在中心区域郊区，仍然存在边缘地区非城市化区域及“非城市”，它们依旧在发展。建设城市应是加大都市政府与经济、社会宣传家共同承担的一个承诺。

大城市趋向于使都市规模变得越来越大。我们并不是完全反对集合城市的增长，但是城市化的地区系统应基于这样一种平衡，即集中地带与自由的农业、自然地带维持平衡，小型或中等规模城市才是大城市的真正选择。

我们赞同维护文化差异，每个城市都有自己的个性，我们认为城市规划与建筑应强调这些独特的特征。而且，我们必须采纳新的城市生活圈子，寻找隐私权与参与城市集体生活间新的平衡点。另一个重要挑战是关于公共空间政策，由于反对将之私人化的趋势，应尝试对安全、差异及隐私的需求予以回应。

第五点

世界上许多国家看起来都面临着社会与政治、城市市民与议会代表之间分裂的警报，在遭遇这一问题之前，里约热内卢与巴塞罗那希望能扮演城市政治与社会沟通的媒介。

我们的战略规划包括越来越多的社会、政治与学术部分。因而，它们正成为区域内全球化发展的基础因素。人们希望有明确、具体的目标，城市能够将它们陈述出来，借助于地方最近距离的一般利益与私人开创者之间的合作。

若合适的话，城市只有与联邦、中央或国家权力部门与地区或政府权力部门密切合作才能解决它们的问题。

后者应表达出它们的区域战略选择，从而城市可以明确应当先做什么。

现在，取得进展比以往更需要提前做好准备工作，并充分确定。否则，对城市化地区、新中心、通讯运输、环境改善开展巨额投资是不可能的。

同样，城市内部必须真正分权。我们并不希望让人们认为大城市，如里约热内卢，能够通过中央机构照看好每一位居民。

相反，市政服务部门应让它们的顾客感到自己受到与最好的私人或公共企业一样的尊重，向顾客提供优质的产品与服务。

21 世纪初，利用像有线电视这样的新技术确实会促使信息在城市市民中的传播中产生乘数效应，反之亦然。

新技术将在城市—市民交流中取得最好的效果，若其传播背景是公共参与管理、公私合作、联系愈来愈紧密的生活、基于大多数人的利益制定公共项目。

与之一致的是，应首先实现民主化。

第六点

在南部城市，大多数居民年龄低于 25 岁。但是很多年轻人无法成为城市市民。在北部城市，老龄化使孤独感加剧，第三产业的发展使在工作时间过后的整个城市空荡荡的。这里没有年轻人。

城市应当为年轻人提供生活服务。它应建立新的内外部边界，开展国际合作与人文行动，更团结一致。但是在实现这一目标之前，城市应为年轻人提供教育、住房与就业机会。总之，这意味着社会参与、文化融合与公共认可。

尽管我们的竞争力有限，作为城市政府，我们必须致力于为年轻人创造有利的条件，提供多样化的教育与经济创业机会。

我们的城市应提供可用住房，因此，那些从城市发展中获益的机构应对此进行投资。比如，花费一定代价与私人部门达成协议，让它们放弃目前的发展，转而投资年轻市场是可能的。

第七点

世界中的城市：担当起一个世界性的角色。

目前，这是一个相互依赖的星球，经济全球化，政治—军事之墙被推倒为其发展扫除了障碍，新的通讯技术使我们成为所有不公正事件以及所有灾难的帮凶。由于所有现实公开交流,城市不能孤立地存在于一个严格的地理框架内,而是会变得更大。我们必须接受应承担部分世界责任;我们必须担负与那些不幸的国家或城市开展具体合作的义务,有时,我们是导致它们不幸的原因。

我们希望能为大型国际组织提供有效的参考并得到它们的认可,首先是联合国,它的机构,如联合国教科文组织、联合国人口基金会、人类居住环境大会等,它所制定的计划如联合国开发计划。由世界地方自治联盟和姊妹市团体联盟组织召开的1992年里约热内卢会议,第一次使城市或地方实体的国际联合组织共聚一堂,在会议中赢得了自己的一席之地,能够管理它所制定的计划。在南部城市与北部城市间也开始展开合作,项目由世界银行投资。这种国际行为要求我们保持密切合作与长期沟通,若可能的话,形成一些大陆性的联盟与世界城市联合组织。我们必须优先发展与世界地方自治联盟、姊妹市团体联盟的密切关系,它们不仅仅是两个最重要的世界组织,并将在二至三年内实现统一。目前,由于两组织的历史性差别不再有效,这一目标是可能实现的。我们邀请IULA与UTO的主席,我们的朋友崔格利尔与萨姆皮尔(现已由毛考接任)指挥该项目。我们这些城市虽不能散布于具有相似本质与相似目标的各种不同组织中,但是我们必须在主要国际组织面前呼声一致。

最后一点

人类通过建立愈来愈宽阔、复杂、多样的结构在走向合作。进步离不开合作与交流,离不开现存单元体整合而成的更大的团体。这一现象首先出现在家庭到宗族;接着是城市与城市的形成,最后是国家。现在,我们正在认识到一些重大事件:欧盟、美洲一体化正在进行。大型组织的形成决不意味着其构成单元的消亡。世界应由家庭、城镇、城市、地区、国家、民族构成。我们认为联合国政府是使它们共存并取得发展的最好保证。相反,若较高层次的合作破裂,且没有其他形式合作取代,对于它们中的每一个而言都是危险的,对每个人而言都是一种风险。

城市本质上是维持最近距离接触、最具开放性的地方;它们产生市民文化,由最具个性的事物构成,使每个人明确什么更自由与什么是集体的。因此,如今社区精神与集体主义是同一事实的两个方面。一个独立的世界,通过城市间建立联系而合为一体。世界是城市市民的世界。

来源:Ajuntament de Barcelona,1993

3. 最后一个原因是,普遍与具体间的辩证关系。前面我们提到世界各地都需要普遍主义的目标与价值。如果地方代表不能一直参与国际生活,如果他们的组织在这一领域的权利与规则不能得到认可,如果他们不觉得应对协议、超国家(或政府间,如联合国本身)协议的开创者及其初步行动联合负责,这就很难避免一种现象,即在某些地方追求内部个性认同,而缺乏与其他城市的联合行动。(“Cities of the Future”,1996;Wilheim, 1996; Cohen, 1996; UTO, 1994; IULA, 1995)

第10章 结论

10.1 新挑战，新目标

世界正走向全面城市化，这构成了经济全球化和信息革命过程的一部分。城市化对城市而言具有创造性和破坏性。人口集中，新中心区产生，但空间被分割，界限消失，地方功能弱化。城市化后的城市并不是城市，或者说城市化后的城市并不是所有人的城市。许多国家中多数城市人口不是城市的主要市民：他们处在规划和城市文化的边缘，没有工作或在非正式工作中挣扎，居住区设备破旧，很少能通过城市正规合法渠道看到他们。这种在欠发达国家出现的以城市化为特征的现象，不仅变得非常严重，而且在曾被称为第一世界的大城市中更加普遍地存在。

现在谈论城市危机非常普遍，但这种危机和过去的危机不一样，甚至和近期的危机也不一样，要解决的难题不仅仅是为城市人口和边缘城市人口提供住房和基本服务，而且要在新的城区空间内建造城市。建造城市意味着至少对五种新挑战做出有效反应：

1. 工作、就业。竞争和生产力是挑战的一方面，但竞争性城区空间决不会保证所有人口的社会经济一体化。保持每个区的某些生产活动，保留工作的近似性(为人或城市生态提供服务)，保持居民之间的互相合作，这些也是必要的反应。

2. 安全。这里的安全不仅指居民的安全，也指城市暴力的减少。安全存在于非常宽广的领域，包括和平共存、感觉到自己被社会环境接受、城市知识及其重要部分(设备或政府部门)的可接近性、流动性权力、交通安全权。有权进入繁华街道和公共空地，有权得到教育和健康方面的社会保护。经济活动也需要安全构架工程：城市、政府、公共政策和社会惯例必须减少由全球化引起的不确定性——既有经济的不确定性，也有身份的不确定性。显而易见，安全与住房、安身之所和土地，以及基本服务有关(基本服务有水、卫生、污水处理、保护不受物质手段的侵扰等)。这种安全性涉及政府部门的一种义务,也促进法制化,改进和配备已是城区的住房和居住区,政府部门有义务和居民合作,因为居民已用自己的工作和日常生活造就了一座城市(《加拉加斯宣言》,1991 年;《萨尔瓦多宣言》,1993 年(专栏 10.1))。

3. 观念。普遍的意识形态在信息时代大大弱化。另一方面,小区文化、团体文化、社区隐退、种族边界却大大强化。这是全球化的最大败笔;而加速区域分离、竞争、区域私有化和边缘化的城市是其成因。但城市能帮助个人和团体重建生活的意义。作为观念的生产者,城市在激励、支持巩固市民爱国主义的城市工程中展示自己。新价值附着于审美、纪念场所的质量、象征价值和综合功能。这种新价值包括把住房和设备想象成空间,想象成赋予日常生活、社会和文化意义的建筑。

4. 可持续性。这不是一个时髦的字眼,而是时代的需要,全球化的需要,但又不仅仅是全球化的需要。诚然,为了竞争,生活质量和世界生态系统的负面影响,每个区域必须同意某种投入(世界生态系统是指非可再生能源的消费、温室效应、臭氧层等)。同样也必须同意规模较大地区的结构平衡——这种大的地区可以有属地,如地中海区。但是,为子孙后代着想保护和改进环境及其资源,可持续性也是一种挑战,在许多情况下也是为了当代人的生存。在经营经济活动和消费者社会行为模式方面隐含着重要变化。

5. 可控制性。这不仅仅是个政治—行政问题,新城区是超地方性的,甚至是超部门性的,否则,它们就会超出行政区和国界。况且,管理这种区域又反过来依赖针对公众、承担和管理大工程及设备的公共部门,依赖政府组织之间契约性多于等级性和被划分成独立部分的关系,依赖实施和管理城市工程及服务的公私部门共同的行动。可控制性是一种必须构建的新的政治、司法和行政文化,由规划、习惯和类型组成。但是区域可控制性具有社会政治和文化特征的其他方面,或者说,具有机构、公共代理人和人口之间的关系方式的其他方面。

我们要特别强调以下几点:

——缺乏把居民的概念定义为一系列权利和义务,缺乏相互分享的城市文化和兼容的生活方式,这种生活方式常应用于新城区(见《公民身份宪章》,1996 年)。

——来自政府部门的官僚主义的错误,这一点我们在讨论城市分散化和市民参与的分散化时已经提到。另一个相关方面是社会生活节奏和政治—行政工作的比率以及第一项服从第二项的荒唐本质之间的矛盾。

专栏 10.1 《萨尔瓦多宣言》

以下国家和组织是《萨尔瓦多宣言》的签署者：德国、孟加拉国、比利时、巴西、智利、哥伦比亚、厄瓜多尔、萨尔瓦多、西班牙、法国、希腊、印度尼西亚、意大利、肯尼亚、尼加拉瓜、荷兰、塞内加尔、南非、突尼斯、委内瑞拉、越南、美洲发展银行、世界银行、健康泛美组织等。该宣言根据所呈现的知识、讨论和意见的重要性再现如下内容：

1993 年 12 月 3 日

绪论

1993 年，男人、女人和儿童的生活条件很差，或与其所在国家的发展水平不相称。

改变这一情况是国家的义务。

振兴贫困加剧的居住区是最优先考虑的事情。应该参考有关居民对复兴政策的计划、实施、执行和评价意见，这是他们的一种权力。

作为国家和地方代表，作为政府办公室官员，作为居住区居民代表，作为坚信这些义务和权利的专家，我们从 4 个大洲和 17 个国家来到巴西的萨尔瓦多，在这里召开会议，会议从 1993 年 11 月 29 日开始，12 月 3 日结束。

就在两年前，负责世界不同地区的复兴政策的政治代表和政府官员聚集在委内瑞拉的加拉加斯市，来比较他们的体验。他们得出的结论是：要想使公共政策有效，公共政策就应该依赖各地均相同的基本原则，即使各个国家的情况有很大不同，这些基本原则曾在《加拉加斯宣言》中提出过。

既然我们同意他们的结论，并确信应有坚强的决心来执行这些基本原则，我们决定在萨尔瓦多为实施这些原则打下战略基础。作为宣言的签署者，我们保证为这些原则的应用作出贡献。

在所有国家，无论穷富，我们注意到某些城区的状况在恶化，它们是临时凑合的管区、市中心的老区、由降价的福利房组成的管区。

有很长一段时间，人们认为这种情况是暂时的，经济发展本身有能力解决任何问题。情况并非如此，社会排他性倾向于集中在某个管区，因为我们目前的发展模式产生或容忍永久性排他性。同时，控制国际政策的货币主义原则加强了这种趋势。

这些管区、这些贫穷滋生地将在数年内继续存在；所以，要采取耗时耗资的长期政策，使这些人融入社会生活，改变其生活条件，同时保护他们的权利、尊严和能力。

为了避免人口集中在大城市，为了配合旨在提高接受外来人口能力的城市政策，这种复兴政策应当和为农村和小城镇发展提供的全球策略保持一致，应以此种方式资助全球策略以建设更加公平的世界，更多意识到其责任。

设计和执行复兴政策是国际社区、国家和地方行政机关的义务。我们认为在设计和实施的不同阶段，政策应具备《加拉加斯宣言》中提出的 6 项原则：

1. 承认贫困区存在能动趋势，支持它们，鼓励它们。

2. 给这些管区的居民提供更强的安全感，保证不把他们赶出自己的居所。

3. 承认仅仅典型性民主不能应对某些居民范畴的渴望，儿童、妇女、外国人、避难者、老年人等，要发现方法去了解和利用这些渴望。

4. 在每种层面上改进公共政策的实施，以便和居民共同设计每种情况的解决办法。此举也是为了实施考虑个人和社区生活不同方面的综合政策。

5. 使实行的政策服从管区及其居民的自然社会发展速度，从这里发现解决紧急问题的正确方法，以监督长期策略。

6. 建立与追求目标相匹配的资金提供方式。

每个管区、每个城镇、每个国家都是唯一的，都有应用于复兴的共同原则；但没有唯一的方法。每种方法必须考虑到要适合具体情况。由此，在国家、区域和基本社区层面上，做到以下几点至关重要：

——具体地运用宣言中提出的六项原则；

——组织社区居民和专业人员进行经验交流，这样每个人都能学到对方的经验；

——设立正式手段和对现行政策的矛盾性评估。

在计划过程和决策的每个阶段，在实施和评估工作的每个阶段，复兴政策应当依靠其组织和管区居民的积极参与。

权力机构承认他们自己代替不了居民，他们无法将责任转嫁给贫困管区的居民。这是一件好事。我们已清楚地声明，国家、地方行政部门对团结、社会凝聚力、连贯的城市计划和社会服务的有效性负全部责任。他们可以把部分责任转包给第三者，但决不能交给别人而不管不问。

平等和团结的含义是，各级相关权力机构（联邦政府、州政府、区或镇政府）所需财政手段的数额应有清晰的评估，以便使复兴政策和实际需要相一致。它们也需要明确的义务来保证这些财政手段的有效性。

实行复兴政策也包含各级决策结构的正确性。应计划采取意在加强《加拉加斯宣言》中提出的六项原则的步骤，并按有关居住区人口的实际需要来执行。这样，就保证了决策过程中所含问题，就可以考虑每个居住区的具体特点。

上层决策层面的义务是：

- 筹集和分配所需资金；
- 为从事野外工作的人提供足够的、合法的、制度上的组织；
- 确保上面提到的六项原则起指导路线的作用；
- 如果后者不想实行恢复政策，在当地基础社区行动；
- 确保对取得的结果进行连续评估。

联邦当局或州政府必须有明确的行动，它们应该：

- 设立所需资金；
- 制定明确而稳定的众所周知的规划，并且这种规划要按照分配的资金来制定；
- 设计足够合法的和制度上的工具，这种工具不会形成限制性技术标准；
- 建议依靠社区经验的方法；
- 公开最有前途的创新，支持专业网络；
- 支持代表互相交流经验方面；
- 支持与其他国家和大洲的交流活动。

我们认为加拉加斯和萨尔瓦多宣言可作为实现我们相信的原则的有效工具。因此，我们建议：

- 州、地方社区和国际组织正式支持这些宣言，致力于选择和使用恰当的方式去实施提出的原则；我们建议它们要积极参与国内外经验交流网络，接受在固定时间段内取得的评估结果；
- 两个宣言被广泛传播并经地方社区、管区居民和专业人员讨论，使之适应每种具体方案；
- 这些宣言用于培训会议的一般参考；
- 这些宣言用于恢复章程地方水平上的参考，其中，这些章程清楚指明伙伴关系所用的程序；
- 宣言是对不同水平政策公共评价的基本标准；
- 支持建立区域、国家、国际网络，这些网络可供负责贫困地区代表之间的经验交流。首先要关注这些代表，因而才能了解适当的解决办法。

萨尔瓦多会议是一次面对不同国家的经验交流的机会。这次会议与《加拉加斯宣言》提出的六项原则的实施有关，后面的文章无意成为普遍方案，仅仅是一些观点、领导思想和经验的集合，是两年前在加尔加斯发起的工作的补充，《加拉加斯宣言》从此开始被经验交流网络继续加以丰富。

原则一：学会识别、加强和激励管区的动态发展

1. 不要把对问题的理解误认为居民认可。

如果技术上的分析和评价也是明确的，被居民们自己执行和分担，那么它们就是有用的；否则，它们不是作为当局和居民之间对话的依据，而是变成在居民位置上设计解决办法的方式。

2. 识别居民意味着认识他们的背景和文化，意味着承认管区价值，承认管区空间方面的形状，承认其被打造成经受长期经验的事实。

3. 居民发展常采用非正式模式或出现在正常合法界限之外。应该辨认出它们以何种形式出现(如相互帮助的不同类型，服务交流的不同类型)，即使那意味着改变现存立法。

4. 承认居民意味着首先承认他们的工作，即承认和利用建设工作的结果；再者，它意味着承认为组织管区的社会结构和供给居民代表所做的努力的专业价值。

5. 居住在相同的邻近地区并不必然意味着分享相同的命运，承认居民也意味着识别其差异。

6. 在某些情况下，管区居民丧失自信：不相信他们做事的能力，没有信心做创造性的工作，所以，培养他们恢复自信是义务。如果社区开始认识自己，然后才能得到别人的承认。这一过程的第一阶段就是简单地组织演说，总结所听到的方法。

7. 对妇女和年轻人的志向和动力进行特殊辨认是很关键的。年轻人尤其希望感到自己有用，这或许是某些特殊品质的起始意义、某种居民培训的起始意义。

8. 管区特征出现在由居民开展的组织模式中，这些模式不会自行产生，它们是继承历史的或居民现在应获取的文化学徒身份的结果，在最后这种情形中考虑进去时间因素。

原则二：加强居民地位

1. 宣言在国家水平上主要加强了居民的地位，承认临时居住的管区，保证实施不驱赶居民的复兴政策。

2. 居民地位的加强，或在临时或非法居住区，根据法律分出他们的位置并不必然意味着同意他们完全拥有地皮。虽然授予常常是起到一定作用，因为其有象征意义，并且能提供居住区和城镇合并的机会，但是，授予在某些情况下有负面影响，例如：

- 捐赠不适合开发的土地，造成和长期的城市计划相冲突；
- 在耕地分配中，或多或少地存在私有土地集中的危险，最贫穷者出卖土地；
- 土地的出卖或转让或许刺激地方社区把责任转移到居民头上；

- 土地转让可使地方代表和居民之间的拉票趋势加剧；
- 事实上土地的公有身份对城市计划政策来说，是很重要的；
- 在有效土地分配完毕的管区，接受外来者是一种资源。

这仅仅表明，在这个领域，没有在任何地方、任何时间都适用的神奇办法。除此之外，每个国家的土地私有的渴望并非那样强烈。在某些情况下，土地的个人所有权构成主要权利，因为控制土地所有权的立法是允许进入公共事业——水、电供应和邮政等的先决条件或被认为是对最有把握保护不受驱逐的先决条件。

3. 许多其他可用于巩固居民地位的是：

- 男女共同拥有土地，巩固家庭核心；
- 土地集体出让给邻近单位，创建特殊所有权地位；
- 额外的长期租赁。

4. 和居民讨论加强其占有权的方法和选择这些方法一样重要。

原则三：居民的渴望和利益

1. 无论何时都不能想当然地以政治许诺去解决城市不安全问题，为确保经济、社会和人类发展而以长期行动改变贫困居住区的生活条件。因为这种政策远不能满足许多投票人的愿望，远不能和其利益相匹配。这就是许多关于综合发展的内容丰富的政策仅仅以文字或实验形式存在的原因。

2. 一般地，贫困管区的居民不相信政治力量的相互作用，不相信政客本人。由于习惯于成为拉票运动的目标，他们对那些从未实现的承诺感到厌烦。如果不深刻改变政治决策者本人的态度，诸如：开放资金管理、兑现承诺、持续的行动、提供评估政策有效性的方法等，对权力机构的信心就无法树立起来。此外这里的信心也是学习积累的结果。

3. 许多代表相信他们在代表人们的愿望方面是称职的，仅仅因为有些人选了他们。这是一种错觉，当考虑到居住在危险条件下的妇女儿童们的渴望时，这甚至不仅仅是一种错觉。

4. 为激励政治行动，最好的办法是采用各种方法扩大居民的知情权、对所关心事物的话语权及其发展的知情权。来自成功的事业和革新方法的知识循环证明，可以有效引导渴望和意愿。这是鼓励当局监督复兴政策的有效方法。

5. 在政治实践、统治者和被统治者之间的联系、统治者和主要经济利益或秘密犯罪组织的利益之间联系的程度、政治伦理观的传统等方面，国与国之间存在很大差异。

居民社会组织是当传统组织衰落时，找到的社会赖以表达自己的新方式，帮助并资助这些组织这样的举措在每个地方都很关键。

6. 某个群体的呼声、社会组织的出现以及居民提案能力的显现往往需要专业组织和大学的支持来缓和这一进程。为这种支持在具体责任范围内提供明确依据是很重要的，否则，那些提供支持的组织或大学就会错误地认为是为当权者服务，以他们的名义承包居民工程，并在评论与行动中代表他们的利益。

为避免这点，应对不稳定或状态恶化的居住区居民优先告知，优先培训（他们常常意识不到法律提供给他们的权利和可能性），优先获利（他们很少因开会花费的时间得到补偿）；优先提拔他们的领导，帮助他们把自己的经验和一个镇、区、国家和世界水平的经验相比较。毫无疑问，居民之间、居住区之间的经验交流是最迫切需要的，对当局意愿的最明显的考验在于对居民的培训和经验交流提供支持，在于对居民发起的组织提供支持，在于支持寻求多种方式引导向选择和行动的公众讨论。

7. 边缘化是恶性循环。社会、经济和城市边缘化相互作用，不安全或条件差的管区的居民感觉他们自己和其他居民之间有社会障碍，结果没人鼓励他们把自己当成完全的城里人。为恢复自豪而尽力的恢复政策或许产生积极的螺旋式上升，这种螺旋式上升激励市民创建自己的言论，构建自己的工程，也能鼓励市民用其投票权更好地捍卫自己的利益。

8. 居民直接表达自己利益的能力和领导的产生不应被理想化。易犯的错误是，这些被要求与新伙伴谈判的领导会渐渐与等级和档案分开，在传统政治游戏中被拖住。如果是那样，一切还得从头开始，这是不可避免的吗？

9. 如果居住区居民和权力机构的对话建立在中立的立场上，远离协商和权利关系盛行的环境，这种对话往往会容易些。

10. 言论的建立在于记忆的建立，对精心支持居民的组织来说，这是一个有特权的活动范围，它允许人们的组织施展能力，使自己的经验展示给别人。

11. 呼唤居民参与他们所关心的决策有各种有趣的方法：建立地方经济和社会委员会，在这个委员会中，与被选举的与会者、组织公众辩论和做出直接关系到居民的决定相比，妇女和年轻人可更好地展示自己，这种民主的新形式打乱了习惯，使决策过程更加复杂。在此领域也应组织培训会议，但一个人应当意识到开放式辩论的负面效应，这种开放式辩论提供的是从未物质化的项目。

12. 有组织的地方权力机构和服务部门，其工作路线在一定时间内保持不变，能够作出长期的契约承诺均考虑到学会自信和议定长期恢复政策的机会。并非每个地方都能如此。

原则四：改进公共行动

1. 公共行动在任何层级上都是必需的。民间倡导（非政府组织协会）固然有用，但不能代替权力机构。只有国家或联邦政府插手，才能提供和全球利害关系相匹配的、财政的、司法的和制度的反应。地方权力机构对方法概念和实施细节负责。

2. 公共行动应当予以改进达到以下目的：

- 在根据设定的路线采取的步骤、公共效用和对居民的经济社会提升之间建立一种关系；
- 和居民建立合伙和合约关系；
- 监督持续的行动；
- 为分配资金改进决策过程和方法的效率（许多人指出，来自国家或国际合作的资金分配效率很低，大部分被官僚和原来的计划目标或目的转移所消耗，或甚至没有花费，原因是程序的机能严重失调）。

3. 应简化机制。对互相服务或交叉部门的合作来说，复杂的程序在字面形式上是完美的，但往往没有效率：它们往往仅局限于仪式，阻挠积极性，它们把无用的规定性限制强加给用户，有时只会阻塞机制。应注意的问题有：

- 合同性目标。它鼓励事业发起人解释他们怎样努力达到提出的目标，而不是事先把规定的程序强加给他们作为前进的方式；
- 开放式公共管理和评估的工具；
- 对话的根据和谈判的引导；
- 经验的传播和讨论，以及作为参考而不是作为模式或强制程序的方法的传播和讨论；这是人们逐渐学会做事方法的途径。

4. 最后要获得的支持来自有资质的专业人员，他们致力于达到要追求的目标，他们在特别挑剔的工作中从容自若。这些专业人员工作在城市计划、住房、教育、健康和城市服务等领域。经验证明积极性这样一个重要特征不能满足需要，随着年龄的增加会消失殆尽，所以建立一种机制非常重要，给专业人员提供支持，创建能获得知识、讨论观点、比较方法、培训人员和使经验变成资本等等的场所，研究和大学的支持应允许用另一种观点看事物，有必要帮助广开言路，鼓励技术专家出现。这样的制度、财政和技术机制能设计出适应各种情形的解决办法并会逐渐发展。

原则五：把行政和政治工作速度与社会工作速度联合起来

1. 管区和城市就像人类，是有生命的有机体和复杂的生态—社会—技术系统。人类由一系列循环节奏管理着，这种循环节奏从几秒、一分、一天、一月或一年不等。这些节奏也许会适应外部事物，但他们必须被整体地加以重视。许多社会节奏和这些生活节奏相对应。

同样，一个管区有它自己的节奏、习俗和节拍，从而形成管区的丰富性和独特性。必须重视这些节奏，但可以考虑允许管区适应环境变化和实行与管区有关的政策。

2. 实践中，经验证明重新定位行政和政治系统及改变其节奏有多大困难，尤其在地方层面上不同的行政和政治节奏在工程实施的范围内可被有效总结。

在工程的详细阐述和实施中，清晰陈述地方责任应允许把行政节奏和社会节奏联合起来，甚至在有大量国家基金支持的时候也要如此。

3. 一旦为政策和工程的筹金标准和简单开放的方法具体化，居住区生活节奏并入行政节奏就会变得易于实现。

原则六：为保持追求的目标而建立筹集资金机制

1. 筹集资金的重要份额应当从国家水平开始，并显示：

- 面对排他现象时的民族团结；
- 涉及的财政手段必须和挑战的大小一致；

可取之处是，它在花费在治理不安全和情况恶化管区的国民收入的份额上采取公司和国家承诺的形式。

2. 风险金的大小及对国家发展的国际建议的影响力，呼唤国际成员一致来分担政策和工程筹集资金的份额。政府非政府组织在保证及时维持政策和工程方面作出了贡献。

3. 在每个管区，国家或地方社区用于恢复的财政手段应采用总量的方式，即允许更多的灵活性。

4. 把这种总量转化成不同的投资收入是可能的，目的是：

- 能用各种手段、土地获得、基础设施、城市服务、住房的改进、过程的监督、居民的组织、经验交流和经济行为等筹集资金；
- 根据行动领域组合用于家庭的公共投资和私人或经济代理人的投资；
- 根据短期优先权或长期行动，创造不同的产品。

有许多有效方法，专业人员之间的国际经验交流应主要依赖这种筹集资金的工程。

5. 分配公共资金的标准必须绝对地：

- 简单；
- 容易核对；
- 服从一定时期内的评估。

它们必须和一般的基本原理相一致，并主要依靠：

- 一种机制和工程的示范。这种机制和工程在地方水平上创建起来，允许《加拉加斯宣言》中提出的六项原则。
- 可持续发展原则。这种关系综合人们之间的关系，人们和环境及下一代利益保护之间的关系。
- 对组织工会的鼓励。

6. 经验证明，在人类进步、恢复和地方发展政策范围内的借贷能更好地偿还，因为人们知道偿还的借款要在什么地方使用。这使人们对手段相似的资金再投资有了特殊的认识。

7. 应建立起在任何形式下用于恢复的资金数量的社会控制机制。

8. 为应对改进住房创建社区服务和监控恢复过程而进行的经济预测和筹金计划，必须确实与居民的工作贡献结合起来。

9. 被授予贷款的权利即可靠性，是用于对付排他性的基本权利。传统的商业银行装备很差，不能向没有安全感可言的人提供贷款。这就指出了建立相互依存的银行的重要性，其中，运行规则和所需担保人、有关人员的性格相匹配。国际经验表明这是可能的并且是有效的。

因此，我们冒昧提出三条原则或城市广义上的目标：

1. 城市权利。为让所有经历城市化过程的人们识别这种权利，其行动包括：合适的无危险的住房、有基本服务的被社会重视的社区以及作为整体的城市交流、预作主要安排的灵活性、工作机会、为社会上的人及所有居民的政治法律平等而提供合适的培训。

2. 近似政府的国内国际合法性。这意味着承认地方和区政府是国内和国际组织的必要伙伴，它们参与起草和申请协议和计划，这些协议和计划旨在使经济、社会和文化进程全球化，以及政治、军事和安全进程全球化。

3. 市民权利的广泛宣传。城市组织和地方政府稳定地广泛参加国际论坛，非政府在这些论坛日益高涨的积极性和革新能力，为起草和评价公民宣言创造了有利条件。公民宣言使城市人口的权利和义务得以合法化。城市、地方政府和非政府组织 之间的信息网络的增加，为具有共同价值的政治文化的传播打下了物质基础（见 Ministerio de Obras Publicas，1995（专栏 10.2））。

10.2 全球化中的城市

通过总结，我们在国际关系的范围内，得出地方民主、城市政策和城市的结论。

10.2.1 全球化中的地方民主

只有一个世界，即城市化的世界：地方环境的价值

全球经济信息时代，政治军事封锁的瓦解和国际形势的加强，塑造了世界范围内的新的政治空间。这种新形势既不比过去公平，也不比过去规范。相反，大的跨国经济集团活动在残酷而反常的市场上。激进的、孤注一掷的民族主义和原教旨主义抬头，弱者在国际组织中找不到支持。与此相随，经济结构、集体身份的空间和政治参与加强，人性面临的困难和挑战（如发展与环境、浪费与贫穷、可能的自由和真正的排外等）增加，地方和区域结构加强。城市是目前多数人生活方式和生活方式的矛盾和潜力的系统性表现。虽然城市人口越来越多，但要牢记，有些城市人口生活在城市，却没有市民的权利。城市和农村的不平衡加剧移居，结果使城市难以持续，农村地区更加贫困。

城市是民主所在地

城市为近似民主和人人参与公共事务管理的民主提供契机，它使得整合集体认同得以巩固。从属原则，应被理解为权利下放，有能力、有资金来源的地区使这个原则更加可行。在公共管理的层面上来说，政治能在地方水平上执行时，就不应在更高的层面执行。为了制定监管体制以保证大的平衡和公平交易，需要有一个全球性的政策。国家必须是政策的保证者，这种政策的宗旨是增加社会内聚力，保护所有公民的权利和自由。但政治的第三个方面的重要性强调当地人、城市政府和城市参与。这一点和其他两方面一样具有必要性与合法性。

地方民主表现为公民身份

住在城市的所有人有而且必须有平等的政治和社会权利。如果不考虑民族或种族的法律平等，就没有公民身份。所以，所有居民和家庭成员都有参与政治生活的权利。但是，如果有社会排斥，如果移民贫民区已经形成，如果不能容忍每种群体的差异和身份，如果不能容忍的东西被容忍了，这些都是没有公民身份的表现。如果配套的基础服务不能惠及居民，如果城市不能使所有人有工作的希望、进步和参与，就不存在公民身份。城市必须是个博爱的地方。

专栏 10.2 第二生活环境、国家委员会欧洲地区会议结论

马德里 1995 年 11 月 27—28 日

Jordi Borja 和 Felix Arias 提交

前言

在第二届生活环境会议的准备活动的框架中，在 1992 年大会的 47/180 决议中的联合国提议的范围内，西班牙总统在任期内召开了第二生活环境国家委员会欧洲地区会议，会议于 1992 年 11 月 27—28 日在马德里举行。

这些代表团来自以下欧共体成员国的国家委员会：比利时、丹麦、芬兰、法国、德国、希腊、意大利、葡萄牙、西班牙、瑞典、英国。也有来自以下组织的代表团：欧洲委员会、联合国人类聚居(居住环境)研究中心(UNCHS)、欧洲经济委员会(ECE)、G4 城市网、拉丁美洲首都联盟(UCCI)。

大会的宗旨是考察和评估城市化进程和联合体城市的特征、行动体验、与城市和区域相连的政府的特征。对困难的反思和城市政策的必要改革应当有利于激发生活环境议程的申请，应有利于向会议和其他世界区域解释欧共体国家对城市化的形势及区域城市政策的关切。

结论

欧共体国家委员会希望对参加会议的城市的经验发表意见。我们意识到世界不同地区的差异，不想提出一种模式。在经历强大的城市化进程的世界中——在许多情况下城市化进程并不意味着城市的发展——我们相信反思困难的经验和欧洲城市的优点是有益的。

欧洲城市是复杂的组织，其特征有：人口多，社会关系复杂，功能和活动性质不均，居民差异大，存在城市文化和自治政府的传统。每个城市都没有把这些潜力最大限度地开发。并且，这些城市目前正经历非常关键的过程。但城市模式的总体平衡，对解决国内问题、其他区域和城市问题是积极的、充分的。

1. 全球化使一个地区要有竞争性和有效性，这一要求非常明显。

我们认为竞争性必须建立在大中城市的城市体系之上，要把整个地区和农村连接起来。中心城市必须是通讯枢纽，能把分散的城市空间和农村合并在一起。

2. 可持续性是欧洲城市体制中的一个重要问题，需要在不同的层面上处理：

——城市、城市附近和城市社区的自然媒介和具体文化；

——国家或民族，欧共体国家(某些对象需要全球关注，如某种自然资源(水、森林、沙漠等)的管理)；

——地球表面的全球化影响(温室效应、臭氧层、非再生资源的消耗等)。

3. 有必要重建和开发一种城市模式，它包括外表的连贯性、功能的近似性和社会的多样性。尤其是大城市的设计、总体城市系统的设计，都必须鼓励创建中心区和管理基础设施的组织，让每个部分都有近似性和吸引力，也要和以特定价值为基础的农村协调好关系。

4. 城市权利是为所有经历城市化进程的人设计的，鼓励他们真正进入城市，拥有市民身份，这必须是公共行动的基本原则。城市权利包括住房、有物质装备和受社会尊重的近邻、与整体城市相连、易到达中心区、有就业和适当培训的可能性、针对所有居民的政治和法律平等。实际这种城市权利可能需要积极的区别政策和文化升级，因为有由于经济、社会或文化而被边缘化的邻区或人群，这些邻区或人群或者分布在城市，或者在周边地区和农村。

5. 住房权是整个公共政策的目标。这一目标的快速完成需要采用多样化的手段去考虑各种困难和需求。在这些手段中，值得采用的是对财产和各种有效的建设用地市场的支持措施。这是一种建设用地政策：它能减少社会隔离和市场功能分隔，是行政部门和私人代理人同意的计划，便于取得住房和低收入部门取得信用，是对家庭的经济援助，是对排除在外的人群的具体关切。当提供的住房有良好的设备和良好的通讯环境时才能称之为住房。

6. 社会内聚力和文化综合的目标必须纳入城市政策，这和分裂的发展相反。分裂的发展常源于经济全球化，常起源于基础部门的反应。城市发展和现代化计划也必须表明相同的意愿，取得功能和社会普遍性以及在物质和体制上容纳人口的能力。鼓励市民积极和有关社会团体合作，对政策的成功实行来说，是必不可少的手段。

7. 通过城市综合政策的设计和实施而积累的行政部门内部协商的经验，以及对付竞争性、凝聚性和可持续性的困难的经验，我们认为是有积极作用的，应加以利用。这些行动一般需要公共部门的大力推动，需要将管理纳入计划和发展以取得社会共识和发展城市的全球化工程。为此，也有必要根据每个计划的特征采取将本地社区和私有部门合并的方式。

8. 作为欧洲地区政策的界定者，作为草拟监管原则和财政原则的负责者，作为城市行动的促进者，国家和地区政府必须通过对目标的支持，通过任何恰当方式的参与来接受和确保目标的实施。

9. 必须在以下方面取得进步：发展地方民主和自治的观念、识别从属原则或近似原则、识别地区政府追求的领导能力提升。通过欧洲理事会，对这些原则的制度性和国际性帮助，我们认为是积极的经验。在此基础上，通过各行政部门更加平衡的能力分配和恰当的筹资体系，加快国家权利下放进程、改进区政府和城市政府是可行的。

10. 促进城市参与和持续改革，是改进行政部门和市民社会关系的交流和合作的技巧。城市政策需要市民的支持。

11. 为加强欧洲市民身份建设，对把城市变成有特权的地方这一政治意愿应重新评价，应加强城市间的交流和所有欧洲人的融合。

12. 城市在以下几方面起着重要作用：经济、社会和文化、执行合作计划、总结和考验普遍价值。所以，我们支持明智的国际组织和国家政府，它们支持城市网络，支持地方政府和市民社会，尤其当城市或人类安居面临具体问题时，会更加支持。

这些结论可合并为以下关键的两点：

1. 城市是共同生活的形式，并随着历史的发展变得牢固，那是社会可持续性发展的基础，是目前需要的政策。城市以一种综合的方式应用于竞争、社会凝聚和可持续发展中。

2. 地区的控制效用必须建立在公众和权利合作的基础上，必须承担城市政策和领导基础工程，必须方便代理人的参与和发扬积极参与城市生活的市民精神。

民主改革

城市是进行民主改革的特权地方。所谓的典型制度和官僚组织危机可通过多种可能性解决，目的在于：搞好直接的选举者和被选举者的关系，便于进行公共行政管理，即时咨询，进行公私合作以及城市中的社会自我管理。为此，城市必须在三个领域进行改革：

1. 大城市管理、展示和参与的范围结构；
2. 大城市的内部分权；
3. 建立参与新模式，形成新的社会权利。

交流——公民民主的前提

如果公民没被很好地告之，如果他们缺乏真正的机会接受和对来自公私代理人的信息作出反应，这些公私代理人做出与城市有关的决策，那么就不会有积极的、负责任的公民。规定必须鼓励城市内部各种形式的规定，从最传统的形式如居住区城市文化中心，到最现代的形式如地方广播和电视台及城市电缆。任何人、任何公私代理人没有权利垄断交流。在城市参与条款中新式交流技术的社会化是一次历史的机会。

城市管理和公私合作

被正式选举和作为代表的地方政府，应作为领导者全面管理城市，但不是垄断管理。城市生活的一切领域皆可能成为公私合作和社会参与的机会，没有公私合作，就不存在经济提升、环境保护、公共安全、社会团结和文化容忍。无论是行政部门的政治垄断，还是独立和排外的市场都不能满足今天城市的挑战。公私合作可在无所不包的城市工程中形成，这种城市工程不受传统计划或新自由式的解除控制的限制。

新的地方自治

虽然地方自治不总是那么重要，但它也并不仅仅是一个政治法律识别问题，也不仅仅是针对城市计划和服务管理权限的固有而具体范围的法律保护问题。地方自治也不能依赖不同政府水平的独立功能的存在。今天，以地方政府的民主起源为基础的地方自治，必须吸收新的内容，如：

- 政治改革的权利。它高于严格的独一无二的国家方法手段（选举制度、组织、权利下放、大城市协调、城市参与）；
- 识别各种公共权力和公司的协调能力，为的是综合政策而不是部门政策应用于城市；
- 接纳权限和功能的可能性。这不是传统观点上的权限和功能，是本土的，且必然是基础性的，如经济提升和就业、正义和安全、国际形象、交流新体制的管理等；
- 有权要求国家一切必要的法律权限和资金来源移交，目的是能够实现地方政府在下列领域的预期的社会功能：健康、教育、环境、反贫困斗争、住房和公共交通；
- 识别财政自治原则，把它看做地方自治的重要部分。

10.2.2 城市政策：新目标、新手段

城市：平衡经济发展和生活质量

整体的城市经济在国际规模上必须有竞争性，为此，城市必须有高效的通讯基础设施（尤其是以电报通讯为基础的后勤区），并开发和其他城市合为一体的中心区（虽然一般也并入城市）。竞争性和社会整合之间，发展和生活质量之间没有不可克服的矛盾，从长远观点看，在国际条件下最具竞争性的城市是那些为居民提供最好的生活质量的城市。

富城市、穷城市

诚然，在最富的城市有极穷的地方，在最穷的城市有富裕部门，但我们不能忽视这些巨大差异：高度发达国家城市之间的差异，那里有触目惊心的浪费和炫耀；欠发达地区城市之间的差异，在那里，大部分人甚至缺乏最必不可少的商品和服务；所以有必要草拟和提出发展模式，确保富

裕城市的资源得到理性而简朴的使用，鼓励和贫穷城市团结交流。

大家的城市：中心区和流动性

我们不能接受双重城市，这样的城市巩固中心和相互排斥的周边地区，或者在社会和功能条款中分离人群和活动。城市需有多个中心，需有多个近邻，需有多功能的活动区。城市的每个部分必须有自己的名胜、象征和身份建筑，但一个民主城市也是一个使所有居民的流动可能性最大化的城市。众多公交体制的可及性往往是取得就业和住房的前提条件，也是为城市建设一种观念和集体工程的先决条件。

就业、住房、取得公民身份

失业或在非正式经济中生存，阻止了公民身份的实现。城市政府必须鼓励经济发展，在正式和非正式经济之间牵线搭桥，改革就业形式、邻近服务、城市生态、基础设施和设备的维护，以及更加传统的公共工程和便利政策可成为就业的主要发电机。住房是居民的一项基本权利。公共权力不可能总是为所有居民提供即时的标准住房，但能识别人类居住地，和居住者建立合作机制以改进其住所，安排能惠及他们的基本城市服务。

教育和培训，保健和集体服务是公民的权利

基础教育和基本保健服务对全体人口来说应是可及的、免费的。无法得到城市的教育和文化，没有持续的培训，没有可及的健康服务，没有集体服务如水及水处理和废物的生态调节，就没有公民身份。这是因为这些权利的实行加强了住房质量，加强了就业的基础，加强了家庭生活的尊严。没有任何经济争论能证明部分城市人口缺乏这些服务是正确的。

公共安全是自由的前提条件

恐惧产生偏执，不安全感导致公民身份不被认可，犯罪组织和贫穷是在不安全背后的因素。一些人的边缘化和被排斥在外在另一些人身上产生偏执。一个安全的城市是与贫穷和偏执作斗争的城市，是持续发起团结工程、鼓励所有居民之间交流的城市。为对抗不安全感，有必要采取社会和文化综合政策，识别权力的差异，以及采取综合预防计划。但安全感也是和居民城市警察和行政部门密切相关的有效公平。这种有效公平性是诚实的、可得到的，所有人都有参与的可能性。然而，预防政策是最好的安全政策，但其有效性不仅依靠公共管理，也依靠所有居民个人和集体的责任。

新城市合约

一个综合城市政策需要政府和市民之间的合约，行政部门和公司之间的合约，以及公共组织和市民协会之间的合约，但也需要重新考虑国家和地方权力之间的关系。当等级关系在功能性和平等性基础上不再公平时，就应逐渐被合约关系所代替，以确保公共代理人之间的有效协调，使地方权力根据其能力在协调公共部门和安排城市的社会参与中发挥作用。

10.2.3 城市——国际关系中的一种力量

目前，城市之间的交流和合作关系在日益密切，与地方权力机构和城市社会机构建立了许多有关城市的区域和具体问题网络以及区域协会。在国际政治、经济和文化生活中发挥作用的城市，尤其是城市民主政府，其合法性、恰当性及权利有一个渐进的接受过程。今天，识别这种权利在国际关系民主化中是一个关键因素，在使国际会议和组织的协议和方案生效方面意义重大。

形成地方协会是全球重要目标

国际关系的民主化也涉及城市国际协会、地方权力机构及其联合体的发展。强大而联合起来的协会的存在，是国家识别地方政府以高度自主参与国际生活的权力的最好基础，是在国家组织中取得更有效的城市权力和更多能力、资源的最好基础。这样就取得了对欧洲地方自治委员会的承认。城市联合和地方权力协会是目前主要世界组织的一个共同目标。

世界水平的地方自治主义

许多特定区域问题组织的存在表现了地方自治运动的多样性和丰富性，然而，对目前唯一政府间的大型国际组织而言，也似乎有必要能够以一种联合的方式和世界水平开展行动。在此方向上的巨大进步是城市和地方当局世界大会的召开，它和人类居住环境会议、联合国城市峰会同时召开。这次大会可成为协调和展示城市组织的永久结构，因此将鼓励世界性的和区域性的主要城市组织的逐渐联合，因为这些城市组织现有共同的目标，并使相同的城市走到一起。

联合国与联合城市

人类居住环境会议和城市世界大会的形成标志着国际生活新阶段的开始，国际生活由地方政府和通过联合国体制中的永久集合而联合起来的城市参与来确认。为此，国家政府必须在联合国的中心组织和特殊组织（如 UNESCO, Habitat, WHO, UNICEF）以及经济组织（OECD，世界银行等）等的范围内鼓励这种进程。但是，一个好的出发点是在由联合国和其他国际组织安排的会议中，城市的国际组织和市长参与进来。在城市组织指导的会议和组织以及在其目标中,城市组织的参与应当考虑那些特殊性质的人或事物(如公共安全论坛、为儿童服务的市长、城市教育家等)和区域的或洲的人或物。

分权合作

参与国际组织能支撑城市追求的国际合作和团结一致的活动。为此目的,城市及其组织必须能够:

- 在资源和国际合作方案的管理中有一席之地;
- 在每个发达国家管理一大笔用于合作的国家公共基金;
- 在某些情况下,不依赖国家政府安排与欠发达国家的地方当局和非政府组织进行合作;
- 把与地方权力机构的合作与社会和文化组织的合作,与一般公司和平民社会的合作联合起来;
- 把合作和交流视为互利的事情,与任何障碍作斗争。

城市和全球化的规范化

今天,人类面临的主要挑战是全球性的,例如:

- 需求新经济,它包括环境可持续性和贫穷的逐渐减少;
- 管理人口变化,确定居住在某一区域人口的普遍流动性及权利和义务的平等;
- 打击和惩罚各种形式的犯罪活动,同时明文规定那些如果放任,则危害性更大的活动;
- 对通信新技术的民主控制以及它们使用的社会化;
- 根据其财政赤字,组织官僚作风和与市民的距离等,改革相对无效的国家和国际政治组织。

然而这些挑战需要地方回应,只有在那个水平上作出的监管协议和行动方案,才能适应每个具体情况,公共机构和平民社会的重要合作才能建立。鉴于上述观点,必须根据城市的权利和义务,根据民族、国家及国际政治、经济、社会、文化组织,来识别平等、合法地参与起草规则和方案的论坛和负责实施这些规则和方案的组织。

参考文献

REFERENCES

Acebillo, JA (1995) 'La intervención sobre los sistemas generales', Barcelona, *un modelo de transformación urbana* World Bank, Quito

Adivisory Commission on Intergovernmental Relations (1993) *Metropolitan Organization: Comparison of the Allegheny and St Louis Case Studies* ACIR, Washington DC

Aguiar, N (1994) *Rio de Janeiro Plural: Um Guia para Pliticas Socisia por Genero e Raca* IUPERJ, Rio de Janeiro

Ahlbrandt, R (1990) '*The Revival of Pittsburgh-A Partnership Between Business and Government*' *Long Range Planning* vol 23, no 5

Ajuntament de Barcelona (1990) *The Educating City* City of Barcelona, Barcelona

Ajuntament de Barcelona (1991) *Réegimen Especial par alas Grandes Ciudades* City of Barcelona, Barcelona

Ajuntament de Barcelona (1995) *Plan Integral de Desarrollo de los Servicios Sociales*, City of Barcelona, Barcelona

Alape, A (1995) *Ciudad Bolivar: La Hoguera de las llsiones* Planeta Colombiana Editorial, Santafe de Bogota

Alberti, M, G Solera and V Tsetsi (1994) *La Città Sostenibile* Franco Angeli, Milan

Alemany, J and J Borja (1986) *Formas de Organización Institucional y Sistemas de Competencias de las Areas Metropolitanas* Insituto del Territorio y Urbanismo, Madrid

Alguacil, J, C Denche and A Hernández (1994) '*La eclosión de la societad urbana: desorden o medio ambiente urbano*' *Ciudad Y Territorio Estudios Territoriales* nos 100—101

Aliyar, V and S shetty (1992) 'Shelter Policy: Implications for Women in Development' in Dandekar, M (1992) op cit

Alonso Zaldívar, C and M Castells (1992) España: *Fin de Siglo* Alianza Editorial, Madrid

Alund, A and Cu Schierup (1991) *Paradoxes of Multiculturalism* Avebury, Aldershot

Amin, A and K Robins (1991) 'These are not Marshallian times' in R Camagni (ed)

(1991) op cit

Angeli, F (ed) (1993) *Planning Theory* no 9, spring

Aoyama, Y (1996) *Locational Strategies of Japanese Multinational Corporations in Electronics* Department of City and Regional Planning, University of California, Berkeley

Araneta, F (1995) *Mexico City in the Global Economy* Departement of City and Regional Planning, University of California, Berkeley

Arias, F and V Gago (1989) 'Las Estrategias Territoriales de Ambito Sub-Regional' Revista Urbanismo Coam no 8, September

Arquitectura de la Ciudad (1992) *Transpaortes e Medio Ambiente* Ministerio de Obras Públicas, Madrid

Ascher, F (1995) *Metapolis* Editions Odile Jacob, Paris

Ascher, F, J Borja, M de Forn and M Parkison (1992) 'Una politica para les ciudades en Europa' Revista Estudios Territoriales no 39

Ascher, F (1995) *Le Logement en Questions* Editions de l'Aube, Paris

Avendaño, ME (1994) *Bogotá Strategic Plan Presentation* Bogotá

'Barcelona' *Rassegna* no 147 (anon) (1989)

'Barcelona '92' *Arredo Urbano* Rome (anon) (1991)

Barcelona Metrópolis Meditteránea (1990) *La Ciudad ante al 2000* City of Barcelona, Barcelona

Barrig, M (1991) 'Women and development in Peru: old models, new actors' *Environment and Urbanization* vol 3, no 2, October

Belil, M (1991) *Informe Sobre Organización de las Areas Metropolitanas* Metropolis, Melbourne

Belil, M and J Borja (1988) *cities of the World: Urban Survey* Instuitut d'Estudis Metropolitans Barcelona/United Nations Population Fund, Barcelona

Belil, M, J borja and Mde Forn (1992) *Development Strategies and Internationallization of European Citties: City Networks* Consultaores Europeos Asociados/DG16/European Commission, Barcelona/Brussels

Benveniste, G (1989) *Mastering the politics of Planning: Crafting Credible Plans and Policies that Make a Difference* Jossey-Bass, San Francisco

Beneria, L and M Roldan (1987) *Te Crossroads of Class and Gender: Industrial Homework, Subcontracting and Household Dynamics in Mexico City* University of Chicago Press, Chicago

Berry, BJL (1976) *Urbanization and Counter-Urbanization* Sage, Los Angeles

Bhatnagar, KK (1992) 'Women's role in shelter planning', in Dandekar, M (1992) op cit

Bilbao, A E Barco, R Fernández Duran, M Kabunda, P Franke, A Estevan, M Roitman and C Vaquero (1994) *Dsarrollo, Pobreaz y Medio Ambiente: FMI, Banco Mundial, Gatt, al Final del Siglio* Talasa Ediciones, Madrid

Billiaard, I (1988) Espaces Publics Plain Urbain/La Documentation Français, Paris

Blakely, E and W Goldsmith (1992) *Separate Societies* Tmple University Press, Philadelphia

Blanc, CS (1994) *Urban Children in Distress: Global Predicaments and Innovative Strategies* Gordon and Breach, Reading

Bohigas, O (1985) *Reconstrucció de Barcelona* Editions 62, Barcelona

Bohigas, O (1994) *La Ville: Six Interviews d'Architectes* Pompidou Centre, Paris

Borja, J (1987) *Descentralización y Participación Ciudadana* Instituto Nacional de la Adimnistración Pública, Madrid

Borja, J (1988) *Estado y Ciudad* PPU, Barcelona

Borja, J (1991) *Barcelona Draft Municipal Charter* City of Barcelona Barcelona

Borja, J (1996a) *Cities: New Roles and Forms of Governing* Wilson Center/Smithsonian Institute, Washington, DC

Borja, J (1996b) *Le Monde des Villes ou les Villes Hors du Monde* Transversales, Paris

Borja, J (1996c) 'The city, democracy and governability: the case of Barcelona' *International Social Science Journal* no 147

Borja, J et al (1995) *Barcelona, un Modelo de Transformación Urbana* Programa de Gestión Urbana/World Bank, Quito

Borja, J, M Castells, R Dorado and I Quintana (1990) *Las Grandes Ciudades en la Década de los Noventa* Editorial Sistema, Madrid

Borja, J and M De Forn (1994—96) (working document) Bogotá 2000 Strategic Plan Consultants

Bosch, G, P Dawkins and F Michon (eds) (1994) *Times are Changing: Working Times in 14 Industrial Countries* International Labour Organization, Geneva

Bouinot, J and B Demils (1993) *Projets de Ville et Projets d'Enterprise* Paris

Brotchie, J (1995) *Cities in Competition: Productive and Sustainable Cities for the Twenty-first Century* Longman Australia, Sydney

Bullard, R, E Grigsby and C Lee (1994) *Residential Apartheid: The American Legacy* University of California, California

Burgel, G (1993) *La Ville Aujourd'hui* Hachette, Paris

Busquets, J (1988) 'Les differents escales de la projectació urbanística' *Urbanisme a Barcelona*, Ajuntament de Barcelona, Barcelona

Busquets, J (1989) 'La calle en el proyecto de ciudad' Casabella no 553—554

Busquets, J (1991) *Arees de Nova Centralitat* Ajuntament de Barcelona, Barcelona

Busquets, J (1992) *Barcelona* MAPFRE, Barcelona

Busquets, J (1995) 'Sobre la coherencia urbanística del programa '92' *Barcelona, un*

Modelo de Transformación Urbana Programa de Gastión Urbana/World Bank, Quito

Busquets, J et al (1990) *Puerto Madero Strategic Plan* Consultores Euopeos Asociados, Barcelona

Caldeira, T (1996) 'Building up walls: the new pattern of spatial segregation in São Paulo' *International Social Science Journal* no 147

Calhoun, C (ed) *Social Theory and the Politics of Identity* Blackwell, Oxford

Camagni, R (1993) 'Organisation économique et réseaux de ville' in Sallez, A (ed) *Les Villes Lieux d'Europe* Editions I'Aigues

Camagni, R (1991) *Innovation Networks: Spatial Prespectives* Belhaven Press, London

Camagni, R and MC Gibelli (1994) 'Réseaux de villes et politiqueś urbaines' *Flux* no 16, April-June

Campbell, D (1994) 'Foreign investment, labour immobility and the quality of employment' *International Labour Review*, no 2

Caplow, T (1991) 'International networks of cities' in R Camagni (ed) (1991) op cit

Carnoy, M and MCastells (1996) *Sustainable Flexibility: Work, Family and Community in the Information Age* OECE, Paris

Carrión, F (1994) *En Busca de la Ciudad Perdida* Codel, Quito

Castaño, C (1994) Tecnologia, Empleoy Trabajo en España Alianza Editorial, Madrid

Castells, M (1983) *The City and the Grassroots: a Cross-Cultural Theory of Urban Social Movements* University of California, Berkeley

Castells, M (1989) *The Informational City: Information Technology, Economic Restructuring and the Urban Regional Process* Blackwell, Oxford

Castells, M (1995) 'La democracia electr nica', paper presented to the International Symposium on Post-Liberal Democracy, 14—15 December, Madrid

Castells, M (1996a) *The Information Age: Economy, Society and Culture: Volume 1-The Rise of the Network Society* Blackwell, Oxford

Castells, M (1996b) 'The space of flows: elements for an urban theory of the information age' *New Media: Technology, Science and Culture* no 2

Castells, M et al (1986) *Nuevas Tecnologías, Economíay Sociedad en Espaía* Alianza Editorial, Madrid

Castells, M, L Goh and Ryw Kwok (1990) *The Shek Kip Mei Syndrome: Public Housing and Economic Development in Hong Kong and Singapore* Pion, London

Castells, M and P Hall (1994) *Las Tecnópolis del Mundo* Alianza Editorial, Madrid

Castells, M and M Kiselyova (1995) *The Missing Link: Siberia and the Russian Far East in the Pacific Rim Economy* University of California, Berkeley

Castells, M, S Yazawa and M Kiselyova (1996) 'Insurgents against the new global order: a comparative analysis of Zapatistas in Mexico, the American militia and Japan's Aum Shinrikyo' *Berkeley Journal of Sociology*, Spring

Castillo, H, B Navarro, M Perl, I Plaza, D Wilk and A Ziccardi (1996) *Ciudadd de Mexico: Retos y Propuestas Para la Coordinación* Metropolitana Autonomous Metropolitan University, Mexico

Castro, R (1994) *Civilisation Urbaine ou Barbarie* PLON, Paris

DEC (Commission of the European Communities) (1992) *Europa* 2000: *Perspectivas de Desarrollo del Territorio de la Comunidad* European Commission, Brussels

CEC (1994) *Competitividad y Cohesion: las Tendencias de las Regiones. Quinto Informe Periódico Sobre la Situacióny Evolución Socioeconómica de las regions de la Comunidad* European Commission, Brussels

Chapman, G P and K M Baker (eds) (1992) *The Changing Geography of Asia* Routledge, London

Charte *de la Citoyenneté Maison* Grenelle, Paris (1996)

Charte *Européenne des Femmes dans la Cité* Eurocultures Brussels (1994)

Cheshire, P *Europe's Urban System, 1981—1991: A New Phase in its Development* Colloque Ville, Lille

Chesnais, F (1994) *La Mondialisation du Capital* Syros, Paris

Chion, M (1995) *Globalization and Urban Resttructuring in Lima*, Peru University of California, Berkeley

Choay, F (1994) *La Ville: Art et Architecture* Pompidou Centre, Paris

'Cities of the future: managing socialtransformations' *International Social Science Journal* no 147 (anon) (1996)

Coase, R (1988) The Firm, the Market and the Law University of Chicago Press. Chicago

Cohen, MA (1991) *Política Urbana y Desarrollo Econímico: Un Programa para ed Decenio de 1990* World Bank, Washington, DC

Cohen, MA (1996a) 'The hypothesis of urban convergence: are cities in the North and South becoming more alike in an age of globalizations?' in Cohen, MA et al (1996) op cit

Cohen, MA (1996b) 'Habitat Ⅱ and the challenge of the urban environment: bringing together the two definitions of habitat' *International Social Science Journal* no 147

Cohen, MA, BA Ruble, JS Tulchin and AM Garland (1996) *Preparing for the Urban Future* Smithsonian Institute, Washington, DC

Cohen, S and J Zysman (1987) *Manufacuring Matters* Basic Books, New York

Cole, J and F Cole (1993) *The Geography of the European Community* Routledge, London

Concha, A, F Carri n, G Cobo (1994) *Ciudad y Violencias en Am rica* Latina World Bank, Quito

Conseil Communes et R gions Europe (CCRE) (1994) *Guide puour la Réalisation des Plans Stratégiques de D velopment des Villes Moyennes* CCRE, Lisbon

Consejo Territorial de Planeación Santafé de Bogotá (1995) *Transformar la Cudad con la Ciudadanía Consejo* Territorial, Santafé de Bogotá

Consoni, G, A Becchi, J Benni and Gbettln (1991) 'La Città la sua gestione' *La Terra* no 1, Rome

Council of Europe (1993) 'Europe 1990—2000: Multicultural lism in the City; the Integration of Immigrants' *Studies and Texts* no 25, Strasbourg

Cuadrado Roura, JM (1994) *Nuevas Divisiones Territoriales* Madrid

Cupertino, MAM (1990) 'The employment of minors in Brazil' *Environment and Urbanization* vol 2, no 2, October

Curti, F and L Diappi (1992) *Gerarchie e Reti di Citt : Tendenze e Politiche* Franco Angeli, Milan

Dandekar, M (ed) (1992) *Shelter, Women and Development: First and Third World Perspectives* George Wahr, Ann Arhor

Daniels, PW (1993) *Service Industries in the World Economy* Blackwell, Oxford

Datta, S (ed) (1990) *Third World Urbanization: Reappraisals and New Perspectives* Swedish Council for Humanities and Social Sciences, Estocolmo

Davies, RJ (1981) 'The spatial formation of the South African city' Geo supplementary issue 2, pp59—72

Day, L and Ma Xia (eds) (1994) *Migration and Urbanization in China* ME Sharpe, New York

De C ceres, R (1992) *Barcelona, Espacio P blico* Ajuntament de Barcelona, Barcelona

De Forn, M and JM Pascual (1995) *La Planificació Estratègica Territoria* Diputació de Barcelona, Barcelona

Dear, M (1992) 'Comprendre et sumonter le syndrome NIMBY' *Journal of the American Planning Association* vol 58, no 3

Declaration of Caracas Fondation Progrés de I'Homme, Paris (anon) (1991)

Declaration of El Salvador Fondation Progrés de I'Homme, Paris (anon) (1993)

Delarue, JM (1991) *Banlieues en Difficulté: La Relégation* Editions Syros Alternatives, Paris

Délégation interministérielle à la ville (1995) *Zones Urbaines et Cohesion Sociale en Europe: Quelle Action Publique pour les Villes?* Délégation interministérielle à la ville, Paris

Delfau, G (1994) *Le Retour de Citoyen: Démocratie et Territoire* Editions de I'

Aube, Datar de Queiroz, LC (1994) *Globalizaçao, Fragmentaçao e Reforma Urbana: O Futuro das Cidades Brasileiras na Crise Editora Civilizaçao* Editora Civiliza ao Brasileira, Riode Janeiro

Dethier, G and A Guiheux (1993) *La Ville: Art et Architecture* Pompidou Centre, Paris

Dosi, G (1988) *Technical Change and Economic Theory* Frances Pinter, London

Doyle, M (1992) *The Future of Television: A Global Overview of Programming, Advertising, Technology and Growth* NTC Business Books, Illinois

Ducci, ME (1996) 'The politics of urban sustainablility' in *Preparing for the Urban Future* Washington

Dumont, GF (1993) *Economie Urbane: Villes et Territoires en Compétition* Editions Litec, Paris

Dunford, M and G Kafkalas (eds) (1992) *Cities and Regions in the New Europe: the Global-Local Interplay and Spatial Development Strategies* Belhaven Press, London

Dupuy, G (1991) *L'Urbanisme des Réseaux* Editions Armand Colin, Paris

Dupuy, G, F Godard and M Roncayolo (1994) *La Ville Pir Villes, Paris*

Dupuy, JP and O Eymard-Duvernay (1989) *L'économie des conventions' Revue Economique* vol 40, no 2, March

Enderwick, P (ed) (1989) *Multinational Service Firms* Routledge, London

Esteban, J and A Ferrer (1995) 'La transformación urbanística de la ciudad' Barcelona, *Un Modelo de Transformación Urbana* Programa Gestión Urbana/World Bank, Quito

Eurocities (1994) *European Urban Management* PGI, London

European Commission (1993) 'Erope 1990—2000: Multiculturalism in the city: the integration of immigrants' *Studies and Texts* no 25

Fernández De Luco, M (1995) 'La arquitectura en el plan' *ARQUIS* no 6

Fernández, R (1995) 'Mar del Plata; arquitectura síurbanismo no' *ARQUIS* no 6

Fernandez-Kelly, MP (1981) *For We Are Sold, Me and My People* State University of New York Press, New York

Figueroa, A Altamirano, T and D Sulmont (1996) *Social Exclusion and Inequality in Peru* International Institute of Labour Studies, Geneva

Figueroa, O (1995) *El Rol de las Municipalidades en la Gestión del Transporte y del Desarrollo Metropolitano* World Bank/Cepal/Unión de Cidades Capitales Iberoamericanas, Santiago

Findley, S (1993) 'The Third World city: development policy and issues' in Kasarda and Parnell (1993) op cit

Fiola, J (1990) '*Race Relations in Brazil: A Reassessment of the Racial Democracy' Thesis* University of Massachusetts, Amherst

Fitzgerald, J and Simmons, L (1991) 'From Consumption to Production: Labor Participation in Grass-Roots Movements in Pittsburgh and Hartford' *Urban Affairs Quarterly* vol 26, no 4, June, pp212—227

Fonseka, L and DD Malhotra (1994) 'India: urban poverty, children and participation' in Blanc (1994) op cit

Foray, D and C Freeman (eds) (1992) *Technologie et Richesse des Nations* Economica, Paris

Fortier, B (1995) *L'amour des Villes* Editions Mardaga, Li ge

Franck, K and S Ahrentzen (eds) (1989) *New Households, New Housing* Van Nostrand, New York

Freeman, C and L Soete (1994) *Mass Unemployment or Work for All?* Pinter, London

Gamboa de Buen, J (1994) *Cuidad de M xico: Una Visièn* Fondo De Cultura Económica, Mexico City

García, A (1994) 'Condicionantes ambientales al desarrollo local' *Ciudad y Territorio Estudios Territoriales* no 102

Garc a, J and M Villalante (1995) 'Movilidad: circulación y transporte' Barcelona, Un Modelo de Transformación Urbana Programa Gestión Urbana/World Bank, Quito

Garreau, J (1991) *Edge City: Life on the New Frontier* Doubleday, New York

Ghorra-Gobin, C (1994) *Penser la Ville Plurielle: Qu'est-ce Qui Institue la Ville?* Editions I'Harmottan, Paris

Gelb, J and M Lief Pillay (eds) *Women of Japan and Korea: Continuity and Change* Temple University Press, Philadelphia

Giarratani, F and Houston, D (1989) 'Stuctural Change and Economic Policy in a Declining Metropolitan Region: Implication of the Pittsburgh Experience' *Urban Studies* vol 26, pp549—558

Gibelli, MC (1992) 'La crisi del piano fra logica sinottica e logica incrementalista: il contributo dello strategic planning' in Lomberdo, S and G Preto (1992) *Innovazione e Transformazione della Citté* Franco Angeli, Milan

Godet, M (1991) *De I'Anticipation à I'Action* Dunod, Paris

Goldstein, S (1993) 'The impact of temporary migration on urban places: Thailand and China as case studies' in kasarda, J and A pernell (eds) *Third World Cities: Policies and prospects* Sage Publications, London

Gordon, R (1994) *Internationalization, Multinationalization, Globalization: Contradictory World Economies and New Spatial Divisions of Labor* (working document) University of California, Santa Cruz

Graham, S (1994) 'Networking cities: telematics in urban policy-a critical view' International *Journal of Urban and Regional research* vol 18, no 3, pp416—431

Graham, S (forthcoming) 'From urban competition to urban collaboration? The development of inter-urban telematics networks' *Environment and Planning, Government and Policy*

Graham, S and S Marvin (1996) *Telecommunications and the City* Routledge, London

Green, D (1987) 'Long-run vehicle travel predication from domographic trends' in anon, Working *Women and the Ageing: Impact on Travel Patterns and Transportation Systems* Transportation Research Record no 1135, Transportation Research Board, Washington

Grieco, M, L Pickup and R Whipp (eds) (1989) *Gender Transport and Employment: The Impact of Travel Constraints* Avebury, Aldershot

Grimberg, E (1994) 'O futuro das ciudades' *Pólis* no 16

Grootaert, C and R Kanbur (1995) "Child labor: a review' Policy Research Working Paper 1454, World Bank, Washington, DC

Hall, P (1989) 'La planificación de una Europa de regiones' *Urbanismo Coam* no 8, September

Hall, P (1993) 'Forces shaping urban Europe' *Urban Studies* vol 30, no 6, pp883—898

Hall, P (1995) 'Towards a general urban theory' in J Brotchie (ed) *Cities in Competition: Productive and Sustainable Cities for the 21st Century* Longman Australia, Sydney, pp3—32

Hall, P (1996) 'The global city' *International Social Science Journal* no 147

Hamilton, K and L Jenkins (1989) Why women and travel? In Grieco et al (1989) op cit

Harasim, L (1993) *Global Networks* MIT Press, Massachusetts

Hardoy, JE (1992) *The Urban Child in the Third World* UNICEF, Florence

Hardoy, JE, S Cairncross and D Satterthwaite (1990) *The poor Die Young: Housing and Health in Third World Cities* Earthscan, London

Hardoy, JE, D Mitlin and D Satterthwaite (1992) *Environmental Problems in Third World Cities* Earthscan, London

Harris, R (1991) 'The geography of employment and residence in New York since 1950' in Mollenkopf and Castells (1991) op cit, pp 129—154

Harrison, B (1994) *Lean and Mean: The Changing Landscape of Corporate Power in the Age of Flexibility* Basic Books, New York

Hathaway, D (1993) *Can Workers Have a Voice? The Politics of Deindustrialization in Pittsburgh* Pennsylvania State University Press, University Park

Hayden, D (1981) *The Grand Domenstic Revolution* MIT Press, Massachusetts

'Health and wellbeing in cities' *Environment and Urbanization* (anon) (1993)

Heinz, W and G Jeannot (1993) *Le Partenariat Public/Priv : Une Voie Nouvelle pour les Politiques Urbanies*? Difu, Stuttgart

Henry, G (1992) *Barcelona: Dix Annés d'Urbanisme: La Renaisssance d'Une Ville* Editions du Moniteur, Paris

Herce, M (1993) 'Los indicadores topológicos y la red viaria de Cataluña' *Documents d'An lisi Geogràfic*, Autonomous University of Barcelona, Barcelona

Herce, M (1993) 'El impacto de los Juegos Olímpicos: sistemas de transporte y transformación metropolitana' in *Ciudad y Territorio*, Madrid

Herce, M (1995a) 'Una década de renovación urbana' in Barcelona, *Un Modelo de Transformación Urbana* Programa Gestión Urbana/World Bank, Quito

Herce, M (1995b) 'Variantes de carretera y forma urbana' (doctoral thesis) Universitat Politècnica de Catalunya, Barcelona

Hsing, Y (1995) *New Patterns of Property Development in Chinese Cities* working document, University of British Columbia, Vancouver

Hsing, Y (1996) *Making Capitalism in China: The Taiwan Connection Oxford* University Press

Imai, K (1990) *Joho Netto Waku Shakai No Tenbo* Chikuma Shobo, Tokyo

'Innovazioni nella città' *Inchieste* no 106 (anon) (1994)

International Labour Office (ILO) (1991) *Child Labour, Lwq and Practice* ILO, Geneva

International Union of Local Authorities (IULA) (1995) *Local Challenges to Global Change* Sdu Publishers, The Hague

Jacquier, C *Dix Quartiers Euopéens en Crise* Editions I'Harmattan, Paris

Jarreau, P (1988): *L'lmage de marque des Villes et le Marketing Territorial* Cristal-Plan Contruction et Architecture

Jezirski, L (1990) 'Neighborhooods and Public-Private Partnerships in Pittsburgh' *Urban Affairs Quarterly* vol 26, no 2, December

Jones, T (1993) *Britain's Ethnic Minorities* Policy Studies Institute, London

Kanji, N (1995) 'Gender, poverty and economic adjustment in Harare, Zimbabwe' *Environment and Urbanization* vol 1, April

Kasarda J and A Parnell (eds) (1993) *Third World Cities: Problems, Policies and Prospects* Sage Publications, London

Kirkby, R (1985) *Urbanization in China* Oxford University Press, Oxford

Kiselyova, E, M Castells and A Granberg (1996) *The Missing Link: Siberian Oil and Gas in the Pacific* Economy research monograph, University of California, Berkeley

Koolhass, R (1995) 'Más que nunca la ciudad es todo lo que tenemos' *Arquis* no 6

Kresl, PK and G Gappert (eds) (1995) *North American Cities and the Global Economy* Sage Publications, California

Kunstler, JH (1993) *The Geography of Nowhere* Simon and Schuster, New York

Kusow, A (1992) 'The role of shelter in gernerating income opportunities for poor women in the Third World' in Dandekar (1992) op cit

Kwok, RYW y So and Y Alvin (eds) *The Hong Kong-Guangdong Link: Partnership in Flux* Me Sharpe, New York

Lachaud, JP (1994) *Pauvrete et Marched u Travail Urbain en Afrique Subsaharienne: Analyse Comparative* ILO/Institut International d'Etudes Sociales, Geneva

Landaburu, Eneko (1993) 'La Communauté européenne et son territoire' in *L'Evénement Européen* (1993) op cit

La Terra no 1 (anon) (1995)

La Terra no 9, including articles by B Bogdanovic, J Borja and F Borella (anon) (1995)

Lawton, R (ed) (1989) *The Rise and Fall of Great Cities* Belhaven Press, London and New York

Leal, J (1994) 'Cambio social y desigaldad especial en el área metropolitana de Madrid (1986—1991)' *Economía y Sociedad* no 10, June, p77

Leal, J and L Cortés (1993) *La Desigualdad Social en España* Autonomous University of Madrid, Madrid

Leal, J and L Cortés (1995) *La Dimensión de la Ciudad* Centro de Investigaciones Sociológicas, Madrid

Lee-Smith, D and CH Trujillo (1992) 'The struggle to legitimize subsistence: women and sustainable development' *Environment and Urbanization* vol 4, no 1, April

Leira, E (1987) 'Expo-Sevilla-92: ande o no ande… caballo grande' *Geometria* no 3

Leira, E (1990) 'The Bilbal river basin' Rassegna no 42

Leira, E (1991) *Consultation Internationale sur I'Ase Historique a I'Quest de la grand Arche de la Defense* Mission Grand Axe, Paris

Leira, E (1992) 'Operazione Siviglia: primo bilancio. Più di una esposizione universale' *Casabella* no 593, September

Leira, E (1995) 'Per Bilbao: una nuova città lineare lungo la Ría' *Casabella* no 622

Leira, E (1995) 'Alto do lumiar: la extension y ensanche de Lisboa: un atractivo royecto urbano que cambiará la fisonomía de la capital' *Urbanismo Coam* no 26

Leira, E (1996) 'Una apuesta por Bilbao: proyecto estratégico de transformación del entorno urbano de la Ría' *Urbanismo Coam* no 27

Lenoir, R (1992) *Ou Va I'Etat? La souverainté Economique et Politique en Question* Editions le Monde, Paris

L'Evément Européen (1993) 'Europe: espace ou territoire?' Edition de la SACP Initiatives, Paris

Leung, CK (1993) 'Personal contracts, subcontracting linkages, and development in the Hong Kong - Zhujiang Delta region' *Annals of the Association of American Geographers* vol 83, no 2, pp272—302

LGMB (Local Government Management Board) (1995) Local Agenda 21: United Kingdom Sustainability Indicators Research Project, London

Ling, KK (unpublished) 'A case for regional planning: the Greater Pearl River Delta-a Hong Kong perspective' seminary investigation work CP229, University of California, California

Lo, CP (1994) 'Economic reforms and socialist city structure: a case study of Guangzhou, China' *Urban Geography* vol 15, no 2, pp128—149

Lusk, MW (unpublished) 'Street children of Rio de Janeiro: preliminary issues and findings' mieo, Rio de Janeiro: cited in Rizzini et al (1994) op cit

Machimura, T (1994) *Sekai Toshi Tokyo no Kozo Tenkan* [*Tokyo: The Structural Transformation of a Global City*] University fof Tokyo Press, Tokyo

Machimura, T (unpublished) 'Symbolic use of globalization in urban politics in Tokyo' investigation work, Hitotsubashi Universtiy

Mahajan, S (1992) 'Shelter and income opportunities for women in India' in Dandekar (1992) op cit

Maragall, P (1995) *El Tema es Barcelona* Ediciones la Campana, Barcelona

Mare, G (1993) *Ethnicity and Politics in South Africa* Zed Books, London

Marianacci, G (1995) 'El programa de desconcentración y decentralización de Córdoba: los centros de participación comunal' *Arquis* no 6

Martín, EF (1995a) 'Redes transeuropeas de transportes: caminos sin fronteras' *MOPTMA* (*Ministerio de Obras Públicas, Transportes y Medio Ambiente*) *Journal* no 430, April

Martín, EF (1995b) 'Conferencia internacional sobre reserves de la biosfera: préstamo y custodia' *MOPTMA Journal* no 431, May

Martinotti, G (1993) *Metropoli: La Nuova Morfologia Sociale Della Città* Il Mulino, Bologna

Massey, D (1995) 'Getting away with murder: segregation and violent crime in urban America' *University of Pennsylvania Law Review* vol 143, no 4, May, pp1203—1232

Massey, D (1995) 'The new immigration and ethnicity in the United States' *Population and Development Review* vol 21, no 3

Massey, D and N Denton (1993) *American Apartheid: Segregation and the Making of the Underclass Harvard* University Press, Cambridge, Mssachusetts

Massolo, A (1992) *Por Amor y Coraje: Las Mujeres en los Movimientos Urbanos* El Colegio de México, Mexico City

McKnight, C (1994) 'Transportation with women in mind' *Journal of Urban Technology* vol 2, no 1, autumn

Messacher, M (1987) *Mexico, Megalopolis* DF, Mexico City

'Metrópolis, territorio y crisis' *Alfoz*, Madrid (anon) (1985)

Meyer, R et al (1995) *Centro XXI* Viva O Centro, Sao Paulo

Michelson, RL and JO Wheeler (1994) 'The flow of information in a global economy: the role of the American urban system in 1990' *Annals of the Association of American Geographers* vol 84, no 1, pp87—107

Mignaqui, I (1995) 'Buenos Aires ciudad metropolitana: intervenciones urbanas y políticas de ajuste? Modernaismos sim modernizacíon?' *Arquis* no 6

Minakir, P (ed) (1994) *Ekonomika Dal'nego Vostoka: Reforma I Krisis* Dalnauka, Khabarovsk-Vladivostok

Ministère de I'Equipement (1994) *Architecure des Espaces publics modernes* Editions du Plan Constructions et Architecture, Paris

Ministère de Obras Públicas (1995) *Declaration of the Meeting of Eruopean Natinal Committees* Trasporte e Medio Ambiente, Madrid

Miraftab, F (1992) 'Shelter as sustenance: exclusionary mechanisms limiting women's access to housing' in Dandekar (1992) op cit

Mitlin, D and D Satterthwaite (1994) 'Cities and Sustainable Development' *Global Forum* 1994 IIED, London

Mollenkopf, J (ed) (1989) *Power, Culture and Place: Essays on New York City* Russell Sage Foundation, New York

Mollenkopf, J and M Castells (eds) (1991) Dual City: Restucturing New York Russell Sage Foundation, New York

Morandi, C (1994) *I vantaggi competitive della città: un confronto in ambito europeo* Frnco Angeli, Milan

Moser, C (1987) 'Mobilization is women's work: struggles for in frastructure in Guayaquil, Ecuador' in Moser and Peake (1987) op cit

Moser, C (1993) *Gender, Planning and Development* Routledge, London

Moser, C and L Peake (1987) *Women, Human Settlements and Housing* Tavistock, London

Moss, M (1987) 'Telecommunications, wold cities and urban policy' *Urban Studies* no 24, pp534—546

Municipality of Seattle (1993) *Indicators of a Sustainable Community* Municipality of Seattle, Seattle

Navarro, V (1994) *La Politica del Estado del Bienestar* Critica, Barcelona

Negropote, N (1995) *Being Digital* Alfred A Knopf, New York

Nello, O (1995) 'El territorio metropolitano de *Barcelona' Barcelona, un Modelo de Transformación Urbana* Programa de Gestión Urbana Programa de Gestión Urbana/World Bank, Quito

Nelson, B and N Chowdhury (1994) *Women and Politics Worldwide* Yale University Press, New Haven

Nelson, K (1984) *Back Office and Female Labour Markets* (unpublished doctoral thesis) University of California, California

Neuschwander, C 'R sequx d'acteurs et réseaux de villes' in L'Ev nement Européen, Europe: Espace ou Territoire? Edition de la SACP IInitiatives, Paris

Nimpuno-Parente, P (1987) 'The struggle for shelter: women in a site and service project in Nairobi, Kenya' in Moser and Peake (1987) op cit

Norman, AL (1993) Informational Society: An Economic *Theory of Discovery, Invention and Innovation* Kluwer Academic Publishers, Boston

OECD (1992) Urba 2000: *Délégation interministérielle à la Ville* Villes et Technologies nouvelles, Paris

OECD (1994) OECD *Jobs Study* OECD, Paris

Omer, MIA (1990) 'Child health in the spontaneous settlements around Khartoum' *Environment and Organization* vol 2, no 2, October

Omvedt, G (1986) *Women in Popular Movements: India and Thailand During the Dcade of Women* UNRISD, Geneva

Ordóñez, JL (1993) 'Planes intermodales de transportes en Madrid y Barcelona: una Buena trama' *Moptma* no 415, December

Papademetriou, G and P Martin (eds) (1991) *The Unsettled Relationship: Labor Migration and Economic Development* Greenwood Press, Westport

Paquot, TH (1994) *Vive la Ville* Editions Arléa-Corlet, Paris

Percq, P Les Habitants aménageurs Editions de I'Aube, Paris

Peterson, R and L Krivo (1993) 'Racial segregation and black urban homicide' *Social Forces* no 71

Piore, M and C Sabel (1984) *The Second Industrial Divide* Basic Books, New York

Polèse, M and JM Wolfe (eds) (1995) *L'Urbanisation des Pays en Développement* Economica, Paris

Portas, N (1985) 'Políticas metropolitanas y transformaciones territoriales en Europa' *Alfoz*, Madrid

Porter, M (1992) *La Ventaja Competitiva de las Naciones* Plaza y Janés, Barcelona

Portes, A, M Castells and Benton (eds) (1989) *The Informal Economy* Johns Hopkins University Press, Baltimore

Prud'Homme, R (1994) 'Villes: I'intervention modeste' *Observateur de I'OCDE* no 18, April/May

Pumain, D et al (1991) *Le Concept statistique de Ville* Eurostat, Luxenmbourg

Reese, E (1995) 'Córdoba: de la recuperación de la ciudad a la articulación del epacio metropolitano' *Arquis* no 6

Reich, RB (1991) *The Work of Nations* Vintage, London

Rizzini, Irene, Irma Rizzini, M Muñoz-Bargas and L galeano (1994) 'Brazil: a new concept of childhood' in Blanc (1994) op cit

Robson, B (1992) 'Competing and collabaorating through urban networks' *Town and Country Planning* September, pp236—8

Rodríguez, A and L Winchester (1996) 'Cities, democrzcy and governance in Latin America' *International Social Science Journal* no 147

Rolnik, R (1994) 'Planejamento urbanao nos anos 90: novas perspectives para velhos temas' in de Queiroz (1994) op cit

Roncayolo, M (1990) *La Ville et ses Territoires* Editions Gallimard, Paris

Roncayolo, M et al (1993) 'Métropoles hier et qujoud' hui' *Métropoles en Déséquilibre* Editions Economica, Paris

Rosa, K (1994) 'The conditions and organizational activities of women in Free Trade Zones' in Rowbotham and Mitter (1994) op cit

Rosenbloom, Sandra (1987) 'The impact of growing children on their parents' travel behavior: a comparative analysis' *Working Women and the Ageing: The Impact on Travel Patterns and Transportation Systems* Transportation Research Board, Washington

Rowbotham, S and S Mitter (eds) (1994) *Dignity and Daily Bread: New Forms of Economic Organising Among Poor Women in the Third World and the First* Routledge, London

Rubert de Ventós, X (1994) *Nacionalismos: El Laberinto de la Identidad* Espasa Calpe, Madrid

Rusell, SS et al (1990) *International Migration and Development in Subsaharan Africa* World Bank Discussion Papers 101—102, World Bank, Washington, DC

Rutelli, F (1996) 'Interview: Rome, sustainable city' *International Social Science Journal* no 147

Sachs, C (1990) São Paulo: Politiques et Habitat Populaire Maison Sciences de I' Home, Paris

Sachs, C (1996) 'Humanizing the City' *International Social Science Journal* no 147

Sachs, I (1993) L'Ecodeveloppement: Stratégies de Transition Vers le XXI Siècle Syros, Paris

Sachs, I (1995) 'A la recherché de nouvelles strategies de developpement' *Enjeux des Sommet Social*, UNESCO, Paris

Saff, G (1994) 'The changing face of the South African city: from urban apartheid to the deracialization of space' Urban Affairs Review vol 30, no 6

Sallez, A (1993) *Les Villes lieux d'Europe* Editions I'Aube, paris

Sánchez, AL (1995) *Procesos Urbanos Contemporáneos* Fundación Alejandro Angel Escobar, Colombia

Sassen, S (1988) *The Mobility of Labor and Capital* Cambridge University Press, New York

Sassen S (1991a) *The Global City: New York, London, Tokyo* Princeton University Press, New Jersey

Sassen, S (1991b) 'The informal economy' in Mollenkopf and Castells (1991) op cit, pp79—102

Sassen, S (1994) *Cities in a World Economy* Pine Forge Press, California

Satterthwaite, D (1995) *Global Report on Human Settlements* UNCHS, Nairobi

'Sauver la ville' *Monde des Debats* no 25 (anon) (1994)

Savitch, HV (1996) 'Cities in a global era: a new paradigm for the next millennium' *Preparing for the Urban Future* Washington

Saxenian, AL (1994) *Regional Advantage* Harvard University Press, Massachusetts

Sbragia, A (1990) 'Pittsburgh's "Third Way": The Nonprofit Sector as a Key to Urban Regeneration' in D Judd and M Parkinson (eds) *Leadership and Urban Regeneration: Cities in North America and Europe-Urban Affairs Annual Review Volume 37* Sage Publications, Newbury Park

Schink, M (1982) 'Women in the urban economy in Latin America' in Various authors, *Women in Low-Income Households and Urban Services* University of Florida, Florida

Schneider, C (1995) 'Pittsburgh Prospers' *Computerworld* vol 29, no 34, 21 August

SEADE (1994) *Survey of Living Conditions in the Metropolitan Area of São Paulo* International Labour Office, Geneva

Secchi, B *Un Progetto per I'Urbanistica* Picola Biblioteca Einaudi, Torino

Sennett, R (1994) *Flesh and Stone* New York

Serageldin, I and MA Cohen *Enabling Sustainable, Community Development* World Bank, Washington, DC

Serageldin, I, R Barrett and Martin-Brown (eds) (1994) *The Human Face of the Urban Environment* World Bank, Washington, DC

Serageldin, I, MA Cohen and KC Sivaramakrishnan (1994) *The Human Face of the Urban Environment* World Bank, Washington, DC

Servon, L (1995) *Alleviating Urban Poverty* University of California, California

Shegal, N (1995) *Women, Housing and Human Settlements* Ess Ess Publications,

New Delhi

Siimo, C (1994) 'La ville et le chomage' *Revue d'Economie regionale et urbaine* no 3, pp324—352

Singer, P, R Rolnik, L Kowarik and N Somekh (1993) 'São Paulo: crisis y transformación' *Medio Ambiente y Urbanización* no 43—44

Singh, A (1980) *Women in Cities: An Invisible Facor in Urban Planning in India* Population council, New York

Singh, V and Borzutsky, S (1988) 'The State of the Mature Industrial Regions in Western Europe and North America' *Urban Studies* vol 25

Sit, VFS (1991) 'Transnational capital flows and urbanization in the Pearl River Delta, China' Southeast Asian *Journal of Social Science* vol 19, nos 1 and 2, pp154—179

Sivaramakrishnan, KC (1996) 'Urban governance: changing realities' *Preparing for the Urban Future* Washington

Skezely, G (1993) 'Mexico's international strategy: looking east and north' in B Stallings and GSkezely *Japan, The United States and Latin America* Johns Hopkins University Press, Baltimore

Solà Morales, M (1988) 'El proyecto urbano' *UR* no 6

Solà Morales, M (1993) *Les Formes del Creixement Urbà* Edicions Universitat Politècnica de Catalunya, Barcelona

Soldatos, P (1995) *Les Nouvelles Villes internationals: Profils et Planification Stratégique* Sederco, Aix-en-Provence

Sorkin, DL et al (1987) *Strategies for Cities and Countries* Public Technology Inc, Washington, DC

Sprague, JF (1991) *More than Housing: Lifeboats for Women and Children* Buterworth, Boston

Stalker, P (1994) *The Work of Strangers: A Survey of International Labour Migration* International Labour Office, Geneva

Storper, M (1994) 'Desenvolvimiento territorial na economía global do aprendizado: o desafio dos paises em desenvolupamento' *Globaliçao Fragmentaçao e Reforma Urbana* Editora Civilizaçao Brasileira, Rio de Janeiro

Strategic Plan Technical Unit (1995) *Bogotá 2000: Síntesis de Diagnóstico, Temas Críticos, Líneas Estratégicas, Objetívos y Subobjetívos* United Nations Development Programme (UNDP), Bogotá

Sullivan-Trainor, M (1996) *La Autopista de la Información: Realidad y Perspectivas* Alianza Editorial, Madrid

Surjadi, C (1993) 'Respiratory diseases of mothers and children and environmental factors among households in Jakarta' *Environment and Urbanization* vol 5, no

2, October

Tarr, J and Dupuy, G (eds) (1988) *Technology and the Rise of the Networked City in Europe and America* Temple University Press, Phiadelphia

Tate, J (1994) 'The Netherlands' in M Martens and S Mitter (eds) *Women in Trade Unions: Organizing the Unorganized* International Labour Office, Geneva

Telles, E (1992) 'Residential segregation by skin color in Brazil' *American Sociological Review* vol 57, April

Telles, E (1995) 'Race, class and space in Brazilian cities' *International Journal of Urban and Regional Research* vol 19, no 3

Thomas, M (1990) 'The planning project' in *Planning Theory: Prospects for the 1990s* Oxford Polytechnic, Oxford

Thrift, NJ (1986) *The Fixers: The Urban Geography of International Financial capital* University of Wales, Lampeter

Thrift, NJ and A Leyshon (1991) 'In the wake of money: the City of London and the accumulation of value' in Budd, L and Whimster, S (eds) *Global Finance and Urban Living: A Study in Metropolitan Change* Routledge, London

Tinker, I (1992) 'Global policies regarding shelter for women' in Dandekar, op cit

Todes, A and ? Walker (1992) 'Women and housing policy in South Africa: a discussion of Durban case Studies politiques, Paris

Topalov, C (1987) *Le Logemont, Une Marchandise Impossible* Presses de la fondation nationale des Sciences politiques, Paris

Tulchin, JS (1995) *Global Forces and the Future of the Latin American City* Woodrow Wilson Center, Washington, DC

United Nations (1994) *Trends in Total Migrant Stock* Department of Economic Information and Policy Analysis, United Nations, New York

United Nations Centre for Human Rights (1991) *Study on the Rights of Persons Belonging to Ethnic Religious and Linguistic Minorities* United Nations, New York

United Nations Children's Fund (UNICEF) (1995) *Progress of Nations* UNICEF, New York

United Nations Department for International Economic and Social Affairs (1991) *World Urbanization Prospects: Estimates and Projections of Urban and Rural Populations and of Urban Agglomerations* United Nations, New York

United Nations Development Programme (UNDP) (1995) *Human Development Report* 1995 Oxford University Press, New York

Urbanisme no 280 'Quelle Politique pour quelles villes?' (anon) (1995)

Veltz, P (1995) *Mondilisation, Villes et Territoires: L'Economie d'Archipel* PUF

Ventura, Z (1995) *Cidade Partida* Companhia das Lestras, São Paulo

Virilio, P (1994) *Villes et Transports* Ministère de I'Equipement, Paris

Vourg'h, C and M Marcus (1993) *Wecurité et Démocratie* Forum Européen pour la Sécurité urbaine, Paris

Wachs, M and M Crawford (eds) (1992) *The Car and the City: The Automobile, the Built Environment and Daily Urban Life* University of Michigan Press, Ann Arbor

Wieczorek, J (1995) 'Sectoral trends in world employment' working paper no 82, International Labour Organization, Geneva

Wilheim, J (1983) *Proyecto São Paulo* Paz e Terra, São Paulo

Wilheim, J (1996) 'Urban challenges of a transitional period' *International Social Science Journal* no 147

Wilmsen, E, S Duhow and J Sharp (1994) 'Ethnicity, identity and nationalism in Southern Africa' *Journal of Southern African Studies*

Wong, L (1994) 'China's urban migrants - the public policy challenge' *Pacific Affairs* vol 67, no 3

Woo, ESW (1994) 'Urban development' in YM Yeung and DKY Chu, *Guangdong: Survey of a Province Undergoing Rapid Change* Chinese University Press, Hong Kong

World Federationl of United and Twinned Towns/UTO (1994) *International Cooperations of Local Authorities* UTO, Paris

Ziccardi, A (1995) 'De la reforma urbana a la democratización de los gobiernos locales' *Procesos Urbanos Contemporáneos* Fundación Alejandro Angel Escobar, Colombia

Zukin, S (1992) *Landscapes of Power* University of California Press, Berkeley